不动产登记法

REAL PROPERTY REGISTRATION LAW

常鹏翱 著

社会科学文献出版社
SOCIAL SCIENCES ACADEMIC PRESS (CHINA)

目　录

导　言 ……………………………………………………………… 1

第一部分　基础理论

第一章　不动产登记的法律意义 …………………………… 3

  第一节　不动产登记的动态意义 ………………………… 3

  第二节　不动产登记的静态意义 ………………………… 4

  附　录　不动产登记法适用对象规范 …………………… 6

第二章　不动产登记法的定位 ……………………………… 8

  第一节　私法与公法的矛盾范畴 ………………………… 8

  第二节　程序与实体的矛盾范畴 ………………………… 12

  第三节　附属与独立的矛盾范畴 ………………………… 16

  附　录　不动产登记法立法依据和目的规范 …………… 19

第三章　不动产登记的典型法例 …………………………… 21

  第一节　不动产登记的经典制度模式 …………………… 21

  第二节　两岸四地的不动产登记制度 …………………… 30

第二部分　组织规范

第四章　不动产登记机构 ……………………………………………… 45

第一节　不动产登记机构的设置 ………………………………… 45

第二节　不动产登记的从业人员 ………………………………… 51

第三节　不动产登记的管辖机制 ………………………………… 55

附　录　不动产登记机构规范 …………………………………… 58

第五章　不动产登记簿 ………………………………………………… 61

第一节　不动产登记簿的设置 …………………………………… 61

第二节　不动产登记簿的记载 …………………………………… 70

第三节　不动产登记簿的公开 …………………………………… 81

附　录　不动产登记簿规范 ……………………………………… 84

第三部分　程序规范

第六章　不动产登记的一般程序 …………………………………… 97

引　言　正当程序原则 …………………………………………… 97

附　录　正当程序原则规范 ……………………………………… 97

第一节　不动产登记的启动程序 ………………………………… 98

附　录　不动产登记的启动程序规范 ………………………… 106

第二节　不动产登记的审查程序 ……………………………… 117

附　录　不动产登记的审查程序规范 ………………………… 121

第三节　不动产登记的决定程序 ……………………………… 126

附　录　不动产登记的决定程序规范 ………………………… 128

第七章　土地总登记程序 ………………………………………… 133

附　录　土地总登记程序规范 ………………………………… 134

第八章 不动产物权变动的登记程序 …………………… 138

第一节 设立登记程序 …………………………………… 138

附 录 设立登记程序规范 …………………………… 145

第二节 移转登记程序 …………………………………… 159

附 录 移转登记程序规范 …………………………… 161

第三节 变更登记程序 …………………………………… 168

附 录 变更登记程序规范 …………………………… 169

第四节 注销登记程序 …………………………………… 172

附 录 注销登记程序规范 …………………………… 173

第九章 更正登记程序 ……………………………………… 176

第一节 基本知识要点 …………………………………… 176

第二节 评析现有规定 …………………………………… 178

附 录 更正登记程序规范 …………………………… 181

第十章 异议登记程序 ……………………………………… 185

第一节 基本知识要点 …………………………………… 185

第二节 再论异议登记 …………………………………… 188

附 录 异议登记程序规范 …………………………… 199

第十一章 预告登记程序 ………………………………… 203

第一节 基本知识要点 …………………………………… 203

第二节 评析现有规定 …………………………………… 205

附 录 预告登记程序规范 …………………………… 209

第十二章 查封登记程序 ………………………………… 214

附 录 查封登记程序规范 …………………………… 218

第十三章　信托登记程序 …………………………………………… 225
　附　录　信托登记程序规范 …………………………………… 229

第十四章　其他登记程序 …………………………………………… 235
　第一节　主体信息变更登记程序 …………………………… 235
　第二节　标示变更登记程序 ………………………………… 236
　附　录　主体信息变更和标示变更登记程序规范 ………… 238
　第三节　补证、换证登记程序 ……………………………… 241
　附　录　补证、换证登记程序规范 ………………………… 242

第十五章　与其他法律程序的衔接 ……………………………… 244
　附　录　与其他法律程序的衔接规范 ……………………… 250

第四部分　实体规范

第十六章　实体公示原则 …………………………………………… 255
　第一节　绝对登记原则 ……………………………………… 256
　第二节　相对登记原则 ……………………………………… 266
　附　录　实体公示原则规范 ………………………………… 269

第十七章　优先原则 ………………………………………………… 271
　第一节　基本知识要点 ……………………………………… 272
　第二节　再论顺位制度 ……………………………………… 275
　附　录　优先原则及顺位规范 ……………………………… 285

结语　不动产登记法草案建议稿 ………………………………… 291

主要参考文献 ………………………………………………………… 320

导　言

────────────

　　在大陆法系的德国、瑞士等国，作为独立实证法的不动产登记法已经有上百年的历史，其主要作用是配合民法典中物权法的实施，以合理规范不动产物权秩序。从它们的经验来看，物权法和不动产登记法这两个法律范畴的配合和互补，主要是通过不动产登记的媒介，来协力规范不动产物权的内容、效力、顺位等重要事项。它们的经验还表明，物权法尽管在形式上是独立的法律领域，但它并非完全封闭的规范体系，只有与不动产登记法紧密合作，才能具有其应有的生命力和实用性。可以说，物权法和不动产登记法分离又合作的法律架构经过域外百余年的实践检验，根基相当牢靠，合理性难以撼动。

　　在没有功能排异的前提下，我国无理由不采用如此的法律架构，事实也确实如此。在《物权法》颁布之前，《民法通则》、《担保法》、《土地管理法》、《城市房地产管理法》、《农村土地承包法》、《森林法》、《草原法》、《渔业法》、《矿产资源法》、《水法》、《海域使用管理法》等法律中包含了相当数量的不动产物权规范，它们均需不动产登记规范的支持，而土地管理、房屋管理等行政机构也有同样的需求，于是，我们看到中央人民政府及其主管土地、房屋等不动产的行政机构推出诸如《土地登记规则》（原国家土地管理局 1995 年 12 月 18 日发布）、《城市房屋权属登记管理办法》（原建设部 1997 年 10 月 27 日发布）、《矿产资源开采登记管理办法》（国务院 1998 年 2 月 12 日发布）、《矿产资源勘查区块登记管理办法》（国务院 1998 年 2 月 12 日发布）、《林木和林地权属登记管理办法》（国家林业局 2000 年 12 月 31 日公布）、《农村土地承包经营权证管理办法》（农业部 2003 年 11 月 14 日公布）、《海域使用权登记办法》（国家海洋局 2006 年 10 月 13 日发布）等不动产登记规范，各地也出台了相关的登记规范性文件，以配合物权规范的落实和行政管制的实施。

域外与域内的上述法律架构看上去似乎区别不大，但实际上差异不少。在德国、瑞士等国，存于物权法之外的不动产登记法在形式上是统一的，没有土地登记、房屋登记以及其他不动产登记之分；我国恰恰相反，有关不动产登记的规范性文件相当繁多，宛如绽放的五彩春花。基于这种现实反差以及不统一的不动产登记所造成的种种现实问题，我国民法学者从 20 世纪 90 年代开始关注不动产登记问题，呼吁制定统一的不动产登记法，① 并逐渐在理论界达成共识。

《物权法》在这一背景下产生，无法不受这一动向的影响，其中就隐含了制定统一不动产登记法的契机。该法第 10 条第 2 款规定，由法律、行政法规来规范统一的不动产登记制度，这在客观上将加快我国不动产登记法的立法进度。而且，《物权法》还在第二章第一节抽象出当事人的登记申请、登记机构的审查等若干纲要性的不动产登记程序性规范，但受制于其本身的法律地位和调整范围，这些条文相当简略，缺乏足够的操作性。正为了弥补这一缺憾，应对现实需要，在我国目前不动产登记机构不统一的现实情况下，中央人民政府主管土地、房屋等不动产的行政机构根据《物权法》相继推出不动产登记规范，如《土地登记办法》（国土资源部 2007 年 12 月 30 日公布）、《房屋登记办法》（原建设部 2008 年 2 月 15 日公布）、《水域滩涂养殖发证登记办法》（农业部 2010 年 5 月 24 日公布）。显然，要落实《物权

---

① 参见孙宪忠《物权法的基本范畴及主要制度反思》、《当代不动产法要义》、《论不动产登记》、《土地登记的法理和登记机关的选择》，孙宪忠：《论物权法》，法律出版社，2001，第 24～27，351～352，456～457，462～466 页。

法》有关不动产登记规范的宗旨，并合理统摄这些登记规章的相应经验，理应由详尽的不动产登记法予以实现及补足。故而，从贯彻落实《物权法》的角度来看，研究不动产登记法的基本理论和实践问题，意义不小。

如果再全面审视不动产登记，不难发现，作为一种操作工具，它有确定和固定财产权属的利民作用。在财产权框架内，不仅与物权有关，还与租赁权、信托等其他财产权有关，在如此多重的关系网络中，它除了与《物权法》接轨，还与《农村土地承包法》、《森林法》、《草原法》、《渔业法》、《信托法》等财产法相互衔接。而且，它还是国家管制不动产事务的手段，并因不同的管制目的而分别与《土地管理法》、《城市房地产管理法》、《海域使用管理法》、《民事诉讼法》等法律沟通。不难断言，有了更宽泛的法律接触面，不动产登记法及其学理研究的意义也会更加明显。

确定不动产登记法及其学理研究意义之后的首要问题，是如何制定不动产登记法。学界应对之路当然是广泛借鉴域外法律经验，并结合我国的法律经验，把握不动产登记法的外部体系和内部体系，界定有关法律概念和规则的意义，明确法律制度构造的具体内涵，体系化地把握不动产登记法的理论和制度。除了这种深入的规范分析，还不能忽视功能主义的整体论方法，既从功能主义比较的角度来分析域内外的法律经验，关注其文本表达和实践应用，以便全方位把握制度实质，更重要的，还应将不动产登记放在多重法律关系融合和交错的背景下进行多向度的研究，充分揭示不同观察视角下的限定要素及可能的应对规则。在这种研究思路中，我国不动产登记的实践经验和规律就占有相当重要的地位，在解释、比较、甄别和扬弃的基础上，它们将被设定成研究不动产登记法律制度不可或缺的函数因素，并将它们与理论假设和域外经验进行对比，以便理论和实践切实结合起来。正是基于上述认识，本书分四个部分探讨不动产登记法的基础问题。

第一部分将探讨不动产登记法的基础理论，这是其余部分得以展开的逻辑起点，它通过界定不动产登记的法律意义（第一章），厘定不动产登记法的地位（第二章），介绍经典的不动产登记模式和我国两岸四地的不动产登记制度（第三章），为不动产登记法的制度展开奠定基础。

第二部分是有关不动产登记法的组织规范，包括不动产登记机构（第四章）和不动产登记簿（第五章）。客观地看，登记机构和登记簿是不动产登记的最基础要素，前者主导着登记的进程，后者反映着登记的结果，没有它们，登记即无实际存在的可能，更谈不上有什么法律意义。① 从德国法的学理经验来看，这两个要素同属登记簿规范。①登记簿不能凭空生成，要由专门机构予以记载和掌管，此即登记机构；②登记簿不能空白设置，要记载法律支持下的特定对象和事项，换言之，能进入登记簿者必须符合特定资格，此即登记能力；③登记簿不能没有章法，要有合理的结构和布局，此即登记簿构造。② 而在瑞士，着眼于登记得以进展的主导和载体，登记机构和登记簿在登记程序中自成单元，成为组织规范，③ 本书认为这种见解更符合登记机构和登记簿的特性，故予以采纳。当然，德国和瑞士的这两种认识均为学理归类，无论何者，均认可登记机构和登记簿在不动产登记法制度建设中的基础地位。

第三部分是不动产登记法的程序规范，这是不动产登记法的主干，其基础是登记的启动、审查和决定等一般程序（第六章），在此指引下，还有针对不同登记类型的具体程序，包括土地总登记程序（第七章）、不动产物权变动的登记程序（第八章）、更正登记程序（第九章）、异议登记程序（第十章）、预告登记程序（第十一章）、查封登记程序（第十二章）、信托登记程序（第十三章）和其他登记程序（第十四章）。此外，还包括不动产登记程序与其他程序的衔接（第十五章）。

第四部分为不动产登记法的实体规范，主要涉及登记行为后果的

---

① 参见常鹏翱《物权程序的建构与效应》，中国人民大学出版社，2005，第3页。
② 参见〔德〕鲍尔/施蒂尔纳《德国物权法》上册，张双根译，法律出版社，2004，第277页。
③ Vgl. Schmid/Huerlimann-Kaup, Sachenrecht, 3. Aufl., Zuerich 2009, S. 96.

实体法律规范，除了用以确定登记记载法律效力的公示原则（第十六章），还有用以调整针对同一不动产存在数个登记记载的相互关系的优先原则及其具体化的顺位规范（第十七章）。

对不动产登记法基本规范问题的上述讨论，主要内容当然是介绍知识和阐释法理，这是基础性工作，但这并非本书研究的全部。正如前文所言，对不动产登记法的需求在我国具有高度现实性，为了使本书研究对我国不动产登记法的制定有直接的助益，本书在特定章、节之后，特别草拟法条来总括本章、节的阐述，作为附录内容，并在草拟的法条后列明可参照的既有法律经验，以资相互对比。最后，这些法条按照"总—分"结构串联起来，形成不动产登记法草案建议稿，以之作为本书的结语。

第一部分
基础理论

第一章

不动产登记的法律意义

不动产登记法是规范不动产登记法律关系的法律。所谓不动产登记，是指不动产登记机构依据法定程序将不动产及其负载的权利等事项记载于不动产登记簿上，进而产生特定法律结果的法律事实。如此界定，包含了两个基本视角：①在动态的视角中，登记乃登记机构在登记簿上进行记载的行为（《土地登记办法》第2条第1款；《房屋登记办法》第2条）。②在静态的视角中，登记乃上述行为的后果，等同于"记载"。这样，双重视角下的不动产登记因此也有了相应的双重意义。

第一节　不动产登记的动态意义

动态意义上的登记指向登记机构的登记行为，在依法治国的大背景下，它能细分出以下两重意义。

第一，国家治理活动，即登记机构的登记作业，要冠以国家名义并有国家信誉的支持，且为了达到诸如确保征收税赋、建筑管理、土地用途正当等目的，登记机构具有审查登记申请、决定是否登记等法定的职权，可以说，登记是登记机构在不动产领域进行国家治理的活动。这一点堪称普遍的法律经验。比如，在瑞士，不缴纳税收，不能办理土地登记;① 又如，日本的不动产登记有征收地租的功能;② 再如，在我国台湾地区，土地登记涉及税务的行政管制、建筑管理的行政管制和法院民事强制执行、行政执行署行政执行的管制;③ 我国大陆地区目前的房地产登记也有类似的功能，如土地登记为土地用途、规划管理、用地审批、征地补偿、耕地保护等土地管理的方方面面提供了基础数据和资料，同时也是税收管理的重要依据（《土地增值税暂行条例》第11条;《契税暂行条例》第12条）。④

第二，法律程序过程，即登记是登记机构依据法定程序进行登记作业的过程，主要包括当事人申请登记、登记机构审查申请、决定是否登记等，其最终目的要落实在登记簿的记载结果之上。此外，也有与此不同但又有一定关联的其他作业，如登记簿的公开等，但无论如何，它们都以程序化的构造体现出来，由此将权利人、利害关系人等民事主体与登记机构等公法主体连接起来，让它们在登记进程中各有其位、各负其责。⑤

第二节　不动产登记的静态意义

静态意义上的登记指向登记簿上的记载后果，它直接决定了不动产及其权属状态。这种意义的登记的基本定位用以表征不动产物权的公示方式，在物权法中，其功能与动产占有完全一致，即通过推定权利的存续来标示权利归属，并主要作为依法律行为的物权变动的基础（《物权法》第6条）。之所以如此，主要因为作为绝对权的物权能对抗任意第三人，也可能为任意第三人所侵扰，就有必要通过可为所有人知悉的方式来彰显物权的存在。而且，除非法律另有规定，登记垄

---

① Vgl. Pfaeffli, Zur Pfuefungsflicht des Grundbuchverwalters, AJP 1992, S. 1512.
② 参见〔日〕近江幸治《民法讲义 II 物权法》，王茵译，北京大学出版社，2006，第92页。
③ 参见林书瑶《台湾土地登记之现状介绍及改进方向之探讨》，《两岸四地 2008 "不动产登记"高层论坛论文集》，中国人民大学法学院 2008 年印制，第 28~36 页。
④ 参见蔡卫华《土地登记实务精解》，中国法制出版社，2010，第 11 页。
⑤ 参见常鹏翱《物权程序的建构与效应》，中国人民大学出版社，2005，第 103~150 页。

断了不动产物权的公示方式，这意味着尽管占有对不动产也有意义，如适用占有保护规则（《物权法》第241~245条），在域外法是先占或时效取得不动产所有权的要件，[①] 但它无从成为不动产物权的公示方式。[②]

静态意义上的登记因记载不同而有不同的法律形态，主要包括：

第一，标示登记和权利登记。标示登记以不动产的物理现状为登记对象，反映出不动产种类、面积、用途等物理状况信息，是不动产登记的基础。权利登记以不动产权利为登记对象，涉及这些权利的设立、变更、转让、消灭、限制等事项，是不动产登记的核心。根据权利形态的不同，权利登记又细分为物权登记、债权登记、信托登记等。标示登记和权利登记相互结合构成完整的不动产登记，不动产登记法应全面体现这两种登记。

第二，设权登记和宣示登记。设权登记是决定不动产物权变动能否完成的登记，不登记将导致物权无从变动，其规范基础是《物权法》第14条，该条规定："不动产物权的设立、变更、转让和消灭，依照法律规定应当登记的，自记载于不动产登记簿时发生效力。"由于设权登记具有决定物权变动的效力，当事人为了达到物权变动的目的，必须申请登记，故它是强制登记，是不动产登记法乃至物权法的基础。宣示登记是将已经完成的不动产物权变动公示出来的登记，其规范基础可以是：①对抗效力规范，如《物权法》第158条规定："地役权自地役权合同生效时设立。当事人要求登记的，可以向登记机构申请地役权登记；未经登记，不得对抗第三人。"②宣示效力规

---

① Vgl. Zobl, Grundbuchrecht, 2. Aufl., Zuerich 2004, S. 39.

② 在学理上，登记之外的不动产物权公示形式包括交付与村民成员集体大会，前者主要针对《物权法》第142条中的但书，该条规定："建设用地使用权人建造的建筑物、构筑物及其附属设施的所有权属于建设用地使用权人，但有相反证据证明的除外"；后者主要针对农村土地承包经营权的设立。参见孙宪忠《中国物权法总论》，法律出版社，2009，第2版，第278~281页。不同的见解，参见胡康生主编《中华人民共和国物权法释义》，法律出版社，2007，第322~323页；王利明：《物权法研究》下卷，中国人民大学出版社，2007，修订版，第166~168页；崔建远：《物权法》，中国人民大学出版社，2009，第289~290，328~332页。

范，即《物权法》第 31 条规定："依照本法第二十八条至第三十条规定享有不动产物权的，处分该物权时，依照法律规定需要办理登记的，未经登记，不发生物权效力。"由于宣示登记并不能直接决定物权变动，是否登记完全由当事人自由选择，故为自愿登记。

第三，终局登记和暂时登记。终局登记是具有确定效力的登记，主要包括设权登记、宣示登记、更正登记。暂时登记是旨在通过限制登记名义人的权限来保全终局登记可能性的登记，主要包括异议登记、预告登记、查封登记。

综上，不动产登记既是体现国家在不动产领域进行治理的程序过程，也是能产生不同实体法律效力的法律事实，故对它的完整界定，应体现出动态和静态的两面性，前者重在规范不动产登记机构的记载，后者重在落实登记记载的法律效力，综合而言，不动产登记应是一种兼顾记载行为和记载后果的法律事实。

附录　不动产登记法适用对象规范

【不动产登记法的适用对象】

因不动产登记而产生的法律关系，适用本法。

本法所称不动产登记，是指不动产登记机构依法将不动产、不动产权利和其他应当记载的事项在不动产登记簿上予以记载，并因此产生法律效力的法律事实。

法例参照：

《土地登记办法》第 2 条："本办法所称土地登记，是指将国有土地使用权、集体土地所有权、集体土地使用权和土地抵押权、地役权以及依照法律法规规定需要登记的其他土地权利记载于土地登记簿公示的行为。

前款规定的国有土地使用权，包括国有建设用地使用权和国有农用地使用权；集体土地使用权，包括集体建设用地使用权、宅基地使用权和集体农用地使用权（不含土地承包经营权）。"

《房屋登记办法》第2条："本办法所称房屋登记，是指房屋登记机构依法将房屋权利和其他应当记载的事项在房屋登记簿上予以记载的行为。"

第二章

不动产登记法的定位

不动产登记是保护和管理不动产及其权利的基础法律工具，这一点无论在实践层面还是在法律文本层面，已成定论和共识，但遗憾的是，我国至今没有一部统一的不动产登记法，理论界和实务界对此的呼吁此起彼伏，并有诸多的研究作品问世，它们从不同角度和方面探讨相关问题，为不动产登记法的出台做了理论储备。不过，从既有的成果来看，如何定位不动产登记法这个问题尚未引起足够的重视，而它事关具体制度的设计和法律整体的布局，堪称立法基础问题，应当认真对待。以下从不动产登记法的性质、对象和地位所涉及的三组矛盾范畴入手，尝试着探讨不动产登记法的定位问题。

第一节　私法与公法的矛盾范畴

私法和公法的划分传统由来已久，尽管其界限有模糊之处，但大致轮廓比较清晰，前者以私益为目标，以自治为管道；后者以公益为目标，以管制为管道。① 在此传统调教下，法律人将法律定性为私法或者公法堪称直观的条件反射，故而，不动产登记法应归属于私法还

---

① 参见王泽鉴《民法总则》，中国政法大学出版社，2001，增订版，第 12~15 页。

是公法，是其定位的首要问题。这对矛盾范畴无论在功能目标还是在制度设置上，均有根本差别，何去何从，必须给出回答。

作为公示方式，不动产登记是界定不动产物权归属和保护不动产物权交易的基础。它一方面通过设权效力、对抗效力、宣示效力、公信效力等机制确保权利人对不动产的完全支配（《物权法》第9条、第14条、第31条、第106条等）；另一方面又通过顺位等机制理顺同一不动产上多重权利人之间的关系（《物权法》第162条、第163条、第199条等）。可以说，在不牵涉国家事务或者公共权力时，这些机制事关权利人的个人利益，属于纯粹由私法规制的不动产登记簿的法律效力。

更为重要的是，不动产登记不可能凭空而生，它通常源于当事人的申请，是否申请、申请什么，在法律框架内均取决于当事人的意愿，它同时还制约着登记机构的审查以及处理行为。可以说，申请虽然指向了代表国家公权力的登记机构，但内容是纯粹的私益，登记机构也要尊重当事人的这种自我决定，从而是典型的私人自治行为。

此外，法律即便出于交易安全考虑而强制公开登记资料，为他人了解、查阅、获得登记信息提供便利（《物权法》第18条），这使登记资料具有公共产品的属性，但不能因此危及权利人的个人利益，不仅受众范围被限定为权利人之外的利害关系人，通常是对登记信息有正当利益之人，并要提出初步可信的证据加以证明，[①] 而且，可公开信息范围通常不包括买卖价格、担保条件等交易信息，[②] 如此限制的目的均在于切实保障权利人。

着眼于不动产登记旨在保护私益、经由私人自治行为而发生的上述特征，不难看出，不动产登记法的这些成分处理的是平等主体之间的关系，这是传统私法的领地，在此基点上，不动产登记法当然应尽可能赋予当事人充分的决定权和选择权，尽可能减少国家对当事人私

---

① Vgl. Weirich, Grundstuecksrecht, Muenchen 1985, S. 108f.；Schmid／Huerlimann-Kaup, Sachenrecht, 3. Aufl., Zuerich 2009, S. 101.

② Vgl. Zobl, Grundbuchrecht, 2. Aufl., Zuerich 2004, S. 199 f.

事的干涉。不过，从不动产登记的运作规律上看，它主要以登记簿的设置和运行为对象，由此产生的关系发生在代表国家公权力的登记机构与作为私权利主体的当事人之间，这显然是公法所调整的不平等关系，反映出不动产登记法的公法色彩。

不动产登记机构是旨在服务公众而非谋求私利的公共部门，① 这在比较法上是普遍规律，我国同样如此。登记机构的这种定性决定了它在组织上必须实行层级化的官僚体制。①登记机构的设置、主管官员的任命、工作人员的级别和工资待遇，均由政府按照法律或者政策予以安排；②尽管每一登记机构均在各自管辖范围和业务范围内独立操作业务，但下级机构必须接受上级机构或者同级政府的监督、指导或者管理；③登记机构工作人员要有良好的职业操守，登记机构通过行政处分进行纪律控制（《土地登记办法》第74条；《房屋登记办法》第93条）。这种架构牵涉到机构编制、人事管理、财政供给等政府事务，不同于民事主体。

不动产登记机构既然是公权力主体，其所谓的审查、处理等职权行为即公权力行为。虽然这些行为受制于登记申请，但为了保障真实权利的正当变动，登记机构必须按照依法治国的精神，依法审查申请事项是否合法，② 其后果无论是否符合申请目的，均依法产生法律效力。显然，登记机构将单方决定申请的命运，这与体现私法自治的法律行为完全不同。在我国，行政法学界通常认为不动产登记是行政确认行为，③ 实务更认为它与行政审批的效力等同（《国土资源部关于国有划拨土地使用权抵押登记有关问题的通知》；《最高人民法院关于转发国土资源部〈关于国有划拨土地使用权抵押登记有关问题的通知〉的通知》）。正因为登记行为有这样的定性，它一方面与法院的行政审

---

① 参见〔葡〕Vicente João Monteiro《澳门物业登记概论》，张逢春译，澳门司法事务局，1998，第13~14页。

② Vgl. Holzer/Kramer, Grundbuchrecht, Muenchen 1994, S. 25.

③ 参见王达《对不动产登记的行政法思考》，《行政法学研究》2007年第2期；杨寅、罗文廷：《我国城市不动产登记制度的行政法分析》，《法学评论》2008年第1期；王克稳：《我国不动产登记中的行政法问题》，《法学》2008年第1期。

判机构在救济通道上有衔接，即当事人认为登记行为不合法的，可以提出行政诉讼请求法院评判登记行为的正当性，法院的民事审判机构无权涉足此类纠纷；①另一方面，登记错误赔偿纳入国家赔偿的领域，受《国家赔偿法》的规范。

在申请登记的情形，登记虽然针对单个具体的申请事项而为，但管制色彩相当突出，只有满足国家管制不动产的方向、保障国家税赋或者财政收费等管制政策的，才能予以登记（《土地登记办法》第18条；《房屋登记办法》第22条）。此外，管制特点更突出的，是登记机构旨在保障国有资产、落实公权力行为、维持正确登记信息而为的主动登记（《土地登记办法》第50~54条、第58条；《房屋登记办法》第41条、第75条、第81条；《水域滩涂养殖发证登记办法》第14条、第16~17条），以及登记机构为了保障不动产交易正常秩序，依法处罚伪造权利证书、登记证明的违法行为（《土地登记办法》第73条；《房屋登记办法》第91条）。

概括而言，不动产登记机构从事登记行为，基础是依法享有的以管制为目的、具有实现公益功能的公共管理职责，并在程序进展中推进和落实这种职责，在此过程中，登记机构与申请人处于不平等的法律地位，在此意义上，说不动产登记法是公法的确恰当。这也表明，从不同视角和内容观察，不动产登记法会在私法和公法之间转换，立法必须正视这对矛盾范畴。既然不动产登记法从不同程度和侧面反映出私法或者公法的色彩，那么，立法对这两个方面均不可偏废，而应合理兼顾，从制度设置上确保它们能相得益彰地融为一体。②要达到这个目的，就要在不动产登记法的制度配置上下工夫，一方面，明确归属于私法或者公法范畴的制度，并按照各自范畴规律设计具体内容；另一方面，还要在私法和公法的衔接上实现自治和管制的融合、私益

---

① 参见金民珍等《姚建平、姚鑫与上海林顿大厦置业有限公司房屋预售、包租、回购纠纷案——如何判断合同的性质》，最高人民法院民事审判第一庭编《民事审判指导与参考》总第7卷，法律出版社，2001，第277~278页。

② 参见吕艳辉《公私法交织中的不动产登记》，《北方法学》2008年第5期。

与公益的协调。

根据不动产登记法应当规范的事项，可以通过以下制度配置处理私法和公法的矛盾范畴。①登记机构和登记簿是不动产登记法的基础要素，前者是主导登记行为的官署组织，后者是记载登记信息的国家文件，均象征着国家主权和公共权力，均事关国家治理和公共利益，只有完全代表民众利益的立法者有权为之，其规范属于公法规范。②登记申请及其内容是登记进展的基础，属于私法规范，但申请的形式和要求事关登记机构的工作效率和交易效率，不能由申请人决定，应为公法规范。③登记机构审查与处理申请和嘱托、依职权主动登记、依法处罚违法行为、公开登记簿等行为规范事关依法行政、国家信誉和公共利益，属于公法规范。应注意的是，公开登记簿在我国既是为打造透明政府而公开政务信息的表现，也是满足社会公众对政务、社会信息的知情权的手段，在此前提下，又要保障权利人的利益，《物权法》第18条显然没有明确这种利益平衡。不动产登记法应如前文所言的那样，通过限制公开的受众和信息范围，也即通过私法和公法接轨的方式实现这种平衡。④登记簿的法律效力虽然不容当事人修改，但它们旨在规范物权权属和权利关系，通常被视为私法规范。

第二节　程序与实体的矛盾范畴

不动产登记是登记机构依据法定程序将不动产及其负载的权利等事项记载于登记簿上，进而产生特定法律结果的法律事实，其结构可简化为"动态行为"＋"法律结果"，前者是登记机构以登记簿为载体进行信息记载的行为，它依法定程序进展，主要顺序链条为申请→收件→审查→决定；后者表明了上述行为的结果，它依法产生相应的法律效力。围绕这两个构造要素，不动产登记分叉为两套规范体系，前者规范登记行为的起始、条件、期限等程序事项，即所谓的登记程序法；后者规范登记后果的效力、构成等实体事项，即所谓的登记实体法。

程序规范和实体规范在实证法中是一矛盾范畴，因为各自的制度运作原理以及相应的规范构成大异其趣，难以用统一的标准计量。比如，登记申请权是指向登记机构的旨在引发登记程序的程序性权利，不受实体法的诉讼时效、除斥期间乃至权利失效制度的制约，而登记请求权是指向登记义务人的旨在请求对方协助申请登记的实体法权利，在实体法平台上可能与前述的实体制度发生关联。又如，登记程序的各个行为环节先后关联，私人的自治行为和国家的管制行为交错接替，一个环节出现问题，整个程序就会产生多米诺骨牌效应，换言之，具体程序行为的意义应放置在整个程序中考量，无法如同法律行为那样独立存在，法律行为规范因此不能直接适用于程序行为。① 而不动产登记兼有程序和实体的双重构造，不动产登记法如何体现这一特点，值得重视。

对此，一个简明的方案就是在不动产登记法和物权法之间进行分工，由前者调整代表公共权力的登记机构和代表私人利益的申请人之间的关系，主要规范申请、审查等程序事项；后者的任务在于调整权利归属和协调私人利益，主要规范登记的效力。日本法即为此方案的典范。《日本不动产登记法》调整登记的程序事项，包括规范登记事项、假登记、预告登记、顺位等的"总则"，规范登记机关、管辖等的"登记所及登记官"，规范登记簿的种类、编成、样式、图式等的"登记簿及图式"，规范登记程序一般规则、各类具体登记程序等的"登记程序"，规范审查请求的事由以及相关程序的"审查请求"和规范当事人不符合法律规定时的处罚的"罚则"；《日本民法典》的物权编仅规定登记效力（第 177 条）。

与此不同，以德国和瑞士为代表的欧陆权利登记制虽然也有程序规范和实体规范的划分，② 但从规范表达上看，不动产登记法与物权法的内容区分并非绝无重叠。比如，《德国土地登记法》主要规范土

---

① 参见常鹏翱《物权程序的建构与效应》，中国人民大学出版社，2005，第 155 ~ 158 页。

② Vgl. Zobl, Grundbuchrecht, 2. Aufl., Zuerich 2004, S. 43 ff.

地登记局、土地登记簿、登记资料保存、登记簿的查阅、登记管辖、申请、登记同意、合意、嘱托、证书的颁发、申诉、簿页的设置等程序事项，①《德国民法典》在登记效力等实体规定之外，至少还在预告登记（第 883～888 条）、更正登记（第 894～898 条）和异议登记（第 899 条）中规范了程序事项。瑞士法同样如此。《瑞士土地登记法》规范了土地登录的文件，主簿簿页的设置、申请、审查、记载、登记簿的公开、监管、申诉等程序事项，②《瑞士民法典》在第 25 章"土地登记簿"中也有设置、登记、登记簿的公开（942～970a 条）、记载的注销和变更（第 975～977 条）等程序规范，这样一来，登记程序的进展要受到不动产登记法和物权法的双重约束。③

不过，由于不动产物权变动是物权法的主要规范对象，物权法必须确定登记在其中的法律地位。这一最主要的实体问题既然在物权法中得以解决，不动产登记法就没有必要再叠床架屋，故而，无论哪种方案，不动产登记法均以程序事项为调整对象，主要通过确定登记机构、登记簿和登记程序，来解决如何在登记簿中体现不动产物权变动的问题，它可谓专事不动产登记程序的程序法。至于物权法中的程序规范，应和不动产登记法在实质上融为一体，协力处理相应的问题。

我国《物权法》与德国、瑞士一样，除了登记效力等实体规范，还有若干涉及登记管辖（第 10 条）、登记申请（第 11 条）、登记审查（第 12～13 条）、登记簿（第 16～18 条）等事项的程序规范，它们对我国不动产登记法的具体内容配置和制度设计起着指导作用，这已经在我国目前最主要的两个不动产登记规章——《土地登记办法》和《房屋登记办法》——中凸现出来。作为不动产登记法的重要经验基础，这两个规章主要规范了管辖、机构、申请、审查、登记簿、权利证书等程序事项，它们完整地体现了《物权法》上述规范的内涵，但

---

① 参见常鹏翱《物权程序的建构与效应》，中国人民大学出版社，2005，第 379～419 页。

② Vgl. Gauch/Stoeckli（Hrsg.），Schweizerisches Zivilgesetzbuch mit Obligationenrecht，48. Aufl.，Zuerich 2010，S. 673 ff.

③ Vgl. Schmid/Huerlimann-Kaup，Sachenrecht，3. Aufl.，Zuerich 2009，S. 114 ff.

又更明确具体，便于实务操作。

为了保持不动产登记法律的持续性，并设定《物权法》有关登记实体规范已经完整和合理，在此前提下，不动产登记法没有理由再涉足实体事项，否则，在规范一致时是重复劳动，在规范错位时将制造混乱，故而，它宜以经受实践检验的《土地登记办法》、《房屋登记办法》等部门登记规章以及地方性登记法规、规章的成熟程序为基础，通过详实的操作规范来具体化《物权法》勾勒出的不动产登记的纲领性要点。具体而言，我国不动产登记法应重点落实的程序规范包括以下内容。

第一，统一登记机构的组织规范。《物权法》第10条第2款第1句已授权其他法律或者行政法规规定，而《土地登记办法》、《房屋登记办法》等规章无力解决这个问题，不动产登记法应承担该任务，从不同角度确保登记权限的统一行使。①划定统一登记的范围，在此范围内明确统一的不动产登记机构；②明确该机构对不动产登记事务的集中管理职责；③在管辖机制上保证登记权限统一于该机构；④明确登记从业人员的职业资格，提升该机构统一登记的权威性；⑤明确登记簿的统一设置，确保登记机构能排他性地掌管登记簿。

第二，登记簿规范。登记簿是不动产及其权利的法律基础，《物权法》指出了它与权属证书的关系（第17条）以及公开规范（第18条），但这仍显简要，不动产登记法还应至少在以下方面加以细化：①登记簿统一设置的方式，解决好土地登记、建筑物登记、林木等其他不动产登记的关系以及本登记和预告登记的关系；②登记簿的编排方式，以详尽记载不动产的物理信息和权利信息，并能理清同一物上多重权利之间的先后顺序；③登记簿的编成方式，厘定物的编成和人的编成的适用范围；④电子登记簿的设置，解决好电子登记簿与纸介质登记簿的关系；⑤登记簿记载的方式，明确记载的文字、符号、格式等；⑥登记簿与相关文书的关系，主要是登记簿与当事人申请材料的关系，与权属证书、登记证明的关系，与登记档案的关系；⑦登记簿的保管和重建，明确相应的标准；⑧登记簿的公开，明确可公开内容以及受众的层次。

第三，登记程序的一般规范。这主要涉及程序的启动、登记机构的审查和处理，对具体类型登记的程序有普适性的指导意义，是不动产登记法的最主要规范事项。《物权法》对申请和审查有简要涉及，循其规范要点，不动产登记法还应明确：①申请登记、嘱托登记和登记机构依据职权主动登记的适用情形；②申请的方式，特别是共同申请、单方申请、代位申请的适用情形；③申请撤回的时间点和方式；④登记机构受理申请的标志和标准，以及此时的审查方式；⑤登记机构受理申请后的审查方式，明确查验权属证明的标准、询问的事项、实地查看的情形；⑥登记机构审查后予以处理的期限；⑦拒绝办理登记的情形及程序；⑧暂缓办理登记的具体情形及程序。

第四，监督和救济程序。在现代法治国理念中，任何公权力机构及其人员都要接受监督，民事主体权益受损时均应获得救济，不动产登记法对此应规定以下程序：①同级政府对所属的登记机构或者上级对下级登记机构在业务上的监督程序；②登记机构对本机构工作人员在业务和纪律上的监督程序；③不服登记机构决定的当事人提起行政复议以及行政诉讼的衔接程序。

第三节　附属与独立的矛盾范畴

我国《物权法》第 10 条第 2 款是立法衔接条款，它为不动产登记法的制定提供了依据。不动产登记法应根据《物权法》的指引，细化登记程序规范，促成登记实体规范的实效。在这种格局中，不动产登记法以落实《物权法》的规范意旨为目的，处于附属地位。不过，《土地登记办法》和《房屋登记办法》的规范事项超过了《物权法》的范围，异议登记的登记禁止效力（《土地登记办法》第 60 条第 3 款；《房屋登记办法》第 78 条）、预告登记的登记禁止效力（《土地登记办法》第 62 条第 4 款；《房屋登记办法》第 68 条第 1 款）、查封登记（《土地登记办法》第 63～69 条）等均为适例，如果不动产登记法延续这种做法，它无疑具有独立性。显然，在法律地位上，不动产登记法必须处理好相对于《物权法》的附属和独立的矛盾。

　　物权法是不动产登记法的立法依据，后者不能背离前者，还应在前者引导下，细化有关规范，但这并非全部，因为不动产登记只是物权法予以规范的对象之一，且受制于该法的调整范围，其中的登记规范不可能面面俱到。故而，作为专门规范不动产登记的法律，不动产登记法天然有补漏功能，即补充物权法的规范不足。域外经验已验证了这一点。[①] 在我国，不动产登记法晚于《物权法》制定，它因此有全面审视和评估《物权法》中登记规范的效能，并在实践检验基础上予以补漏的机会，其触角也因此可延伸到《物权法》未及的不动产物权登记领域，其规范也会有独立于《物权法》的空间。

　　换言之，尽管不动产登记法和物权法在内容分配上有程序和实体之分，但正如前文所言，其前提在于后者相当完整地调整了登记实体事项，否则，只要立法者未修改物权法来补漏，只要不动产登记法有补漏的功能，那么，它可能也应该超越纯粹程序法的范畴，不仅细化和填补登记程序规范，还应对物权法未及的实体事项予以恰当规范。这在我国非常现实。比如，《物权法》第 5 条规定了物权法定原则，只有法定的不动产物权能被登记，问题在于，《物权法》有不少任意性规范，当事人可约定改变物权内容，如共有人对共有不动产的管理约定（第 96 条）、抵押当事人改变顺位的约定（第 194 条）等，它们显然不是法定，如果当事人为了对抗第三人，向登记机构申请登记这些约定，登记机构何去何从，不动产登记法不能不有所交代。又如，《物权法》第 31 条指出，非依法律行为取得的不动产物权非经登记不得处分，此类未登记的物权能否对抗第三人，从该条以及其他法条中看不到答案，学理分析提供了肯定结论，[②] 与其如此辗转，不如在不动产登记法中提供明确答案。这些均表明不动产登记法的规范事项源

---

① Vgl. Schmid/Huerlimann-Kaup, Sachenrecht, 3. Aufl. , Zuerich 2009, S. 81.

② 参见谢在全《 "民法" 第 759 条争议问题之研究》，苏永钦主编《民法物权争议问题研究》，清华大学出版社，2004，第 3 ~ 5 页。

于但又溢出了《物权法》，与德国经验一样，[①] 其原因在于不动产登记法根据具体情况自设条件，据此来延展或者缩限实体法中的实体规范，故可能独立于并突破实体法，从而显现出不动产登记法的独立地位。这样一来，不动产登记法虽然在学理上被界定为物权法的特别法，[②] 但无论在规范对象还是在内容，它与物权法是相当不同的两个法律部门，它们只有相互配合、协力和交错，才能共同架构完整的不动产物权登记规范体系。

再跳出物权法的范畴审视，不动产登记法的独立性将更加明显。从我国实践操作情况来看，不动产登记法至少还涉及以下立法根据或者规范事项：①《土地管理法》、《城市房地产管理法》、《森林法》、《农村土地承包法》、《海域使用管理法》、《渔业法》、《矿产资源法》、《民事诉讼法》（《土地登记办法》第 1 条、第 63 ~ 69 条；《房屋登记办法》第 1 条；《林木和林地权属登记管理办法》第 1 条；《农村土地承包经营权证管理办法》第 1 条；《海域使用权登记办法》第 1 条；《水域滩涂养殖发证登记办法》第 1 条；《矿产资源开采登记管理办法》第 1 条；《矿产资源勘查区块登记管理办法》第 1 条），据此，不仅法定的不动产物权可登记，甚至属于债权的租赁权也能被登记（《城市房地产管理法》第 54 条；《海域使用权登记办法》第 2 条第 2 款），且因为登记可产生一定的排他性和对抗力（《最高人民法院关于审理城镇房屋租赁合同纠纷案件具体应用法律若干问题的解释》第 6 条第 1 款第 2 项）。②法院针对特定不动产所为的财产保全、强制执行等文书内容可被登记，且登记机关无权对之进行实体审查（《民事诉讼法》第 227 条；《土地登记办法》第 64 条）。③不动产信托财产关系可被登记（《信托法》第 10 条）。它们均说明，不动产登记过程中的法律关系，只要不被上位法限制或者排除，均在专事调整不动产登记的不动产登记法的调整范围内。

---

① 参见〔德〕鲍尔/施蒂尔纳《德国物权法》上册，张双根译，法律出版社，2004，第 274 ~ 275 页。

② 参见王泽鉴《民法物权》第 1 册，中国政法大学出版社，2001，第 11 页。

　　显然，在与物权法对接且物权法规范足够完备的前提下，不动产登记法要基于物权法，通过细化措施来落实物权法规范，这是其附属的方面。一旦物权法规范出现缺漏，不动产登记法就有补漏的任务，当然会独立于物权法。此外，既然不动产登记法兼具私法和公法的特性，不动产登记同时是涵括国家管制和私人自治的法律工具，那么，其立法根据不只是物权法，规范对象当然也会超出物权法的范围，由此也不可避免地表现出独立于物权法的一面。

　　综上所述，在我国，不动产登记法因《物权法》而有了统一的急切需要，它也因此受制于《物权法》，但其构造又不能完全为《物权法》所遮蔽，它同时要融合私法和公法、程序和实体、附属和独立的矛盾。从理论上看，这三个矛盾范畴分别指向不动产登记法的性质、内容和地位，在各自的基点上各有特性和逻辑，但它们又非截然有别，而是在不同的方面相互交错。比如，申请是不动产登记程序的发动机，当然是程序规范，而其发生和内容由申请人自定，又是私法规范，但其形式规范涉及公权管制，属于公法规范；又如，申请内容虽然决定了登记机构的审查对象和范围，但在依法治国背景下，后者更受制于法治原则，审查规范因此是与私法规范对接的公法规范；再如，在物权法规范完备时，不动产登记法附属于前者，且以程序规范为主，一旦物权法自身有缺漏或者在诸如租赁权登记、信托登记等它所不及之处，不动产登记法的相应规范将独立于物权法，内容也会涉及实体规范。显然，这三对矛盾范畴既隔离又互通，充分表现了不动产登记法"混合法"特色，完整地正视和把握它们，无疑是立法应有的基础认识。

附录　不动产登记法立法依据和目的规范

【立法依据和目的】

　　为了规范不动产登记行为，保障不动产权利人的合法权益，根据

《中华人民共和国物权法》、《中华人民共和国土地管理法》、《中华人民共和国城市房地产管理法》、《中华人民共和国农村土地承包法》、《中华人民共和国森林法》、《中华人民共和国草原法》、《中华人民共和国渔业法》、《中华人民共和国海域使用法》、《中华人民共和国矿产资源法》、《中华人民共和国水法》、《中华人民共和国信托法》、《中华人民共和国民事诉讼法》等法律，制定本法。

法例参照：

《土地登记办法》第 1 条："为规范土地登记行为，保护土地权利人的合法权益，根据《中华人民共和国物权法》、《中华人民共和国土地管理法》、《中华人民共和国城市房地产管理法》和《中华人民共和国土地管理法实施条例》，制定本办法。"

《房屋登记办法》第 1 条："为了规范房屋登记行为，维护房地产交易安全，保护权利人的合法权益，依据《中华人民共和国物权法》、《中华人民共和国城市房地产管理法》、《村庄和集镇规划建设管理条例》等法律、行政法规，制定本办法。"

《水域滩涂养殖发证登记办法》第 1 条："为了保障养殖生产者合法权益，规范水域、滩涂养殖发证登记工作，根据《中华人民共和国物权法》、《中华人民共和国渔业法》、《中华人民共和国农村土地承包法》等法律法规，制定本办法。"

第三章

不动产登记的典型法例

第一节　不动产登记的经典制度模式

日尔曼式登记、法兰西式登记和托伦斯式登记作为三种经典的不动产登记制度模式，在华语不动产登记法乃至物权法研究圈子中最受重视，经常出现于我国大陆、台湾地区和澳门特别行政区的相关论著中，影响甚为深远，以下综合相关素材予以简要介绍。

一　日尔曼式登记

（一）制度发展简史

古代即有不动产公示的制度雏形，如巴比伦和古希腊邦法有土地权利的公开记录，特别是古罗马的埃及省有不动产交易记录。不过，古代法并未对现代不动产登记产生深远的影响，现代意义上的土地登记源于中世纪德意志法，它与日尔曼法庭证明有关。在法庭上，法官首先讯问土地转让的地点和位置，有形的土地交付为法庭主导的证明程序的转让所替代，而这种转让属于非诉范围，此即所谓的"Aufflassung"。从 12 世纪起，"Aufflassung"被记载于专设的土地登记簿中，这种登记簿最初单纯地按照年代顺序编排，后来则按照人或者土地进行编排。在此后的发展过程中，这些登记簿有了公信力，其记载也有了设权效力，现代意义上的土地登记簿由此产生。

在以后的发展过程中，罗马法的继受对土地登记簿而言是一种阻力，因为罗马法没有土地登记簿，但由于日尔曼法的作用，土地登记簿未被完全排挤掉，它与罗马法制度共存，形成了混合制度，即适用于普鲁士的抵押登记簿。普鲁士于 1872 年有了土地登记簿制度，德国在 1897 年颁布了土地登记法，并在民法典中规定了土地登记，标志着日尔曼式登记的最终成型。①

（二）制度基本特点

日尔曼式登记以德国为代表，是"权利登记制"——以不动产物权为对象的登记——的鼻祖，又称为"连续登记制度"。从总体上看，这种登记制度具有以下特点。②

第一，登记是在按地区划分权限的公共部门中进行。德国的不动产登记机关是土地登记局，它在性质上属于各个司法管辖区的初级地方法院，登记官则为司法官。③

第二，采用"特定性原则"。登记簿记载了不动产所有权特征的标示，从而将现实中存在的不动产准确地反映在登记簿之中，使得登记簿成为不动产的法律表现。在德国，各个州的土地测量局负责土地测量并绘制成图，这样，土地被划分为编有号码的独立地块，这些地块都被记录在地籍登记簿之中，当这些地块因公路建设分割或者合并等原因发生变化时，地籍登记簿要及时地进行相应的改变，在现场则以官方测量机关设置的大量界石标示出来。每一块土地的疆界在地图上都要清楚地标示出来。在地籍登记簿基础上，土地登记簿得以建立，它表明了每一块被标上号码的土地的法律状况，并记载了土地上的权利负担状况。④

---

① Vgl. Zobl, Grundbuchrecht, 2. Aufl. , Zuerich 2004, S. 41 f.

② 参见〔葡〕Vicente João Monteiro《澳门物业登记概论》，张逢春译，澳门司法事务局，1998，第 14 页。

③ 参见〔德〕鲍尔/施蒂尔纳《德国物权法》上册，张双根译，法律出版社，2004，第 278 页。

④ 参见〔德〕罗伯特·霍恩、海因·科茨、汉斯·G. 莱塞《德国民商法导论》，楚建译，中国大百科全书出版社，1996，第 198 页。

第三，采用"物权法定原则"。登记簿记载的物权类型和内容必须符合法律规定，或者说，登记簿记载的权利必须具有"登记能力"。德国有登记能力的权利主要有：不动产上负担的一切物权（如土地所有权）、不动产物权负担的物权（如抵押权上的用益权）、处分限制、异议抗辩和预告登记；无登记能力的权利主要有：《德国民法典》不承认为物权的不动产上的权利（如用益质权）、债权（如租赁权）、有关不动产的没有公共信用作用的个人关系（如监护权）、不动产上的公法限制、因相邻关系产生的对邻人不动产的权利等。①

第四，登记是应利害关系人的要求进行的（申请原则）。不动产物权变动的当事人受制于意思表示的约束力，为了诚信履行合同义务和实现合同目的，他们具有启动不动产登记程序的动力和压力，由这类民事主体引起的登记启动机制被称为登记申请。申请机制适用于纯粹的私人交易领域，如民事主体依据自我意志进行的物权变动，在登记错误时通过更正登记等措施进行的补救等，② 是民事主体对自己事务进行自我决定和处理的表现，与国家公权力无关。登记申请是最常见的登记启动机制。当然，申请原则也存在例外，比如，《德国土地登记法》第 53 条第 1 项规定，土地登记机关因为违反法律规定而为登记，导致土地登记发生错误的，应依职权为异议登记。登记内容被证明为法律禁止的，登记机关可依职权注销该登记。

第五，采用"优先原则"（《德国民法典》第 879 ~ 881 条）。即先登记的权利优先于后登记的权利，此即为"顺位"。优先的次序具有财产价值，可以成为法律行为的标的物。

第六，采用"登记连续性原则"。即每一项权利的拥有人在处分权利时都要在登记簿上登记，这样就在权利人之间形成了权利链条，从而保证交易的纯净性。

第七，全面遵守"合法性原则"，要求登记官对权利处分行为进

---

① 参见孙宪忠《德国当代物权法》，法律出版社，1997，第 137 ~ 139 页。
② Vgl. Alpmann, Sachenrecht Band 2 – Grundstueckrecht, 9. Aufl. , Muenster 1994, S. 124.

行预先审查。不过，此项原则在德国实务操作中受到限制。[①]

第八，受古老的"移交"思想影响，除了引致当事人之间债的关系的行为之外，还需要达成改变登记权利人所有人的真正共认。

第九，采用"物权公示原则"（《德国民法典》第 873、875、877、925 条）。即在依法律行为进行的不动产物权变动场合，进行登记对当事人之间预先商定的物权变动是必不可少的，不登记物权不得变动。

第十，已作的登记构成相关权利的推定，这是一项可反驳的推定，即可被相反的证据推翻（《德国民法典》第 891 条）。但对第三者的善意取得而言，推定可转化为不可反驳。由于登记被视为真实、正确（或者完整）的，所以相信登记并以此为基础进行交易的人不应受到损害（《德国民法典》第 892、893 条）。

（三）德国登记制度

日尔曼式登记制度的代表为《德国民法典》中有关登记的规定和《德国土地登记法》，学界对前者的评介不少，但对《德国土地登记法》的介绍并不充分，而其重要意义恰如前文所述，故有必要赘言一二予以简要介绍。该法本名"Grundbuchordnung"，简称"GBO"，于 1897 年 3 月 24 日实施，并于 1994 年 5 月 26 日修订颁布。该条例共计 144 条，包括以下部分。

第一，总则（第 1 ~ 12c 条），主要规范土地登记局、土地登记簿、土地的合并、增记、地上权登记、土地的分离、登记资料保存、登记簿的查阅、登记管辖等。

第二，土地登记簿中的记载（第 13 ~ 55b 条），主要规范登记申请、登记同意、合意、更正、行政机关的嘱托、有关证书、登记顺位等。

第三，抵押证书、土地债务证书和定期金债务证书（第 56 ~ 79 条），主要规范抵押证书的颁发、形式、内容、作废以及其他证书的规范准用等。

---

① 参见常鹏翱《物权程序的建构与效应》，中国人民大学出版社，2005，第 170 ~ 178 页。

第四，告诉（第 71~81 条），主要规范提起告诉的事项、方式、程序等。

第五，特殊情形下土地登记局的程序（第 82~115 条），主要规范强制更正登记、注销无标的的登记、理顺顺位关系等。

第六，土地登记簿页的设置（第 116~125 条），主要规范设置土地登记簿页的程序、所有权登记、限制物权登记等。

第七，机器编制的土地登记簿（第 126~134 条），主要规范机器编制的土地登记簿与现有土地登记簿的关系、生效标准、权利人、查阅、下载等。

第八，过渡规定和最后规定（第 135~144 条），主要规范《德国民法典实施法》、《德国地上权法》相关条文与本法的关系、既往土地登记簿的效力、土地登记簿和文书的毁损或灭失、对巴登—符腾堡州的保留、对前东德地区的特殊规定等。

另外，还有针对该条例第 126 条第 1 款第 2 句之 3 的附件。①

（四）瑞士登记制度

瑞士的登记制度也体现出日尔曼式登记的特点，并也通过《瑞士民法典》有关的规定和《瑞士土地登记法》综合表现出来。《瑞士民法典》第 25 章"土地登记簿"（第 942~977 条）专门规范不动产登记，包括：①设置（第 942~957 条）；②登记（第 958~969 条）；③登记簿的公开（第 970~970a 条）；④效力（第 971~974 条）；⑤记载的注销和变更（第 975~977 条）。此外，其他章节还有不动产登记的零散条文。

《瑞士土地登记法》本名"Verordnung betreffend das Grundbuch"，简称"GBV"，于 1910 年 2 月 22 日实施，之后又多次修订。该法令依托于《瑞士民法典》第 949 条，用以规定程序性和组织性规范，目的在于确定法律所用概念的含义，并填补法律漏洞。② 共计 117 条，包

---

① 参见常鹏翱《物权程序的建构与效应》，中国人民大学出版社，2005，第 379~419 页。
② Vgl. Schmid／Huerlimann-Kaup，Sachenrecht，3. Aufl.，Zuerich 2009，S. 81.

括以下部分。

第一，土地的登录与主簿的设置（第 1～10a 条），主要规范土地登录的文件、处于多个登记区域的不动产、主簿簿页的设置等。

第二，申请，日簿的记载（第 11～24a 条），主要规范申请内容、形式、证明、登记审查等。

第三，登记（第 25～52a 条），主要规范主簿记载、顺位、所有权登记、役权和土地负担登记、土地抵押权登记等。

第四，债券、定期金和土地抵押证书的设置（第 53～60 条），主要规范诸种抵押名义的设置、土地抵押证书的摘录等。

第五，变更和注销，抵押名义的失效（第 61～69 条），主要规范注销或变更的申请，注销、顺位空白抵押权的登记，抵押名义的失效和重新设置以及抵押权的注销等。

第六，预告登记（第 70～77 条），主要规范预告登记的一般规则、对人权利之预告登记的证明、建筑物区分所有权和法定先买权之预告登记的证明、建筑权关系之预告登记的证明、处分限制之预告登记的证明、暂时登记之预告登记的证明等。

第七，标记（第 78～82a 条），主要规范标记的一般规则、私权的标记、法定所有权限制的标记、地界变更的标记等。

第八，土地抵押登记的注记（第 83～84 条），主要规范土地抵押权记载之注记的标注等。

第九，分割、合并和增记（第 85～97 条），主要规范土地分割时新簿页的设置、土地分割时的役权、土地分割时的土地抵押权、土地分割时的土地负担、土地分割的预告登记和标记、土地合并的要件、土地合并之移转登记、集体簿页的增记等。

第十，更正登记（第 98～101 条），主要规范更正登记的要件、不变更权利内容的更正登记、主簿的更正等。

第十一，监管，告诉（第 102～104b 条），主要规范针对驳回申请的告诉、其他情形的告诉等。

第十二，摘录与询问答复（第 105～106a 条），主要规范摘录、土地登记簿的公开等。

第十二 a，主簿的形式、证明和辅助登记（第 107 ~ 110b 条），主要规范主簿簿页、主簿簿页灭失时替代簿页的设置、替代簿页的证明、辅助登记等。

第十三，贯彻土地登记簿方式信息化的特别规定（《瑞士民法典》第 942 条第 3 ~ 4 款、第 949a 条）（第 111 ~ 112 条），主要规范基本原则、与前面规定的关系、主簿、土地的设置、登记、所有权人名录、申请和日簿、处理程序、注销、变更和更正等。

第十四，最后规定和过渡规定（第 113 ~ 117 条），主要规范基于旧法的有效请求权、联邦土地登记簿的引论、旧法关系的标记、有关土地登记簿监管的州法等。[①]

以上所言是瑞士登记制度的规范文本状况，另外，根据学理介绍，对瑞士登记制度还应注意以下特点。[②]

第一，与德国一样，瑞士的登记法分为程序和实体两部分，前者规定机关和程序，属于公法范畴；后者规定实体要件和效力，属于私法范畴。

第二，在狭义上，登记仅指物权登记（《瑞士民法典》第 958 条），并产生设权、公信等法律效力（《瑞士民法典》第 971 ~ 974 条）。在广义上，除了狭义登记，登记还包括：①预告登记（《瑞士民法典》第 959 ~ 961a 条等），主要包括对人权利的预告登记、处分限制、暂时登记等，在不同情况，产生限制所有权人处分权限、可能的物上债务、破除第三人善意等效力；②标记（《瑞士民法典》第 962 条等），能产生信息告知、破除善意、可能冻结登记簿等法律效力；③注记（《瑞士土地登记法》第 83 条等），能产生补充抵押权登记等法律效力。此外，注销和变更（《瑞士民法典》第 964 条）也属于登记范畴。

---

① Vgl. Gauch/Stoeckli（Hrsg.），Schweizerisches Zivilgesetzbuch mit Obligationenrecht，48. Aufl.，Zuerich 2010，S. 673 ff.

② Vgl. Schmid/Huerlimann-Kaup，Sachenrecht，3. Aufl.，Zuerich 2009，S. 78 ff.

第三，登记流程为：①申请并提交证据（《瑞士民法典》第 963 条以下；《瑞士土地登记法》第 11 条以下）。②土地登记簿管理人记载于日簿（《瑞士民法典》第 948 条；《瑞士土地登记法》第 14 条）。③土地登记簿管理人审查合法性要件（《瑞士民法典》第 965 条等；《瑞士土地登记法》第 15 条以下）。④符合要件的，在主簿中记载（《瑞士民法典》第 967 条等；《瑞士土地登记法》第 26 条）。⑤不符合要件的，如果没有补正可能，就驳回申请（《瑞士民法典》第 966 条第 1 款；《瑞士土地登记法》第 24 条），对此可为告诉（《瑞士民法典》第 956 条；《瑞士土地登记法》第 103 条）；有补正可能的，为暂时登记（《瑞士民法典》第 966 条第 2 款；《瑞士土地登记法》第 24a 条等规定了特殊情形），补正后记载于主簿，不能补正的驳回申请。

二　法兰西式登记

法兰西式登记制度以法国为代表，是"契据登记制"——以引发不动产物权变动的原因（主要是合同等行为）为对象的登记——的鼻祖，又被称为"转录制度"。从总体上看，这种制度具有以下特点。①

第一，登记在按地区划分权限的公共部门进行。

第二，登记的方式是将文件转录到有关簿册上，即登记只是将提交的证书按照原顺序抄写在簿册上。这是因为法国的不动产物权变动以当事人达成意思表示一致的时间为生效时间，比如，当事人一经签订有效的买卖合同，买受人即取得不动产所有权，如当事人申请登记，登记记载的也是买卖合同这种权利证书和法律行为，故此种登记一般被称为"契据登记"，以示与"权利登记"的区别。法国的此种做法具有悠久的历史。法国 1795 年 6 月 27 日的《抵押权法》就规定，登记只是将当事人提交的证书按原顺序抄写在登记簿上即可，故学者评价说，此种登记簿与其说是土地登记簿，倒不如说是证书的抄写簿，

---

① 参见〔葡〕Vicente João Monteiro《澳门物业登记概论》，张逢春译，澳门司法事务局，1998，第 13 页。

此种不以权利为对象而以证书抄写为对象的登记，一直延续到今天，堪称法国登记法的一大特色。①

第三，没有"特定性原则"，因此登记的参照系不是标的物而是人，后者构成登记工作的基础。

第四，并非所有的物权都需要登记，例如自 1935 年起，"死因的移转"及"宣告程序的行为及判决"才需要登记。

第五，没有"合法性原则"，所以登记人员并不作预先审查，只是对文件的形式要件进行检查。

第六，登记只有宣告性效力，物的移转因合同的效力便可完成，登记只是对抗第三人的一种条件。

第七，没有登记连续性原则，因为物不是登记的基础；不过，1995 年 1 月 4 日的法令创设了登记连续性原则和标的物档案并使其与地籍登记相协调。

第八，没有可反驳的推定。

第九，由于没有以上这些前提条件，登记也就不具有"公信力"。

三 托伦斯式登记

托伦斯式登记以澳大利亚登记制度为典型，其特点为：②

第一，有一个中央登记局，由一名总局长负责，并由不同领域的专家、技术人员协助（法学家、测绘员等）。

第二，经过对标的物的实质状况及所有权的严谨确认而形成的标的物的注册是登记的最基本要件。

第三，在标的物注册后，任何应登记而未登记的行为都无效。

---

① 参见王茵《不动产物权变动和交易安全——日德法三国物权变动模式的比较研究》，商务印书馆，2004，第 107 页。

② 参见〔葡〕Vicente João Monteiro《澳门物业登记概论》，张逢春译，澳门司法事务局，1998，第 14~15 页；澳大利亚昆士兰州自然资源与矿产部编《土地登记手册（澳大利亚昆士兰州）》，中国土地勘测规划院译，法律出版社，2006，第 7~16 页；陈永强：《英美法上的交易自治与交易安全——以房地产交易法为视角》，法律出版社，2009，第 268~271 页。

第四，完全遵从"特定性及合法性原则"，登记人员可依职权通过任何途径去避免登记行为中的错误。

第五，就实体方面而言，登记一式两份，其中有标的物地籍图的一份交给利害关系人，这种登记凭证构成有关登记完整性及真实性的推定，是不可置疑的。

第六，物权的产生取决于登记而非有关的合同，这使不动产的法律交易更加安全、有效率和快捷。

第七，国家是唯一对因登记错误而对第三人可能造成损害负责的机构，为减少针对国家的赔偿诉讼的风险而设立了一种专门的保险。

第二节　两岸四地的不动产登记制度

一　大陆地区制度

尽管在新中国成立前，我国已经有登记制度的成文法，但因为新中国废除旧的六法，大陆地区登记制度与原有制度丧失了延续性，故新中国前的登记制度不在此处介绍。① 而在新中国成立后，我国在相当长的一段时期内严守土地公有，并不允许土地进入市场流通，结果导致不动产基本上属于公有，因此也没有必要建立确定不动产权属的登记制度。

自 20 世纪 80 年代不动产市场建立后，我国大陆地区有了为数甚多的不动产登记规范，但绝大多数是地方性条例或规章，具有普适性且比较成型的登记规范主要有：①原国家土地管理局于 1987 年 9 月 9 日印发试行、1989 年 11 月 18 日修改颁布施行的《土地登记规则》，②原国家土地管理局又制定了自 1996 年 2 月 1 日起施行的《土地登记规

---

① 有关我国土地登记制度的历史，参见樊志全主编《土地登记理论与方法》，中国农业出版社，2003，第 6~9 页。

② 有关该规章以及其他相关土地登记制度的实施运用，参见向洪宜主编《中国土地登记手册》，改革出版社，1994，第 1~244 页。

则》，共 8 章 78 条，包括 "总则"、"初始土地登记"、"土地使用权、所有权和土地他项权利设定登记"、"土地使用权、所有权和土地他项权利变更登记"、"名称、地址和土地用途变更登记"、"注销土地登记"、"土地登记文件资料" 和 "附则"。① ②原建设部制定的自 1998 年 1 月 1 日起施行并于 2001 年 7 月 23 日修订的《城市房屋权属登记管理办法》，共 5 章 43 条，包括 "总则"、"房屋权属登记"、"房屋权属证书"、"法律责任" 和 "附则"。③国务院制定的自 1998 年 2 月 12 日起施行的《矿产资源开采登记管理办法》，共 34 条。④国务院制定的自 1998 年 2 月 12 日起施行的《矿产资源勘查区块登记管理办法》，共 42 条。⑤国家林业局制定的于 2000 年 12 月 31 日起施行的《林木和林地权属登记管理办法》，共 23 条。⑥农业部制定的于 2004 年 1 月 1 日起施行的《农村土地承包经营权证管理办法》，共 30 条。⑦国家海洋局制定的于 2007 年 1 月 1 日起施行的《海域使用权登记办法》，共 5 章 38 条，包括 "总则"、"登记"、"登记资料的管理和查询"、"罚则" 和 "附则"。

　　从这些规章的内容来看，该时段我国大陆地区登记制度有以下特点。

　　第一，其时没有《物权法》，无论是理论界还是实务界，对登记在私权保护方面的作用并无深刻的认识，登记所具有的行政管理色彩相当浓厚。

　　第二，登记机构和登记法制的不统一，导致各登记机构分别遵循不同的登记规范。

　　第三，以权利作为登记对象，就此而言，此种登记属于权利登记制（《土地登记规则》第 2 条；《城市房屋权属登记管理办法》第 3 条；《矿产资源开采登记管理办法》第 4 条；《矿产资源勘查区块登记管理办法》第 5 条；《林木和林地权属登记管理办法》第 1 条；《农村

---

① 有关该规章以及其他相关土地登记制度的实施运用，参见樊志全主编《土地登记理论与方法》，中国农业出版社，2003。

土地承包经营权证管理办法》第9条；《海域使用权登记办法》第2条），但登记的法律效力并不明确。

第四，以申请作为启动登记的基本机制（《土地登记规则》第3条；《城市房屋权属登记管理办法》第10条第1款第1项；《矿产资源开采登记管理办法》第4条；《矿产资源勘查区块登记管理办法》第5条；《林木和林地权属登记管理办法》第5条；《农村土地承包经营权证管理办法》第7~8条；《海域使用权登记办法》第9条）。

第五，登记机关有权对登记申请事项进行审查（《土地登记规则》第6条第3项；《城市房屋权属登记管理办法》第10条第1款第2项；《林木和林地权属登记管理办法》第9条；《农村土地承包经营权证管理办法》第7~8条），但审查范围并不明确。

第六，登记簿既有物的编成（《土地登记规则》第18条第1项），也有人的编成（《土地登记规则》第18条第2项）。

第七，登记机关除了在登记簿中进行记载之外，还向权利人颁发权利证书（《土地登记规则》第6条第5项；《城市房屋权属登记管理办法》第5条；《林木和林地权属登记管理办法》第14条；《农村土地承包经营权证管理办法》第3条），这一点具有托伦斯式登记的特色；而且，权利证书在实践中较登记簿重要，如房屋权属证书被视为权利人依法拥有房屋所有权并对房屋行使占有、使用、收益和处分权利的唯一合法凭证（《城市房屋权属登记管理办法》第6条第1款）。

第八，登记类型比较简单，缺乏必要的登记类型以及相应的程序，特别是没有规定异议登记和预告登记。

第九，除了海域使用权登记有较明确的登记材料公开程序之外（《海域使用权登记办法》第29~32条），其他登记规范在此方面要么缺失，要么公开程度低、程序不明确（《土地登记规则》第62条）。

《物权法》的颁行以及《土地登记办法》、《房屋登记办法》和《水域滩涂养殖发证登记办法》的施行，在相当大的程度上改变了登记制度的上述特点，主要表现为以下几点。

第一，《物权法》赋予登记私法属性，与此相适应，这三个登记规章在功能上有了重要变化，不再强调行政管理，而是转向规范登记行为，保护权利人的利益（《土地登记办法》第 1 条；《房屋登记办法》第 1 条；《水域滩涂养殖发证登记办法》第 1 条）。

第二，登记机构和登记法制的统一有了法律依据（《物权法》第10 条第 2 款），并有望在可预见的时间内实现。

第三，明确了登记的法律效力，并据此分出了强制登记（《物权法》第 14 条）和自愿登记（《物权法》第 31 条、第 129 条、第 158条等）。

第四，明确了登记机关的实质审查权限（《物权法》第 12 条）。

第五，理顺了登记簿和权利证书的关系，强调前者是物权的根据，后者是物权的证明，当两者不一致时，除有证据证明前者确有错误外，以后者为准（《物权法》第 16～17 条）。

第六，登记类型比较全面，特别增设了异议登记和预告登记（《物权法》第 19 条第 2 款、第 20 条）。

第七，明确了登记的公开性（《物权法》第 18 条）。

具体而言，《物权法》中不动产登记规范主要体现在第 2 章"物权的设立、变更、转让和消灭"第 1 节"不动产登记"，主要有以下内容：①效力规范（第 9 条），下设设权效力规范（第 14 条）、对抗效力规范（第 129 条、第 158 条）、宣示效力规范（第 31 条）和公信效力规范（第 106 条）。②程序规范，分别涉及登记管辖和统一登记（第 10 条）、登记申请（第 11 条）、登记机关职责（第 12～13 条）、登记簿（第 16 条）、权属证书及其与登记簿的关系（第 17 条）、登记簿的查阅（第 18 条）。③类型规范，包括更正登记和异议登记（第 19条）、预告登记（第 20 条）。④其他规范，主要包括责任规范（第 21条）和费用规范（第 22 条）。

《物权法》第 10 条第 2 款要求统一不动产登记制度，但在统一之前，《土地登记办法》、《房屋登记办法》、《水域滩涂养殖发证登记办法》是目前不动产登记操作的主要制度平台，是将来统一不动产登记法律规范的重要经验基础，值得重视。

《土地登记办法》自 2008 年 2 月 1 日起施行，共 10 章 78 条，包括"总则"、"一般规定"、"土地总登记"、"初始登记"、"变更登记"、"注销登记"、"其他登记"、"土地权利保护"、"法律责任"和"附则"。其中，"总则"主要规范目的、基本定义、登记管辖、主管机关、土地登记人员的资格等；"一般规定"主要规范登记申请、审查、办理登记、不予登记、登记簿、土地权利证书等；"初始登记"主要规范涉及取得国有建设用地使用权、集体土地所有权、集体建设用地使用权、集体农用地使用权、土地使用权抵押、设立地役权等事项的登记；"变更登记"主要规范涉及土地使用权转让、土地权利人姓名或名称、地址发生变化、土地用途发生变更等事项的登记；"其他登记"主要规范更正登记、异议登记、预告登记和查封登记。①

《房屋登记办法》自 2008 年 7 月 1 日起施行，共 6 章 98 条，包括"总则"、"一般规定"、"国有土地范围内房屋登记"、"集体土地范围内房屋登记"、"法律责任"和"附则"。其中，"总则"主要规范目的、基本定义、主管机关、登记管辖、登记簿、登记人员资格等；"一般规定"主要规范登记申请、审查等一般程序、房屋权属证书、登记证明与登记簿等；"国有土地范围内房屋登记"主要规范所有权登记、抵押权登记、地役权登记、预告登记、更正登记、异议登记等。②

《水域滩涂养殖发证登记办法》自 2010 年 7 月 1 日起施行，共 5 章 22 条，包括"总则"、"国家所有滩涂的发证登记"、"集体所有或者国家所有由集体使用水域滩涂的发证登记"、"变更、收回、注销和延展"和"附则"。其中，"总则"主要规范目的、基本定义、主管机关等；"国家所有滩涂的发证登记"主要规范登记程序；"集体所有或者国家所有由集体使用水域滩涂的发证登记"主要规范登记程序；

① 有关《土地登记办法》的解释以及适用，参见中国土地矿产法律事务中心、国土资源部土地争议调处事务中心编《土地登记指南》，中国法制出版社，2009。
② 有关《房屋登记办法》的解释以及适用，参见住房和城乡建设部政策法规司、住宅与地产业司、村镇建设办公室编《房屋登记办法释义》，人民出版社，2008。

"变更、收回、注销和延展"主要规范登记簿的公开、更正登记、变更登记等。

二　台湾地区制度

新中国之前的中国登记制度与台湾地区现行的登记制度一脉相承，从历史上看，该制度经历了从契据登记向权利登记发展的历程，并经过多次修法，最终形成了现在的融德国权利登记和澳大利亚托伦斯登记于一体的新的权利登记模式。[①] 台湾地区用以规范登记制度的法律文本主要有"民法"、"土地法"和"土地登记规则"。根据学理和实务总结，台湾地区土地登记制度的主要特点在于:[②]

第一，采登记生效要件主义，即土地权利的得丧变更，以登记为生效要件，在已经办理登记区域，土地的取得、设定、移转、变更或消灭，皆应依法办理登记，即凡因法律行为的变动（如买卖），非经登记，不生效力。因法律行为以外事实的变动（如继承），虽无待登记，即生效力，但如需另为处分，应先行登记。土地采强制登记，建筑物所有权第一次登记，采非强制登记。

第二，采实质审查主义，即地政机关对于登记申请人的权利能力、行为能力、法律行为或事实，须为实质审查认定，如有瑕疵即应驳回，不予登记。

第三，登记具有绝对效力，即依法所为登记不得任意推翻。

第四，登记簿的编制采物的编成主义，即登记簿就登记机关辖区情形，按乡镇市区或地段，依地号或建号顺序登记装订。

第五，登记有公示效力，即任何人均得申请登记簿的謄本，了解登记簿的登载。

第六，登记确定后发给权利书状，即所有权登记后发给所有权状，他项权利登记后发给他项权利证明书。

[①] 参见焦祖涵《土地登记之理论与实务》，三民书局，1983，第 31 ~ 46 页。

[②] 参见徐台玉编著《最新土地登记法规与实务》，作者自版，2001，第 1 - 006 ~ 1 - 007 页。

第七，登记机关设置登记储金，负损害赔偿责任，即登记如有错误、遗漏或虚伪，致受损害的，地政机关负损害赔偿之责，由所收登记费中提存 10% 作为登记储金，专备赔偿之用。

第八，登记时完成规定地价程序，即当事人申请登记时，须同时自动申报地价，列为土地标示的重要事项，该地价为法定地价，据以编造地价册，作为地价税课税的标准。

三　澳门特区制度

澳门特区的物业登记制度源自葡萄牙，只是针对本地特殊情况有一些修改，而葡萄牙的登记制度实质上跟随了欧洲与其临近且法律渊源近似的国家的演变，其中主要是西班牙，它不但受法国及日尔曼制度而且也受托伦斯制度的影响，但与日尔曼制度更为接近。根据学理和实务总结，葡萄牙以及澳门地区登记制度适用以下原则。[1]

第一，登记引致的推定，即登记的公示对保障不动产法律交易的安全具有决定性作用，故而，登记所公示的权利必须以法律推定的真实与准确为基础。

第二，申请原则，即除法律规定依职权进行登记的特殊情况之外，只有在利害关系人申请时才能进行登记。

第三，优先原则，即最先登记的人先于次序及位置在其后的人获得登记益处，为了使该原则行之有效，在登记局创设了日志，将所递交的登记行为按时间顺序在上面作注录。

第四，登记公信原则，即第三人根据登记公示的内容而通过善意的行为有偿取得的权利一经登记，其法律状况便不可动摇，从而将通过登记可推定登录的权利存在并归于有关的登记所有的可反驳的推定，转化为不可反驳的推定。

第五，合法性原则，即登记局长对文件的审查，不仅要考察其外

---

[1]　参见〔葡〕Vicente João Monteiro《澳门物业登记概论》，张逢春译，澳门司法事务局，1998，第 15~26 页。

在形式，还要考察其中所包含行为的有效性的前提及要件。主要包括：形式上的合规则性，即只有依照法律规定，构成登记事实的一般证据的文件才可被接受用作登记；申请人的正当性，即只有与行为有利害关系的人才可申请登记；递交的凭证的合法性，即登记局长应审查所递交的文件是否符合法律的规定，是否因欠缺某些因素而无效；行为的有效性，即只有有效的行为才能进行登记；行为参与者的能力；登记的状况。在分析以上多种情况后，登记局长应把行为与登记资料相对照，其中包括主体和客体的识别资料。

第六，登记连续性原则，即每项权利的拥有人都要以先前的理由为依据，也就是说一项权利的登记与否取决于权利的移转人事先是否已经登记。

第七，准正原则，即导致有关不动产权利的移转或负担的设定的事实，如果非以转让人或负担承受人的名义确定登记时，不能出具相关的凭证。

第八，特定性原则，即每项登记的事实、主体或客体均应是单一的、个别的、特定的。

第九，公示原则，即通过赋予登记效力和对抗性，鼓励将与不动产有关的权利登记，因为法律保护的交易的良好运作取决于公众对这些权利的了解。公示原则包括：①实质的公示，即登记公示某项权利的存在，推定其准确性；②形式的公示，即登记的内容可被通过口头、书面报告或证明书查询的人了解。根据效力不同，公示可分为：①公示—消息，即对所公示的行为不产生任何实质的权利；②宣告性公示，即使公示的事实对第三人为有效且必不可少的对抗性条件；③创设性公示，即使公示的事实产生任何效力必不可少的绝对效力的条件。

第十，登录原则，即从广义上讲，应登记的有关不动产的权利的内容应记载于有权限的公共部门；从狭义上讲，只有通过登录才能达致登记事实的公示；再狭义地理解，只有登录才可创设权利。

另外，澳门特区不动产登记的最主要法律规范是《物业登记法典》，该法 8 章 157 条。第 1 章 "登记的性质及价值"，包括 "登记的标的"、"登记的效力"、"登记效力的终止"和"登记的瑕疵";第2章"登记的组织",包括"区域权限"、"储存媒体、资料及档案"和"地籍、财政司房屋记录及地名资料";第3章"登记程序",包括"正当性及代理"、"登记请求"、"用作办理登记的文件及声明"、"用作办理登记的特别文件"、"呈交"和"登记请求的评定";第4章"登记行为",包括"一般规定"、"标示"、"对标示的附注"、"登录"和"对登录的附注";第5章"登记的公开及证据",包括"公开"和"证明";第6章"登记的弥补、更正及重造",包括"弥补方法"、"司法证明"、"登记的更正"和"登记的重造";第7章"对登记局局长的决定提出申诉",包括"一般规定"、"声明异议"、"行政上诉"、"向法院的上诉"和"申诉的效力";第8章"其他规定"。

在澳门特别行政区成立后,澳门物业登记局在登记制度上进行了变革,主要表现为:①改革行政程序,提高工作效率,如当事人向登记局申请查询任何不动产状况(即"查屋纸")只需一分钟即可完成,达到当场申请当场领取;②完善电脑系统,推出电子政务,如将"查屋纸"工作完全电子化,并通过网络将经过电子认证的"查屋纸"直接发送到申请人指定的邮箱,这不仅减少了机构用户在登记局排队等候的时间,也减轻了登记局柜台服务的压力;③改革法律制度,保障交易安全,如建议完善物业登记有关登记主体的身份识别资料,研究发出"房产证"的可能性。[①]

四　香港特区制度

土地登记在香港被称为土地注册,该制度有比较完备的成文法,主要有以下要点。[②]

第一,在登记内容上,香港采用契据登记制,所有契据、转移契

[①] 参见梁美玲《澳门的物业登记制度及其改革》,《两岸四地 2008 "不动产登记"高层论坛论文集》,中国人民大学法学院 2008 年印制,第 135~136 页。

[②] 参见刘时山《香港与中国内地的土地登记制度之比较》,香港法律教育信托基金编《中国内地、香港法律制度研究与比较》,北京大学出版社,2000,第 224~232 页。

及其他形式的文书和判决，如会影响契据、转移契及其他形式的文书和判决，以及会影响在香港的任何一幅地、物业单位或处所的，均可在土地注册处以订明的方式记入或注册。

第二，登记程序包括：①申请，即有关当事人将可以注册的文书及该文书的注册摘要，以土地注册处处长指明的格式，交付土地注册处；②编号，即土地注册处接获交付的文书和注册摘要后，按照接获注册摘要的先后时间为注册摘要编号；③录载于注册摘要日志内，即只要可以注册的文书符合相关规定，且申请人缴纳订明的费用后，土地注册处就有义务注册，在备存的注册摘要日志的簿册内，录载注册摘要的详情；④审阅与核实，即在形式审查下，土地注册处处长必须审阅每一份交付的文书及其注册摘要，只要准确录载法律规定的注册摘要的详细情况即可；⑤录入电脑或注册资料卡；⑥签署，即在完成录载工作后，土地注册处处长必须在文书上或粘贴于文书的贴纸上签署注册证明书，该项注册才告完成，从记录在文书的注册摘要上的日期起生效。

第三，在法律效力上，土地注册主要产生确认和证明的效力。

此外，影响土地的文件在法律上的优先次序，须按照其各自注册日期的先后而定。而且，从政府契约批出的日期起，该契约所涉物业的一切交易记录均载于土地登记册上。市民只须缴付费用，便可在各土地注册处的查册办事处查阅这些登记册、注册摘要及有关的土地文件。通过直接查册服务和跨区查册服务，用户只需在其办公室而市民则可在各土地注册处查册办事处，便可查阅全港的物业资料。①

但由于契约登记册仅属文件索引，无助提高物业转易和处理物业的效率。每次进行物业交易时，律师必须翻查以往的契据，以核实有关业权，故而，香港开始推行业权注册制度，即业权纪录本身就是物业的现有业权和权益的证明。

---

① 参见《香港 2004——土地、公共工程和公用事业·土地注册》，载 http://www.yearbook.gov.hk/2004/sc/12_20.htm，访问日期：2008 年 10 月 6 日。

在 1988 年，前注册总署署长成立了一个工作小组，研究在香港引入业权注册，并参考其他可作比较的司法管辖区采用的制度。引入业权注册制度的目的是提高物业交易的效率和安全性，以便为市民和从事与物业有关的专业人士提供更佳服务。香港政府在 1993 年拟备了一项条例草案，建议把记录在契约登记册的所有物业，自动转换为业权注册的物业。该草案于 1994 年提交立法会审议，但审议工作于会期结束时终止，因为草案建议的转制方法（称为"午夜转制"）遭到反对，主要原因是该转制机制没有给予充足时间的转制通知，也没有为防止丧失衡平法权益方面提供充分保障，而现行制度则容许就这些衡平法权益针对物业提出申索。

草案经修订后于 2002 年 12 月刊宪，并建议以"逐步转制"取代"午夜转制"机制。根据"逐步转制"机制，物业在草案通过后首次出售时，必须强制申请转制，而不出售的物业则可自愿申请转制。由于香港律师会认为在该转制机制下，律师须承担很重的法律责任，所以在立法会审议草案期间，该会清楚表明不支持这个转制方法。此外，亦有意见强烈要求政府设定一个较确实的转制时间表，而不是无限期并行实施契约注册和业权注册两套制度。

为回应上述问题，香港特区政府制定了一个名为"白昼转制"的新转制机制。

第一，新土地会由新例开始生效当日直接纳入业权注册制度。新土地包括在交还土地后新批政府租契所涵盖的大部分土地，以及经拍卖或投标批出的政府租契土地，唯一例外是短期租约及政府重新批出的租契。在这些租契中，政府只更改了租契的年期、面积或条件。

第二，现有土地及物业（"《土地注册条例》土地"）仍会受《土地注册条例》及《物业转易及财产条例》的规定规管一段时期（"过渡期"），这段过渡期现定为 12 年。在这段期间，政府会在《土地注册条例》之下实施新措施，以保障对物业业权或权益有申索权的人，以免物业一经转制到业权注册制度下，该等人士的业权或权益会因物业被出售而丧失。这些新措施是"知会备忘"及"抗转换警告书"注册机制。这些措施会在《土地业权条例》生效时同时推出。

第三，自动转制会在过渡期结束后实施，转制时无须提出任何特别申请。如某人已提交"抗转换警告书"及已根据旧制注册某项文书但注册程序尚未完成，有关物业便不会在过渡期结束时转换成业权注册纪录。除此情况外，土地或物业均会在过渡期结束时直接纳入业权注册纪录。如属例外情况，当阻止物业在较早前转制的问题一旦解决，物业便会自动转制，无须审查业权或出示由执业律师发出的妥善业权证明书。

第四，自愿转制将不存在。逐步转制机制遭否决后，便不会实行按该机制审查以往业权纪录及发出妥善业权证明书的规定，因此无须处理任何自愿转制的申请。所有现存物业均须待至过渡期结束时才会转至新制度。①

---

① 参见香港特别行政区土地注册处《业权注册的建议》，载 http：//sc. info. gov. hk/gb/www. landreg. gov. hk/tc/title/title. htm，访问日期：2008 年 10 月 6 日。

第二部分
组织规范

第四章

不动产登记机构

在不动产登记法的制度建设中，首先应予思考和解决的问题，是如何设置不动产登记机构并落实其具体职能，因为作为组织体的登记机构主导着登记进程，如果它不能被妥当定位和规范，登记即无合理操作的可能。在将来的不动产登记法中，不动产登记机构规范应自成一体，其规范对象包括登记机构的设置、工作人员的配置和登记管辖的机制，至于登记机构的职责，因为与登记各个环节相关，弥散在整部不动产登记法之中，没有必要在登记机构规范中予以集中规定。

第一节　不动产登记机构的设置

不动产登记机构的设置是组织规范中的首要问题，也是各界最关注的问题。从我国实际情况来看，要妥当解决这个问题，至少应从四个层面入手：①从权力来源上讲，登记机构应分散设置还是统一设置？②从机构构制上讲，登记机构的设置应尊重现实还是另起炉灶？③从体制构造上讲，登记机构应层级设置还是平面设置？④从业务操作上讲，登记机构应分权设置还是集权设置？以下分别探讨这些具体问题。

一 权力来源的统一化

我国登记机构在设置上的最突出问题，是其分散多元的权力来源，如国土资源部门负责登记集体土地所有权、建设用地使用权、宅基地使用权，住房和城乡建设部门负责登记房屋所有权等，农业、林业行政主管部门负责登记农用地承包经营权，林业主管部门负责登记林木所有权和林地使用权，草原行政主管部门负责登记草原所有权和使用权，渔业行政主管部门负责登记水面、滩涂的养殖使用权，这已饱受各方人士的批评，并在改进之道上基本达成共识，即统一登记机构，使办理不动产登记事务的权力统摄在同一性质的登记机构。这种权力来源和行使上的统一，除了保证国家在不动产领域的管理能相对高效、有序，体现执政为民、行政为民的政治理念，还可在私法上理顺地权和房权的关系，确保两者在处分时能被一体化的法律策略（《物权法》第146～147条）得到实在的机制支持，而土地登记和房产登记的不统一给地权和房权制造难以一体化处分的冲突，这在实践中又难以妥当处理，成为最难解决的司法难题之一。①

《物权法》第10条第2款第1句对登记机构的统一也有所体现，即"国家对不动产实行统一登记制度"。从字面上理解，既然"统一登记制度"，理应指向登记制度的全部，当然包括登记机构在内。但该款第2句似乎又留下松动的口子，即"统一登记的范围、登记机构和登记办法，由法律、行政法规规定"，据此，将来完全有可能在限定统一登记范围的前提下，就某类或某些不动产设置统一登记机构，如建设用地归某一登记机构统一登记，农用地归另一登记机构统一登记，结果仍是登记机构不统一。如此看来，如果《物权法》第10条第2款的立法目的的确意欲促成登记制度真正统一，那么，

---

① 参见杨永清《论房屋所有权和土地使用权可以分别抵押》，最高人民法院民事审判第一庭编《民事审判指导与参考》总第14卷，法律出版社，2003，第284～285页。

在登记机构的设置上，不动产登记法必须坚持一个准则，即只要是法律意义上的不动产，无论其属性或者形态，均由一个登记机构予以登记。

二 机构构制的现实化

无论在理论界还是实务界，登记机构理应统一属于共识，问题在于，如何统一？思路大致有二：①统一在诸如法院、公证机构甚至民间组织的新部门，该思路的基点在于制度创新；②统一在房地产登记机关，该思路意在维持目前的主要不动产登记状况。在展开讨论这个问题之前，首先可确定的前提是：由于不动产登记是国家在不动产领域的管理活动，国家要垄断不动产登记事务，相应地，不动产登记机构要由国家设置，故登记机构是旨在服务公众而非谋求私利的公共部门，这一点在比较法经验上有普遍规律，① 我国现实状况同样如此。故而，无论如何，我国将来的登记机构仍应是国家信誉担保下的国家机构，没有必要创设从事不动产登记事务的民间组织，否则，不仅与我国不动产登记的国家治理功能完全不符，也会给不动产市场带来难以预测的制度性动荡。

在此前提下，如何统合和设置不动产登记机构，基本上完全是国家机构设置政策调整的对象，从我国立法机制来看，只有该政策导向明确之后，不动产登记法才会加以确认。这样说来，这个问题根本就不是学者或者一般实务人员所能把握的，基于这种现实，只要能够把握住登记机构的统一设置和职权法定的基本要求，无论哪一国家机构作为登记机构都将被视为合理。

不过，从成本—收益的角度考虑，以不动产登记最主要部分的房地产登记为基础而设置不动产登记机构，应是最佳途径。因为经过几十年的实践锤炼，房地产登记机构已经储备了丰富的经验，技术、物

---

① 参见楼建波主编《域外不动产登记制度比较研究》，北京大学出版社，2009，第151 ~ 169 页。

质、制度和人员的储备相当充裕，① 在此基础上进行制度改造的成本最低，带来的制度冲击也最小。更为重要的是，我国在不同地方不同程度地存在着房地产登记机构统一设置的实践经验，并经过国家层面的立法确认（《城市房地产管理法》第63条），这实际就是我国将来不动产登记机构统一的实践经验和基础，抛弃它而另起炉灶，着实可惜。而且，可能与我国的行政管理习惯和体制有关，我国主要的不动产管理机关向来有集权的倾向，如管理土地的权力只能集中于土地管理部门，房屋所有权登记的权力只能集中于房产行政管理部门，② 以促成权力的集中统一，而土地和房屋是最重要的不动产，它们的相应主管机关已经分别统一，在这种背景下，国家通过推动机构改革将管理对象扩大为整个不动产，并非难事。

换言之，登记机构的统一，既要尊重现有的登记机构基础，又要打破现有的登记格局，将各类登记机构分别从原有的体制中抽离出来，统合在一起，冠以"不动产登记局"之类的名称。这固然将剥离登记机构因依附于登记而保有的行政管理权力，但如突出登记作为不动产物权公示形式的私法意义，它完全能与管理职责分离，即某个政府机关管理某项事务，并不意味它就能承担相关的登记职责，③ 从而可减少登记机构统一的阻力，这就是登记机构统一设置尊重现有基础的好处。

三 体制构造的层级化

我国行政机构在体制构造上基本上都是层级式的，行政机构在自

① 我国房地产登记状况的相关数据，参见关士《何必另起炉灶——关于不动产登记管理机关的设置》，《上海房地》2001年第6期；梁亚荣、王崇敏：《不动产登记机构设置探析》，《法学论坛》2009年第1期。

② 见原国家土地管理局《关于贯彻〈城市房地产管理法〉若干问题的批复》（1995年3月11日）；国务院法制办公室《对建设部〈关于请求解释城市房地产管理法中房产管理部门的函〉的复函》（［2000］25号）；原建设部《关于转发国务院法制办公室"对建设部〈关于请求解释城市房地产管理法中房产管理部门的函〉的复函"的通知》（2000年3月29日）。

③ 参见王利明《物权法研究》上卷，中国人民大学出版社，2007，修订版，第327页。

身系统内有上下级关系，除了接受同级政府的领导外，下级还要接受上级的领导、管理或者指导，房地产登记机构同样如此。比如，上海市房屋、土地行政管理部门负责房地产登记管理工作，上海市房地产登记处负责房地产登记的日常工作，区、县房地产登记处受市登记处委托，具体办理房地产登记事务（《上海市房地产登记条例》第5条）。这就是所谓不动产登记机构在设置上的三级体制，其中，管理机关主要负责管理监督，不办理具体登记业务；日常工作机关负责权利主体级别较高的登记、解决疑难问题等；具体登记机构负责辖区内的具体不动产登记。

　　从不动产登记的属地管辖来看，现有的机制在学理上被认为有以下缺陷：①各具体登记机构对法律法规有不同理解，并有不同的内部规定，造成同一城市不同区的程序不同、结果也不同的现象；②以位于数区的几处房地产到某一银行办理一宗抵押登记为例，由于需要交叉查档，企业要多次往返于数个区内的登记机构，极为不便；③由于登记环节的增加，在网络登记、查档的情况下，网络运行线路复杂，建立及经营维护成本过大，不利于网络的安全与管理。① 顺此思路进展，以城市为单位建立统一的登记机构即为顺理成章之事，这实际上表明登记机构应平面化设置，即不动产登记机构在自身系统内没有上下级关系，只接受同级政府和上级政府的领导。

　　从登记的实际情况来看，的确存有上述缺陷，但这些缺陷是因登记机构的层级设置所产生，还是另有原因，有必要辨别清楚。①上述缺陷之一的起因似乎与层级式无关，因为即便采用平面设置，只要缺乏外在的统一的不动产登记程序的制约，不同地域的登记机构乃至同一登记机构的工作人员仍可能有不同的操作规范，故而，治本之道是尽快制定可行合理的不动产登记法。②上述缺陷之二可以通过下文提及的指定管辖或者分别登记的方式解决，即对于此种情况，当事人只要向一个登记机构申请办理即可，至于其他辖区的登记情况，由受理

---

① 参见谭启平《中国房地产登记制度的构建和完善》，《美中法律评论》2005年第4期。

机关负责查实，这同样能解决问题，而且还不会产生因推翻现有管辖机制而导致重新洗牌的巨大成本。③上述缺陷之三可以通过主管机关承担网络费用、统一提供网络登记和查询的方式解决，即在技术成熟时，可以将网络登记和纸面登记分离，前者由主管机关统一设置、维护和运营，具体登记机构及时提供上载信息，相信有了信息统一的平台，缺陷三就不可能存在。①

基于以上考虑，只要有相关制度和技术的支持，登记机构的设置维持目前的三级体制，应当不仅不会有根本性的缺陷，还能与现状对接，无论行政管理还是行政复议，均不会产生修改制度的成本。当然，必须强调的是，登记机构的层级化设置与所谓的分级登记无直接关联，对此下文将有所涉及，在此不赘。

四　业务操作的集权化

既然不动产登记机构处于国家机构的序列，那么，它就必然要依法接受同级政府或者有关公权力部门的监督，主要表现为两个方面：①业务上的审批，即在同级政府批准后，登记机构才能办理登记，这在我国土地登记、水域滩涂登记中表现得相当明显（《土地登记办法》第14条第2款、第24条、第58条第1款、第63条；《水域滩涂养殖发证登记办法》第7条、第10～11条）。②纪律上的处分，即对工作人员在不动产登记中的失职违法行为予以处分（《土地登记办法》第47条；《房屋登记办法》第93条）。如此两个方面的监督方向在不动产登记比较法经验中不乏其例，② 它对促进登记机构依法办事、确保登记正确率均有较好的作用，应在不动产登记法中继续明确。

不过，登记机构主管不动产登记事宜，是不动产登记簿的管理机构（《物权法》第16条第2款），其统一意味着只能由它如此而为，也即业务操作上的集权，同级政府以及相关部门尽管有监督职能，但

---

① 参见常鹏翱《物权法的展开与反思》，法律出版社，2007，第291～292页。
② Vgl. Zobl, Grundbuchrecht, 2. Aufl. , Zuerich 2004, S. 207 f.

在登记事务操作上既不能分权，更不能越俎代庖，否则，也非真正的登记机构统一。这一点在我国目前的土地登记体制中已经反映出来，即除了土地抵押权和地役权的登记由县级以上国土资源行政主管部门登记，其他土地权利登记均由县级以上人民政府登记造册（《土地管理法》第11条；《土地登记办法》第3条第2款）。显见，在大部分土地范围内，尽管国土资源行政主管部门是统一的主事登记事务的机构，但无最终登记之权责，难谓登记机构统一。故而，在保证政府业务监督的前提下，由登记机构统一掌管不动产登记簿，并在登记事务中实现集权，使其成为法定的专事不动产登记事务的公共部门，才能说登记机构是真正的统一。

第二节 不动产登记的从业人员

不动产登记的从业人员是个宽泛的概念，不仅包括登记机构的工作人员，还包括涉及不动产登记事务的其他人员，前者为主导登记事务的人员，后者则为辅助人员。这方面的问题主要为：①登记机构的工作人员在业务上如何配置，是否以及需要何种资格？②辅助人员的作用和地位如何？应当说，这些问题较少受关注，但它们客观上关系着不动产登记的正确度和效率，必须予以正视。

一 主导登记的人员

我国目前的登记工作人员的职业准入标准大致采用公务员标准，没有专门的资格要求，这与登记的作用似乎并不相符，因为与诉讼一样，不动产登记基本上是依据证据和法律进行操作的活动，作为其后果载体的登记簿和权属证书是不动产权属的依据或者证明（《物权法》第16条、第17条），只要没有反证推翻，包括司法机关在内的所有人都要尊重这种后果，如果没有充足的法律知识提供智识保障，登记工作人员从事登记行为的后果能否有此功效，将会是个大问题，因此，从源头上为登记工作人员的资质把关，具有重要的现实意义。

要落实这一点，可利用的资源和标准之一就是国家司法考试，即将通过该考试作为登记工作人员的任职前提条件之一。不过，如果着眼于我国目前司法考试通过率很低的现实，要求登记工作人员像法官、检察官、公证员一样有职业资格限制，至少在近期难以落实，那么，可以将通过对法律知识水平要求较高的登记工作人员资格考试作为标准。无论如何，登记工作人员应有法律职业化的素质。当然，这一论点立足于不动产登记的主要法律意义，如果将登记机构的职责完全考虑进来，结论会有所变化，即登记工作人员的配置结构应是职业化和非职业化并存。

从我国既有经验来看，登记机构的职责主要包括：①管辖并审查不动产登记事项（《物权法》第12条）；②处罚有关违法行为（《土地登记办法》第73条；《房屋登记办法》第91条）；③决定登记与否（《土地登记办法》第50～54条、第58条；《房屋登记办法》第41条、第75条、第81条；《水域滩涂养殖发证登记办法》第7条、第10～11条）；④管理登记簿（《物权法》第16条）；⑤承担法律责任，并向直接责任人进行追偿（《物权法》第21条第2款）；⑥其他与登记事务相关的职责，如提供查阅登记簿的机会（《物权法》第18条）等。

其中，对私人向登记机构表达的意在改变登记簿记载信息的登记申请，以及法院等国家机构向登记机构提交的旨在通过登记实现特定公共目的的登记嘱托的审查，必然涉及相关实体事项，这完全是一种法律操作活动，其妥当、正确、合法与否，决定了登记结果能否被推翻，堪称登记业务的核心。在实务中，有关不动产物权变动的登记申请最常见，为了确保物权变动合法，登记机构势必要从物权权属正当性、物权变动原因合法性等实体法律事项上对申请加以审查，并在合理和必要的限度内，依据职权询问申请人、要求申请人补充材料、实地查看等。而且，登记嘱托体现了国家意志，这种定性决定了登记机构只有积极协助，无权拒绝，但仍不妨碍登记机构在认为嘱托事项错误的情况下向嘱托机构提出审查建议（《土地登记办法》第64条）。

显然，登记审查不是人人皆可胜任的工作岗位，完全有必要对它进行法律职业化的塑造。

不过，登记审查的职业化并不表明与登记审查紧密相关的其他业务也应职业化。首先，登记机构要审查登记申请后才能决定是否受理（《土地登记办法》第12条；《房屋登记办法》第17条第1款），这种审查只是将明显不合法的申请筛选出来，以减轻之后的工作负担，故只要登记申请事项在登记机构的管辖范围，且登记申请材料在形式上符合法律规定，登记机构即可受理申请（《土地登记办法》第12条第4项），这种审查基本上不涉及实体法律事项，无须法律职业化。其次，登记机构审查受理登记申请或者办理登记后，应在登记簿上准确地记录相应信息，并给申请人出具相关证明，这是一种事务性工作，也不应在职业化的范围。最后，登记机构通过审查决定暂缓登记、拒绝登记或者主动决定登记时，应将相应信息通知申请人，这也是无须职业化的事务性工作。与登记审查关系不大的职责，如管理登记簿、管理登记档案、提供查阅等，更无必要进行法律职业化。

概括而言，登记机构的工作人员在配置上应以是否从事审查业务为标准，分为法律职业化和非职业化两类，前者主事登记审查，后者从事其他登记事务。这种配置不仅有登记制度发达国家的经验可予借鉴，[①] 也与我国的实际情况相符。我国登记机构工作人员目前基本上分为审核人员和非审核人员两类，前者要取得国家专门机关颁布的上岗证书（《土地登记办法》第4条；《房屋登记办法》第6条），后者则无这种要求。将来只要把上岗证书的取得与通过国家司法考试或者与其他类型的资格考试联系起来，即可进一步确定登记审查的法律职业化方向，这当然意味着登记机构的其他人员没有这方面的限制，但是，后者也应具备与其岗位相适应的专业知识，以确保登记过程的合法性和登记结果的权威性。

---

① 参见《联邦德国的不动产登记机构》，载 http：//www.lrn.cn/organization/international/internationallandmanagementorg/200611/t20061113_ 1035.htm，访问日期：2006年5月3日。

二 登记的辅助人员

这类人员身处登记机构之外，但与登记事务有紧密关联，其中最主要的是公证人。从欧洲的登记实务来看，公证人在登记中起着重要作用，有关登记材料的真实性通常由公证人来把关，这在减轻登记机构工作压力、提高登记真实性和效率的同时，还为登记错误引发的赔偿提供了额外的保障。这种经验实际上是用公证人来分担登记机构的审查职责，即在登记申请之前，公证人已审核了引致登记簿记载事项改变的有关材料，有了这层真实性和合法性保障，登记机构通常无须再深查细究这些材料，从而兼顾了登记真实性和便捷性。① 随着商品房交易的火爆，我国不动产交易市场的交易量数目惊人，特别在大城市，登记已经成为一项相当繁重的工作，在此实际情况下，通过公证人来分担登记机构的审查事务，也是一条可行之路。

不过，强制实施这种审查权限分担机制的基础，源自不动产物权交易行为必须以公证为前提的法律强行规定，而这种规定要么取材于不动产交易市场中的公证习惯，要么公证人足以确保登记的高度正确率，否则，这种机制很难得以有效实施。应当看到，东亚诸国和地区在不动产交易中均缺乏公证习惯，不顾这种现实而在法律中强制规定公证人的登记辅助人员地位，必然遭到在日本发生的是否适合特定国情的有力诘问，② 或者可能像我国台湾地区那样因实施条件不成熟而半路夭折。③

换言之，公证人在不动产登记中的地位如何取舍，与其说是一个逻辑推演和价值判断的问题，毋宁说是在考察现实基础上的事实问题。而我国公证界资深人士通过对比我国和德国的公证机制，发现我国公

---

① 参见常鹏翱《物权程序的建构与效应》，中国人民大学出版社，2005，第 168 页以下。

② 参见〔日〕我妻荣《日本物权法》，有泉亨修订、李宜芬校订，五南图书出版公司，1999，第 224 页。

③ 参见黄立《〈"民法"第一六六条之一的法律行为形式问题〉，《民法七十年之回顾与展望纪念论文集》第 1 册，中国政法大学出版社，2002，第 57 页以下。

证人在不动产交易中的介入程度远远不及德国公证人，即便法律规定公证人能强制介入不动产登记事务，也无法像欧洲同行那样完成应有的使命。① 对公证人的法律地位而言，这显然不是一个好消息，面对这种现实，在不动产登记事务中维持公证人目前的地位，应是最佳选择，即法律不强制规定公证人与登记机构的审查分权机制，当事人在不动产交易时自愿进行公证的，公证人可有限介入登记事务，但公证不排除登记机构依法对登记申请进行的全面审查。其实，在《物权法》立法过程中，我国最高立法机构已经做出了这种选择，即不在《物权法》中体现公证人在登记事务中的地位和作用，② 顺此脉络，将来的不动产登记法也无必要涉及这一问题。

此外，由于登记是具有高度法律技术操作的活动，有些国家或者地区为此有专职登记代理的人员，如日本的司法书士、韩国的法务士、我国台湾地区的土地登记代书人，他们也是登记辅助人员。我国大陆地区也已经有登记代理人员，如根据人事部、国土资源部《关于印发〈土地登记代理人职业资格制度暂行规定〉和〈土地登记代理人职业资格考试实施办法〉的通知》（人发〔2002〕116号），土地登记代理人可办理土地登记申请、指界、地籍调查、领取土地证书等，但此类制度设计是否能稳步展开，需要经受市场考验，法律不宜强行规定。

第三节　不动产登记的管辖机制

不动产登记的管辖权限排他性地归属于登记机构，且因为不动产不可移动的特性，实行属地管辖的机制，自无疑问，但问题在于：①属地管辖中的"地"究竟有多大的范围？②跨地域的不动产登记管

---

① 参见左燕芹《中国公证与不动产登记》，《中国司法》2007年第7期。

② 全国人大法律委员会：《全国人大法律委员会关于〈中华人民共和国物权法（草案）〉修改情况的汇报》，十届全国人大常委会第十八次会议文件（十二），2005年10月19日，第15～16页。

辖机制又当如何？这些问题必须得以解决，否则，登记管辖的机制只是大概清晰，遇到实际问题仍无从下手。

一 属地管辖的适用

登记管辖以属地管辖为原则，即由不动产所在地的登记机构办理登记（《物权法》第 10 条第 1 款），这既方便当事人申请登记，也便于登记机构在必要时的实地勘查。即便现时我国的登记机构不统一，也不影响属地管辖原则的适用（《土地登记办法》第 3 条第 1 款；《房屋登记办法》第 4 条第 1 款）。

不过，目前的规范并没有明确属地管辖的具体登记机构，这样一来，在登记机构内部设置上有层级区隔的现实面前，在某特定区域内，所有级别的登记机构都可被理解为不动产所在地的登记机构，那么，哪个层级的登记机构有权进行属地管辖，就成问题。对此，不同角度的理解会有不同方案。①如果看重不动产所在地，忽略不动产权利人的级别或身份，那么，只要不动产坐落于最基层登记机构——我国实践操作的通例将之具体化为县级的登记机构——的辖区，上级登记机构就没有理由管辖。②反之，如果还要参考不动产权利人的级别或身份，那么，权利人特殊的不动产登记就要由上级登记机构乃至上级政府管辖（《土地登记办法》第 3 条第 4 款），其他不动产由最基层登记机构管辖。鉴于统一登记机构将导致登记权限和登记簿的统一，而第二种方案在相当程度上割裂了登记的统一性，实不足取。故而，在登记机构层级化设置时，有管辖权的登记机构应是不动产所在地的最基层的登记机构。当然，如果登记机构将来采用平面化设置，属地管辖的指向很明确，即由各个地域的登记机构管辖登记事务。

属地管辖使最基层的登记机构对辖区内的不动产享有排他性的登记管辖权，只要不动产处于本辖区，登记机构无须通过法律程序或者举证证明即可依法取得管辖权，这显然是登记机构享有的积极权限。但这并不意味着登记机构因此而无须负担告知管辖信息的义务，在法定情形下，登记机构应向当事人或者其他登记机构告知管辖信息。比如，在登记机构对登记申请没有管辖权时，登记机构应不受理登记申请，但应告知申请人有管辖权的登记机构（《土地登记办法》第 12 条第 1 项）；又如，供役地和需役地不在同一辖区的，供役地所在地的登记机构在办理地役权设立登记后，应通知需役地辖区的登记机构，由其将地役权记载于需役地的登记簿（《土地登记办法》第 37 条第 3 款）。

二　跨域的登记管辖

属地管辖是登记管辖的一般规范，主要针对处于某一特定地域范围内的不动产登记，不动产跨越数个登记机构管辖区域范围的，解决方案大致有二：①指定管辖，即由上级登记机构指定某一登记机构管辖（《德国土地登记法》第 1 条第 2 款）；②分别管辖，即各登记机构分别登记本区域内的不动产部分（《土地登记办法》第 3 条第 3 款）。两相对比，第一种方案偏离了属地管辖，并要求本不具有管辖权的登记机构就其地域范围外的不动产制作登记簿页，对既有的制度冲击较大，但较有利于提高登记效率；第二种方案则要求登记机构在各自管理的登记簿中针对不动产部分设置簿页，记载本辖区内不动产部分的物理状况，这符合属地管辖原则和登记簿页设置的标准，但因为要协调不同登记机构的行为，登记效率可能会打折扣。换言之，这两种方案各有利弊，如果要维持既有制度的连贯性，第二种方案当为首选。

跨域的土地登记适用分别管辖自无异议，但从维护房屋特定性的角度来看，它难以解决跨区域的房屋登记问题，因为很难想象登记机构如何划分一栋跨域房屋，并分别记载相应部分。从域外经验来看，对此问题，各登记机构应在登记簿中标注整个不动产，由不动产占据面积更大区域的登记机构管辖，该机构应将登记信息通知其他有关区域的登记机构（《瑞士民法典》第 952 条）。如此看来，针对跨域不动产，登记机构除了对辖区内的不动产设置簿页外，还必须记载不动产的整体信息，这成了应对现实的必由之路。

不过，登记机构尽管有记载跨域不动产物理状况的职责，但不意味着它们分别有权管辖登记事项。为了避免不必要的登记审查重复和冲突，也为了避免当事人承受不必要的费用负担，对于不动产物理状况之外的其他登记事项，由面积较大的不动产部分所在地的登记机构管辖，可更有效地节约成本。在登记完成后，有管辖权的登记机构应将有关事项通知其他登记机构，这些机构也应将相关事项记载于各自管理的登记簿之中，以保持该不动产物理状态和法律状态的完整和特定。

概括而言，在分别管辖的前提下，跨域不动产的登记管辖以不动产面积大小为标准，来决定登记机构的管辖权，其实现前提是各个登记机构在各自登记簿中要标明该不动产的整体物理信息和法律状况。这一准则针对跨域的同一不动产而言，对于分属不同辖区的数个物理形态独立但在权利形态上有关联的不动产，如地役权的供役地和需役地，就不能适用该准则，而应由权利主要标的所在地的登记机构享有管辖权，如以供役地所在的登记机构办理地役权登记（《土地登记办法》第 37 条第 3 款）。

附录　不动产登记机构规范

【不动产登记机构的设置】

不动产登记由国家设置的不动产登记机构统一办理。

不动产登记机构的具体设置方案，由国务院另行规定。

法例参照：

《物权法》第 10 条第 2 款："国家对不动产实行统一登记制度。统一登记的范围、登记机构和登记办法，由法律、行政法规规定。"

【不动产登记工作人员的资格】

不动产登记人员应当具备与其岗位相适应的专业知识。

从事不动产登记审查的工作人员，应当取得国务院不动产登记主管部门颁发的不动产登记上岗证书。

法例参照：

《土地登记办法》第 4 条："国家实行土地登记人员持证上岗制度。从事土地权属审核和登记审查的工作人员，应当取得国务院国土资源行政主管部门颁发的土地登记上岗证书。"

《房屋登记办法》第 6 条："房屋登记人员应当具备与其岗位相适应的专业知识。

从事房屋登记审核工作的人员，应当取得国务院建设主管部门颁发的房屋登记上岗证书，持证上岗。"

【属地管辖的一般规范】

不动产登记，由不动产所在地的基层不动产登记机构管辖。

法例参照：

《物权法》第 10 条第 1 款："不动产登记，由不动产所在地的登记机构办理。"

【跨辖区不动产的登记管辖】

跨数个不动产登记机构管辖区域的不动产，由各不动产登记机构在各自管理的不动产登记簿中分别记载相应的部分，并注明其他部分不动产所在的区域。

针对上款的不动产申请登记的，由面积较大的不动产部分所在地的不动产登记机构管辖，该登记机构应将有关登记事项通知不动产所跨区域的其他登记机构。

法例参照：

《土地登记办法》第 3 条第 3 款："跨县级行政区域使用的土地，应当报土地所跨区域各县级以上人民政府分别办理土地登记。"

《瑞士民法典》第 952 条："一宗土地跨数个区域的，得分别在每个区域的不动产登记簿中记载，并在不动产登记簿中注明其他区域。

登记申请以及设权登记，得在面积更大部分的土地所在区域的土地登记簿中显示。

不动产登记簿管理人得将前款记载通知其他区域的不动产登记机构。"

【地役权登记管辖的特殊规范】

供役地、需役地分属不同的不动产登记机构管辖的，当事人向供役地所在地的登记机构申请登记的，该登记机构应将有关登记事项通知需役地所在地的登记机构，由其记载于需役地的登记簿。

法例参照：

《土地登记办法》第 37 条："在土地上设定地役权后，当事人申请地役权登记的，供役地权利人和需役地权利人应当向国土资源行政主管部门提交土地权利证书和地役权合同等相关证明材料。

符合地役权登记条件的，国土资源行政主管部门应当将地役权合同约定的有关事项分别记载于供役地和需役地的土地登记簿和土地权利证书，并将地役权合同保存于供役地和需役地的宗地档案中。

供役地、需役地分属不同国土资源行政主管部门管辖的，当事人可以向负责供役地登记的国土资源行政主管部门申请地役权登记。负责供役地登记的国土资源行政主管部门完成登记后，应当通知负责需役地登记的国土资源行政主管部门，由其记载于需役地的土地登记簿。"

第五章

不动产登记簿

作为不动产物权的公示形式，不动产登记将不动产的物理状态和权利状况充分表达出来，在此所谓的登记取其静态意义，是不动产登记机构依据法定程序记载特定事项的后果，其载体即不动产登记簿。在以德国为代表的权利登记制中，登记簿由国家信誉保证，能代表真实的不动产物权，交易者据此可获得足值信赖的信息，从而减少交易信息风险，降低交易成本、负外部性以及解决纠纷的成本。[①] 在此意义上，登记簿成为不动产物权的基础，没有登记簿，不动产权利就无从实现。[②] 根据《物权法》第 2 章第 1 节的规定，我国的不动产登记基本上属于权利登记制，与德国法同理，登记簿当然是不动产物权法律制度的核心和基础内容。

第一节　不动产登记簿的设置

不动产登记簿事关不动产及其权利的归属和流通秩序，在不动产法中占据基础地位，基于此，合理确定登记簿的范围，明确登记簿的编制，应是登记簿制度建构的首要任务。

[①]　Vgl. Walz, Sachenrechtliches Systemdenken im Wandel-Die oekonomischen Determinanten des Verfuegungstatbestandes, KritV 1990, S. 385.

[②]　Vgl. Schwab/Pruetting, Sachenrecht, 27. Aufl. , Muenchen 1997, S. 109.

一　不动产登记簿的范围

在狭义上，不动产登记簿专指法定的专门用于记载特定不动产及其权利的簿页，如土地登记卡，它表达了登记结果的信息，是承载涉及不动产的各种法律关系的法律工具。由各簿页按照一定序号定制在一起所形成的有机整体，就是不动产登记簿。但是，由于登记簿页空间有限，所记载的信息往往比较简略，为了便于当事人了解不动产权利的全貌，就需要其他相关资料予以配合和补充。只要这些资料表达的信息与登记簿页的记载没有出入，它们也能产生登记簿的法律效力，① 故而，在广义上，登记簿还包括地籍图、地籍调查表、房地产测绘资料、不动产权源文书、登记申请等补充资料。从不动产登记实践操作来看，这些资料记录了不动产登记发生和展开的具体过程，堪称登记簿页记载信息的基础。

土地是不动产资源的核心，房屋、林木等其他不动产均依附于土地，要想建立清晰、完全、准确的不动产权利信息体系，就必须由法定专门机构事先细致调查和整理土地资源，在此基础上制作准确的地籍图，否则，难以确保登记簿页的准确性，故它在登记制度中处于最基础的地位。② 地籍图源于官方行为，是登记制度的基础，故应与登记簿页的法律效力相同，如法律推定其记载正确等。③ 房地产测绘资料则记载了房屋的位置、面积、类型等信息，属于不动产物理状态的标示信息。

不动产权源文书包括国家机关文书、书面合同、继承文书等，它们直接决定了登记簿页的权利内容，并能进一步解释登记簿页信息的内涵。《瑞士民法典》第971条第2款表现了这一思路，即"在登记

---

① Vgl. Zobl, Grundbuchrecht, 2. Aufl., Zuerich 2004, S. 104.

② 参见〔德〕罗伯特·霍恩、海因·科茨、汉斯·G.莱塞《德国民商法导论》，楚建译，中国大百科全书出版社，1996，第198页；〔葡〕马光华：《物权法》，唐晓晴译，澳门大学法学院教材，第148页。

③ Vgl. Schmid/Huerlimann-Kaup, Sachenrecht, 3. Aufl., Zuerich 2009, S. 99.

记载的范围内，证据或其他方式得证明权利内容"。这样的规定对地役权特别有意义，比如，具体化"其他方式"的适例为《瑞士民法典》第 738 条第 2 款，即"在登记记载的范围内，地役权的内容据其取得基础而定，或据其在较长时间内无争议且善意行使的方式而定"。不过，权源文书和登记簿页内容有冲突的，由于善意第三人只要信赖登记簿页即可受保护，故登记簿页的效力高于上述文书；但如果不涉及善意第三人，当事人可以凭借权源文书请求更正登记。① 如果说权源文书是登记簿页的实体法根据，那么，登记申请则是登记簿页的程序法根据，它除了引发登记行为、决定记载内容之外，还将决定登记簿页记载权利的顺位，理应是登记簿的构成要素。

　　与登记簿不同，登记档案是登记机构依据特定规则汇集的登记资料，主要用于登记机构内部对登记资料的管理和保存。从德国的经验来看，登记档案按照登记区编号，以户主为单位将地产登记每 30 份表装订成一册，并按照土地登记时间进行立卷、分类、建档和保管。② 就同一不动产信息而言，登记档案除了登记簿的内容，还可能包括登记机构内部审批文件等辅助文件，但无论如何，登记簿和登记档案的内容应当一致，在两者存有冲突时，能对外产生公信力的登记簿优先得到法律的承认和保护。

二　不动产登记簿的构造

（一）不动产登记簿的统一

　　域外的不动产登记簿有不区分土地和建筑物而统一设置的（如德国），有分设土地登记簿和建筑物登记簿的（如日本）。我国目前的不动产登记机构众多，分别有各自的登记簿，根据《物权法》第 10 条第 2 款，一旦登记机构统一，登记簿如何设置就将成为突出的问题。

　　在我国，尽管土地和建筑物属于相互独立之物，但二者在法律上

---

① Vgl. Zobl, Grundbuchrecht, 2. Aufl., Zuerich 2004, S. 109 f.

② 参见于丽娜《联邦德国、瑞士的不动产登记机构》，载 http://www.zdfz.org/NewsShow.asp? NewsID=1106，访问日期：2006 年 5 月 3 日。

必须一体化移转（《物权法》第 146 条、第 147 条、第 182 条第 1 款）。出于理顺两者关系的现实考虑，我国不宜像日本那样分设不同的登记簿，而应通过统一的登记簿来显示同一不动产上的具体权利类型和层级，否则，在归属于同一人的土地使用权和房屋分别抵押给不同债权人时，因两个抵押物之间的"连带关系"而使没有抵押登记者也要负担抵押权的规则（《物权法》第 182 条第 2 款），无论在法理还是于实践终将缺乏支持。

鉴于我国实行土地公有制，在不动产交易实践中，建筑物发挥着更重要的作用，其上的权利信息未必与土地相关，故而，登记簿的统一并不要求土地和建筑物的相关信息必须登记在一张簿页上，而是应当以土地为基础设置簿页，显示其上的建筑物信息，然后再以建筑物为基础设置单独簿页，附在土地簿页之后，便于记载它们共有的信息或体现上述的"连带关系"。一旦登记簿统一，它将集中而全面地记载同一不动产上的权利信息，这样，不仅交易者能得到不动产事项的充分信息，国家也能准确地实现征缴税收、保护耕地、统计财产等特定目的。此外，如此统一设置，还能解决针对商品房预售或者预售商品房抵押的预告登记问题，即在土地登记簿中记载未来将承载商品房的建设用地使用权的同时，记载预告登记的相关内容即可，进而无须再单独设置预告登记簿。

（二）不动产登记簿的样式

为了保证登记簿记载内容的准确、确定和有序，应按照记载对象的种类，来规划登记簿页和栏目。

大体而言，登记簿页要明晰不动产物理状况和权利信息。针对不同的登记情形，登记簿页应明确以下信息：①不动产的坐落、界址、面积、宗地号、用途等物理状况；②不动产权利类型、内容、期限、主体、变动、登记时间等权利信息（《土地登记办法》第 15 条第 1 款）；③在抵押权，还应记载所担保债权的内容、数额、期限、最高抵押权担保的债权确定期间、确定的事实等信息（《土地登记办法》第 36 条第 3 款；《房屋登记办法》第 44 条、第 53 条、第 58 条第 1

款）；④在异议登记，则应记载异议的相关事项（《土地登记办法》第60条第2款；《房屋登记办法》第77条）；⑤在预告登记，应记载预告登记的相关事项（《土地登记办法》第62条第2款）；⑥在法院嘱托登记，应记载查封情况（《土地登记办法》第63条）。

登记簿页由不同的栏目组成，其划分标准是记载对象的类型，性质相同者在同一栏目，不同者位于不同栏目。登记簿页的栏目大致为：①不动产基本状况部分，用以记载土地位置、面积、用途、属性、地号、房屋编号、房屋坐落、所在建筑物总层数、建筑面积、规划用途、房屋结构、房地产平面图等，这就是所谓的标示登记。②不动产权利状况部分，包括记载所有权人、取得原因等信息的"所有权部分"，记载用益物权的主体、类型、内容、期限等信息的"用益物权部分"，记载担保物权的主体、内容等信息的"担保物权部分"以及记载租赁权等债权内容的"债权部分"。③其他状况部分，记载异议登记、预告登记、查封登记、信托登记等事项的相关部分。

同一栏目的簿页设计，在技术上要考虑同一不动产上数个权利在物理空间上的先后顺序，根据权利登记时间的先后来安排栏目空间，登记空间位置在前者，具有优先顺位，反之，顺位在后；在不同栏目中记载的权利，不存在物理意义上的登记空间排列，应根据登记时间顺序来确定权利的顺位，而登记的时间又要遵循先申请者先完成登记的规则，那么，栏目必须为申请到达登记机构的时间以及登记时间的标注提供足够的空间。[1]

（三）不动产登记簿的编制

在我国，登记簿采用物的编制，即以不动产为主线，一张簿页记载一项不动产（《土地登记办法》第14条第1款第1项），然后分门别类地记载有关权利信息，此即所谓的物的编制原则。在权利登记制的大前提下，物的编制能提高登记簿所反映权利信息的清晰程度，利于登记机构的管理，便于社会公众的监督和查阅；而且，这符合物权

---

[1]　Vgl. Wieling, Sachenrecht, 3. Aufl. , Berlin u. a. 1997, S. 285.

法对物的特定性要求，还能解决诸如异议登记的追及力等实体法律问题。在瑞士，为了体现共同抵押等，法律允许经过数宗不相关联的土地之所有权人的同意，将这些土地在同一簿页中记载，形成所谓的"集合簿页"（《瑞士民法典》第 947 条）。这种做法是非常特殊的个案，在我国有无必要，还要留待实践给出答案。

既然为不动产登记簿，那么，物的编制中的"物"当然首先是不动产，即土地、房屋、林木等土地定着物、建筑物的固定附属设备（《担保法》第 92 条；《最高人民法院关于贯彻执行〈中华人民共和国民法通则〉若干问题的意见（试行）》第 186 条），这符合学理对不动产的通常认识，即不可移动或移动必然损毁其经济价值的物，包括土地、建筑物和添附于土地和建筑物上的物，[①] 应成为判断某物是否不动产的标准。必须注意的是，从形态上看，不动产不仅包括地表这样的二维有体物，还包括地表上下空间、建筑物等三维、立体的有体物；不仅包括土地及其附着物，还包括诸如湖泊、河流、小溪、池塘等水域及其连接土地，如湖底、河床等。[②]

基于上述这个大前提，在物权客体之物的特定性要求下（《物权法》第 2 条第 3 款），只有对特定的不动产才可单独设置簿页。在一般情况下，森林、草原等自然资源虽然与不动产有关，但它们是自然环境的一部分，融合了诸多自然要素，属于法律意义上的集合物概念，没有特定性，只宜成为宪法意义上的所有权之客体，而不能负载民法上的所有权，[③] 不宜设置簿页。由此，不难理解，《物权法》在宣示国家对自然资源的所有权的同时，又强调该所有权无须登记（第 9 条第 2 款）。

在德国法中，法律意义上的土地，是指以地籍块方式进行测量与

---

① 参见孙宪忠《当代不动产法要义》，孙宪忠：《论物权法》，法律出版社，2001，第 312～313 页。
② Vgl. Schmid/Huerlimann-Kaup, Sachenrecht, 3. Aufl., Zuerich 2009, S. 183.
③ 参见〔德〕鲍尔/施蒂尔纳《德国物权法》上册，张双根译，法律出版社，2004，第 518 页。

标记的，并在土地登记簿中以"土地"进行登记的地球表面的一部分。① 具体而言，土地经过测量后绘制成图，并被划分为编有号码的独立地块，其疆界被精确地登录在地籍登记簿中，现场则由官方测量机关设置大量的界石予以标示。在地籍登记簿的基础上建立土地登记簿，以表明每一块被标上号码的土地的法律状况。② 我国也大致遵循此例（《土地登记办法》第 5 条第 1 款），但由于土地地表上下空间均可分别成为物权的客体（《物权法》第 136 条第 1 句），则除了土地地表，特定的土地上下空间也有登记能力（《土地登记办法》第 5 条第 2 款）。海域使用权登记同样如此，它以宗海——即权属界址线所封闭的用海单元——为基本单位（《海域使用权登记办法》第 4 条第 1~2 款）。

在我国，土地之外的不动产尽管依附于土地，但在法律上具有独立性，并非像德国法一样将房屋、林木等土地附着物视为土地的组成部分。在土地之外，房屋和林木是最主要的不动产，它们同样要具备特定性，才能在土地簿页之后单独设置簿页予以附载。在房屋，以基本单元作为特定性标准，并包括特定空间在内（《房屋登记办法》第 10 条、第 96 条）；在林木，则可以林种、面积、株数作为特定性标准（《林木和林地权属登记管理办法》第 11 条第 1 项）。

此外，为了实现相应的公法管制目的，违法生成的不动产尽管具有特定性，但它在私法上承载权利和进入交易的能力受限，要达到这个目的，就必然剥夺它单独设置簿页的资格，这主要指违法建筑（《房屋登记办法》第 22 条第 1 项）。在域外法中，还有排除公有土地登记能力的规定（《瑞士民法典》第 944 条第 1 款），我国并未如此限定。

另外，在特定情况下，也不妨采用人的编制，即以权利人为主线，将其有关不动产的交易关系记载在簿页之中。比如，只要不会造成混

---

① 参见〔德〕鲍尔/施蒂尔纳《德国物权法》上册，张双根译，法律出版社，2004，第 285 页。

② 参见〔德〕罗伯特·霍恩、海因·科茨、汉斯·G. 莱塞《德国民商法导论》，楚建译，中国大百科全书出版社，1996，第 198 页。

乱，对于同一人拥有数个不动产又在同一登记机构登记的，出于便宜考虑，可在共同的登记簿页中记载，这是一项纯粹的土地登记技术程序，不影响各不动产本身的独立性以及各不动产上的负担等。[①]

必须指出的是，登记簿的构造具有较强的技术性，无论采用何种设计格式和编制标准，都必须结构合理、内容确定、表述精确、信息真实，能够准确反映登记机构受理登记申请或嘱托的时间、登记的时间、登记的种类、权利的内容等信息。此外，鉴于登记簿的重要法律地位，也为了维护登记制度的统一，登记簿只能由国务院不动产登记主管部门统一制作，各地登记机构不得擅自更改。

（四）不动产登记簿的形式

随着数字、电子和网络技术的发展，传统的纸介质登记簿完全能够电子化，这不仅便于当事人申请、查阅，还可能引起物权法制度的革命性变化，[②] 法律需认真对待。采用电子介质的，应及时进行异地备份，并有唯一、确定的纸面介质转化形式（《土地登记办法》第15条第3款；《房屋登记办法》第24条第2款），两者的内容应当完全一致。

三 不动产登记簿的保管

无论是登记簿还是登记档案，都是确证不动产及其权利的重要依据，登记机构要长期甚至永久性地妥善保管。由于登记簿的内容对交易者有直接的利害关系，一旦灭失或者损坏，将给权利人以及利害关系人带来不测的损害，故而，法律必须明确登记簿的重造、补造等重建机制，以供救济之用。其原则是：在登记簿全部或部分灭失、毁损时，登记机构应依有关资料予以重建，并保持原有内容和权利顺序（"台湾地区土地登记规则"第21～22条；国土资厅发〔2008〕113号《国土资源部办公厅关于做好灾后地籍档案恢复和土地登记工作的通知》）。

[①] 参见〔德〕鲍尔/施蒂尔纳《德国物权法》上册，张双根译，法律出版社，2004，第286页。

[②] 参见苏永钦《物权法定主义松动下的民事财产权体系——再探内地民法典的可能性》，苏永钦：《民事立法与公私法的接轨》，北京大学出版社，2005，第234～235页。

四 权利/登记证书的问题

在我国，除不动产登记簿之外，登记机构还向权利人或者申请人颁发诸如房屋所有权证书之类的权利证书，用以表征不动产权属，或者颁发诸如异议登记证明之类的登记证明，用以表明相关登记的完成。权利证书和登记证明的存在，使得我国不动产登记制度有了托伦斯登记的特点。为何权利证书或者登记证明文件在登记簿之外有存在的必要，理由在于：①能证明登记机构完成了登记行为，且有备忘作用，权利人据此能掌握相关财产状况；②能保障登记活动的安全，防止登记机构及其工作人员擅自更改登记簿的内容，导致权利人失权。[①] 正因为权利证书和登记证明有如此重要的作用，在我国交易实践中，它有着相当深厚的群众基础，以至于交易当事人向来注重权利证书的法律地位，而比较忽视登记簿的作用。故而，即便我国登记簿制度完备之后，仍有必要延续颁发权利证书以及登记证明的传统。

不动产登记簿和权利证书、登记证明均是登记机构针对同一事项依法行为的后果载体，信息应当完全一致，地位也应平等。但是，从法律效力上讲，前者是不动产权利归属和内容的根据，后者是权利人享有不动产权利的证明，前者效力胜于后者，它们的记载不一致时，除有证据证明登记簿确有错误外，以登记簿为准（《物权法》第16条第1款、第17条），对此情况，不动产登记机构应当书面通知权利人换领与登记簿记载一致的不动产权利证书或者登记证明。

既然权利证书和登记证明有如此重要的作用，那么，它们在产生根基上就必须有高度的严肃性，即制作和格式应由国务院不动产登记行政部门加以控制（《土地登记办法》第17条第3款；《房屋登记办法》第95条；《水域滩涂养殖发证登记办法》第19条），而且，其更

---

① 参见陈甦《房产证的性质与作用》，陈甦：《法意探微》，法律出版社，2007，第21～22页。

换、补发等事项，也要由不动产登记法统一规范（《土地登记办法》
第77条；《房屋登记办法》第27条）。

第二节　不动产登记簿的记载

不动产登记簿的记载是衡量当事人利益正当与否、登记机构是否
尽职的重要标准，一旦记载有误，将引发权利人的失权救济、第三人
的善意取得、国家的赔偿责任等一系列问题，故在登记簿法律制度中，
记载是核心内容。

一　不动产登记簿的记载对象

不动产登记簿的记载对象包括不动产的物理状态和权利信息。物
理状态在登记簿页物的编制中已经解决，问题在于，不动产权利或者
涉及不动产的法律关系需要具备什么样的资格，才能在登记簿中记载
并进而产生特定法律效力，此即所谓的登记能力原则。登记能力表明
某一对象可被登记的可能性，这意味着：①有登记能力的对象未必一
定被登记，不符合其他条件，该对象也不能被登记；②没有登记能力
者被记载的，肯定是登记机构错误登记的结果，这与记载有登记能力
之对象的实体法律效果完全一致；③未登记者可能有登记能力，无须
登记即可生成的不动产物权均属此类。如此简短的意义展开，已然有
效揭示了登记能力规范在登记行为、登记效果、登记公示等领域的重
要地位，对此无须赘言。可以说，登记能力是登记记载对象迈进登记
簿的最基本门槛，只有在登记能力的支持下，登记机构才有必要对登
记对象进行其他的合法性判断，登记簿的记载信息也才有实体法上的
意义。在此意义上，说登记能力是不动产登记法得以构造和展开的本
源，并不为过。

首先要说明的是，在诸如租赁权等标的物为不动产的债权关系以
及诸如法院查封等限制不动产物权的法律关系之外，登记的对象主要
是不动产物权。但如果仔细分析，不难看出，物权并非单纯的积极权

能构造，还包括各式的消极负担，这样的构造与债之关系并无差异，[①]故不妨将有登记能力的记载对象界定为法律关系。

（一）登记能力法定

从理论和规范上演绎，为了在登记簿中营造有序的权利秩序，特别是因为受制于物权法定（《物权法》第 5 条），具有登记能力的物权无论在类型还是在内容均要有明确的法律根据支持，即在物权领域，登记能力首先要迎合物权法定原则。而物权是登记簿中的主角，既然其登记能力法定，物权之外的其他法律关系似更无理由跳出圈外，理应遵循相同的游戏规则。职是之故，法律关系的登记能力规范完全能简化为登记能力法定，即在登记簿中记载的法律关系必须出于法律的明确规定。

如果严格从《物权法》用词的字面意义理解，物权法定中的"法律"只应为全国人民代表大会及其常委会所制定的法律，并不包括行政法规等规范性文件，如《物权法》第 10 条第 2 款第 2 句即将"法律"和"行政法规"并列，显示出两者的不同意蕴，而这样的例子在《物权法》中并不乏见。这样的词语限定，也与汉语学理的通常认识相符。[②] 在这样的意义上衡量登记能力法定，则有登记能力的对象非常有限，也非常确定。

首先，《物权法》及相关法律明文规定的不动产物权应当有登记能力，这一点在限制物权中表现得最为肯定，主要包括：①国有建设用地使用权，即占有和使用国家所有的土地建造建筑物，并取得建筑物所有权的物权（《物权法》第 135 条）。②集体建设用地使用权（《土地管理法》第 11 条第 2 款），即使用农民集体所有的土地进行建设并能享有建筑物所有权的物权。③土地承包经营权，即占有和使用农民集体所有和国家所有由农民集体使用的耕地、林地、草地以及其

---

① 参见苏永钦《物权法定主义松动下的民事财产权体系——再探内地民法典的可能性》，苏永钦：《民事立法与公私法的接轨》，北京大学出版社，2005，第 203～209 页。

② 参见史尚宽《物权法论》，中国政法大学出版社，2000，第 13 页；谢在全：《民法物权论》上册，作者自版，2010，修订 5 版，第 48 页。

他用于农业的土地，从事种植业、林业、畜牧业等农业生产，并获得由此产生的收益的物权（《物权法》第 124 ～ 125 条）。① ④宅基地使用权，即占有和使用农民集体所有的土地建造住宅并取得其所有权的物权（《物权法》第 152 条）。⑤地役权，即为了提高自己的不动产效益，而利用他人的不动产的用益物权，其中所谓的自己的不动产是需役地，他人的不动产是供役地（《物权法》第 156 条）。⑥一般的不动产抵押权，即为担保债务的履行，债务人或者第三人不移转不动产的占有，将该不动产抵押权给债权人，债务人不履行到期债务或者发生当事人约定的实现抵押权的情形，债权人就该不动产优先受偿的权利。其中，债务人或者第三人为抵押人，债权人为抵押权人，提供担保的财产为抵押财产（《物权法》第 179 条）。⑦最高额的不动产抵押权，即为担保债务的履行，债务人或者第三人以不动产对一定期间内将要连续发生的债权提供担保，债务人不履行到期债务或者发生当事人约定的实现抵押权的情形，债权人就该不动产优先受偿的权利（《物权法》第 203 条第 1 款）。

所有权是最完全的物权，即对物依法享有占有、使用、收益和处分的权利（《物权法》第 39 条），属于法律地位最重要的物权。不动产所有权包括土地所有权和房屋所有权，其中，房屋所有权有登记能力，没有疑问；反而是地位更突出的土地所有权有无登记能力，值得探讨，因为土地所有权的这种地位不以登记来全面显示，并非全部的土地所有权均要登记，只有农民集体土地所有权有登记能力。

我国的城市土地以及法律规定属于国有的农村和城市郊区的土地由国家享有所有权（《土地管理法》第 8 条；《物权法》第 47 条），这是一种排除机制，即在我国领土范围内，只要不是农民集体所有的土地，即归于国家所有。同时，只要土地依法被确定国有，在性质上就不能转换成集体所有或者个人所有（《物权法》第 43 条），这显然是

---

① 我国历史上对土地承包经营权的法律属性曾有论争，参见渠涛《中国农村土地财产权民法制度论》，渠涛：《民法理论与制度比较研究》，中国政法大学出版社，2004，第 371 ～ 374 页。

一种稳定机制，将法律规定为国有的土地固定为国家所有。此外，为了公共利益，国家依法还能征收农民集体所有的土地（《物权法》第42条），这又体现了国有土地的扩张机制。这些制度安排的逻辑表明，在登记簿中需要明确的土地所有权是农民集体土地所有权，将其明确后，其余土地皆为国家所有，当然也就无须登记国有土地所有权，这也为理解包括土地在内的国有资源无须登记的规定（《物权法》第9条第2款）提供了另一种解释路径。

其次，法律还规范了海域使用权、探矿权、采矿权、取水权、养殖权、捕捞权等准物权（《物权法》第122～123条）。具体来看：①海域使用权是指依法使用特定海域的权利，基于《海域使用管理法》以及《海域使用权登记办法》，它有登记能力。尽管在实践中，海域使用权登记是证书颁发的基础（《海域使用权登记办法》第12条），但《海域使用管理法》第19条规定，海域使用申请人自领取海域使用权证书之日起取得该权利，据此文义，是权利证书的颁发而非登记设定权利，与《物权法》第14条的规定不合，应予改正，以强调登记对海域使用权的设权效力。②探矿权与采矿权在学理上是矿业权的下属概念。所谓矿业权，是指探采人依法在已经登记的特定矿区或工作区内勘查、开采一定的矿产资源，取得矿产品，并排除他人干涉的权利；所谓探矿权，是指勘探一定的矿产资源，取得矿石标本、地址资料的权利；所谓采矿权，是指开采一定的矿产资源，取得矿产品的权利。[①] 基于《矿产资源法》以及《矿产资源开采登记管理办法》、《矿产资源勘查区块登记管理办法》，采矿权与探矿权也有登记能力。③取水权是利用取水工程或者设施直接从江河、湖泊或者地下取用水资源的权利（《取水许可和水资源费征收管理条例》第2条第1款），它在我国适用许可制和有偿使用制（《水法》第7条），取水人向水行政主管部门或者流域管理机构申请领取取水许可证，并缴纳水资源费后，取得取水权（《水法》第48条第1款）。法律并未明确登记对于取水权的作用，但

---

① 参见崔建远《准物权研究》，法律出版社，2003，第179页。

学理认为，为了避免导致权利混乱，造成第三人损害，取水权应予以登记，并统一审批于登记机关，① 取水权由此也宜有登记能力。④ 养殖权与捕捞权在学理上归于渔业权。所谓渔业权，是指依法在特定水域上设定的从事渔业生产经营活动的权利，即利用水域直接进行水生动植物资源的养殖或捕捞行为的权利；所谓养殖权，是指在特定的公共或非公共水域上以水生动植物资源的养殖为内容的权利；所谓捕捞权，是指在特定的公共或非公共水域上以水生动植物资源的捕捞为内容的权利。② 基于《渔业法》、《农村土地承包法》以及《水域滩涂养殖发证登记办法》，养殖权有登记能力；捕捞权也宜有登记能力。

　　无论如何，只有法律规定的不动产物权有登记能力，如此限定，其言外之意即当事人在上述物权框架外约定产生的"物权"没有登记能力。不过，物权法定只是在静态意义上指明了物权品质的限定性，并为其流转奠定了基础，但权利交易不仅限于此，其他并非物权的限制因素也能起到相当的作用，它们的登记能力也因法律规定而正当化。根据德国经验，登记公信力规范（《德国民法典》第892条）限定了对善意的权利交易具有决定性意义的土地登记内容，故除符合法律规定的土地物权之外，处分限制、取得禁止、异议也有登记能力。③ 我国同样如此，因诉讼保全或强制执行对不动产实施的查封，实际上起到处分限制的功效，依法可登记（《民事诉讼法》第94条第2款、第220条；《土地登记办法》第57条、第69条；《房屋登记办法》第22条第6项）；权利人、利害关系人对登记簿记载事项错误的异议也有登记能力（《物权法》第19条第2款）。

　　再者，以债权为对象的预告登记有登记能力（《物权法》第20条），租赁权有登记能力（《城市房地产管理法》第54条；《海域使用权登记办法》第2条第2项）。另外，不动产信托财产关系也有登记

---

① 参见王利明《物权法研究》下卷，中国人民大学出版社，2007，修订版，第300页。

② 参见孙宪忠主编《中国渔业权研究》，法律出版社，2006，第11、13页。

③ 参见〔德〕鲍尔/施蒂尔纳《德国物权法》上册，张双根译，法律出版社，2004，第289～292页。

能力（《信托法》第10条）。

上述结论的立足点是《物权法》中的"法律"界定，它显然是范围最为狭隘的规范性文件，是否还存在与其效力相当的规范性文件呢？将视角转换到《立法法》，不难找到答案。①行政法规是全国人大及其常委会授权国务院根据实际需要而制定的规范性文件（《立法法》第9条），既然是最高权力机关的授权结果，行政法规在规范效力上不宜与法律有难以跨越的本质裂缝，在法律未入的领域，它就是效力最高的规范。②经济特区法规是经济特区所在地的省、市的人大及其常委会根据全国人大的授权决定，制定在经济特区范围内实施的法规（《立法法》第65条），在经济特区的特定地域内，其效力应与法律等同。③自治条例和单行条例是民族自治地方的人大依照当地民族的政治、经济、文化的特点制定的规范性文件，它们甚至可依照当地民族的特点，对法律和行政法规的规定作出变通规定（《立法法》第66条；《民族区域自治法》第19条），当然可与法律并列。

如果这样的结论成立，那么，法律、行政法规、经济特区法规、自治条例和单行条例均是法律关系之登记能力法定的标准，具有登记能力的法律关系范围可能因此有所扩大。这样说，实际上排除了地方性法规、部门规章和地方性规章的作用，因为：①地方性法规不得同宪法、法律、行政法规相抵触，其事项不得超越法律和行政法规（《立法法》第63条），当然不得规定法律和行政法规之外具有登记能力的权利或法律关系；②部门规章和地方性规章均在于执行法律、行政法规或者地方性法规（《立法法》第71条和第73条），其事项范围不得超越上述法律规范的内容，当然也不能规定相异的登记能力事项。

不过，并非所有的有法律根据的法律关系均有登记能力，法律明确排除其登记能力者不在此列。在德国，不具有登记能力的法律关系事项包括：①诸如无行为能力、照管、结婚等不能获得公信力的个人情况；②诸如建筑基线、街道建设负担、公法性先买权等产生公法性法律关系与负担；③诸如针对可能的所有权人抵押权的涂销请求权之类的旨在减轻土地登记的权利。① 这样的情形对我国也有借鉴价值。此外，第一，具有优先于其他任何物权的基于法律规定直接产生的物权，如法定抵押权（《合同法》第 286 条；最高人民法院《关于建设工程价款优先受偿权问题的批复》第 2 条），没有登记能力，否则，就会产生是否按照登记时间先后顺序决定物权效力的不明朗问题。② 第二，主体或内容不明晰的法律关系没有登记能力（《土地登记办法》第 18 条第 1 款第 1 项），因为登记机构无从登记这样的法律关系，即使登记，这样的信息也毫无意义。第三，违背公法管制事项的法律关系没有登记能力（《土地登记办法》第 18 条第 1 款第 2~4 项），其意图旨在配合公法管制。

（二）法定的再定义

上述意义上的"法律"局限于制定法，它们限定了有登记能力的法律关系的数目，但这似乎并非问题的终极答案，因为在制定法之外，还有以习惯法或法官法名义的法律续造。③ 针对德国民法立法的历史分析，令人信服地表明，物权法定作为一种法律原则，并不当然封闭物权数量，它只是为了彰显物权和债权的区分，禁止当事人个别地基于法律行为来创设对第三人有效的法律地位，但一旦这样的地位在交易中被大量创设，并得到判例的认可，则在习惯法或法官法的法律续造框架内，使物权体系保持了开放性。④ 不仅德国如此，瑞士法也承认法官的法律续造对物权法定的突破。⑤ 明文规定物权法定的《日本

---

① 参见〔德〕鲍尔/施蒂尔纳《德国物权法》上册，张双根译，法律出版社，2004，第 293~295 页。

② 惟应注意者，在我国台湾地区，承揽人的法定抵押权（"台湾地区民法典"第 513 条）有无登记能力，有相当大的争论，现今立法给出了肯定答案。参见杨与龄《承揽人法定抵押权之成立与登记》，苏永钦主编《民法物权实例问题分析》，清华大学出版社，2004，第 16~29 页；吴光明：《新物权法论》，三民书局股份有限公司，2009，第 600~627 页。

③ 参见苏永钦《"民法"第一条的规范意义——从比较法、立法史与方法论角度解析》，杨与龄主编《民法总则争议问题研究》，清华大学出版社，2004，第 1~35 页。

④ 参见〔瑞士〕沃尔夫冈·维甘德《物权类型法定原则——关于一个重要民法原理的产生及其意义》，迟颖译，《中德私法研究》第 2 卷，北京大学出版社，2007，第 104 页。

⑤ Vgl. Rey, Die Grundlagen des Sachenrechts und das Eigentum, Grundriss des schweizerischen Sachenrecht, Band I, 2. Aufl., Bern 2000, S. 85.

民法典》（第 175 条）有通过判例创设新类型物权的适例，^① 我国台湾地区"民法典"（第 757 条）更通过修法确定了习惯是物权法定中的"法"。^② 这种在稳定框架中的动态化局面，使得古老的物权法定原则在鲜活的现实面前，能有新鲜的因子注入，从而保持与时俱进的活力。

如果这样的命题成立，那么，在法律续造中的物权，应与制定法中的物权具有相同的品性。我国最高司法机关向来不乏法律续造的经验，各种司法解释应是法院进行法律续造的最好产品。尽管它们名为"解释"，主要是为了解决人民法院在审判工作中具体应用法律的问题，如对如何应用某一法律或者对某一类案件、某一类问题如何适用法律所作的规定等（《最高人民法院关于司法解释工作的若干规定》第 2 条、第 9 条），但只要有一点实事求是的态度，应没有哪个民法学人会否认其法律续造的性质。

这样一来，"法定"在制定法和法律续造两个界面有了无缝衔接，登记能力的法律基础就可能源于制定法，也可能源于最高人民法院的司法解释，乃至具有某种普遍性——如《最高人民法院公报》刊载——的判例。与制定法一样，司法解释具有普适性，它是典型的裁判规则，约束了各级人民法院的裁判活动，由此产生的制定法之外的物权很容易获得普遍认可，更容易通过修法或立法的途径上升为制定法中的物权，也更容易获得登记机构的支持。与司法解释不同，针对个案的判例具有特殊性，一旦单一个案中创设的物权不具有普遍性，对此而为的登记就成本过高，且意义不大，故而，应对判例施以普遍性的限制。

法律续造的不动产物权要成为可能，必须使之具有登记能力，否则，就要面临根本无法公示或无法进行有效的公示进而获得物权的绝

---

① 参见〔日〕我妻荣《日本物权法》，有泉亨修订、李宜芬校订，五南图书出版公司，1999，第 22～25 页。

② 参见谢在全《民法物权论》上册，作者自版，2010，修订 5 版，第 4～52 页；谢哲胜：《民法物权》，三民书局股份有限公司，2010，增订 3 版，第 26～27 页。

对对抗力的有力诘问,① 最终将削弱实务界如此努力的效果。在我国,登记机构无权对司法机关的生效法律文书进行实体审查（《民事诉讼法》第 227 条；《土地登记办法》第 64 条），以表明司法裁断的终局性。如果将这样的立法精神扩及其他需要登记机构协助的事项,则登记机构对司法机关确认的不动产物权负有登记的义务,即通过登记能力来显示这些物权并进一步予以培育,为它们将来的立法化提供土壤。

（三）可登记的自治

尽管有物权法定的总纲,但在意思自治的民法根基上,物权法不可能完全是强行性规范,它必须为当事人的自治留下足够的空间,以弥补法定化手段的不足。共有人对共有不动产之管理、处分、分割以及由此产生相关问题的约定（《物权法》第 96～100 条）、地役权人对他人不动产利用方式的约定（《物权法》第 23 条）等均如此。

从放宽物权法定的角度来看,只要与物权有关联的意思表示能借助登记技术而公示,似乎没有充足的理由强行限制。该意思表示不仅由此能产生约束第三人的物权效力,还可能产生法无明文的物权新形态,② 故而,上述意思表示均应有登记能力。但这种说法毕竟稍显宏大,能否以及如何能契合于我国的法律规定,还需要更细致的分析。

在所有权领域,建筑物区分所有权的法律构造为业主的决定事项预留了很大的空间,并通过多数决的方式对业主产生约束力（《物权法》第 76 条、第 78 条）。这样的规定显然不像《德国住宅所有权法》第 10 条第 2 款,要求对建筑物之共有物的基础性使用规则必须登记后,才能对权利继受人产生法律效力,故而,业主多数决的决定没有登记能力,但对现时的业主以及将来基于继受而取得所有权的业主均有约束力。在《物权法》的架构中,不动产共有人之间的管理协议等约定同样也无登记能力的痕迹,登记与否对共有人之间的关系当然影响不大,但一旦涉及共有人之外的份额受让人,为了揭示信息可能存

---

① 参见尹田《物权法理论评析与思考》,中国人民大学出版社,2008,第 2 版,第 136 页。
② 参见苏永钦《物权法定主义松动下的民事财产权体系——再探内地民法典的可能性》,苏永钦:《民事立法与公私法的接轨》,北京大学出版社,2005,第 230～232 页。

在的风险，不妨让这样的协议具有登记能力。[①]

在建设用地使用权，为何目的、以何方式、在多长时间内利用土地是实现使用权的必备要素，可以说，它们内化为建设用地使用权的内容，有关这些事项约定应有登记能力。此外，由于该权利可以在土地的地表、地上或地下分别设立（《物权法》第 136 条第 1 句），故某使用权人将土地特定空间转让给他人，甚至设定抵押权，均有据可依，这些约定当然有登记能力。另外，当出让金的支付采用分期、分批方式缴纳时，该债权约定为了对抗使用权的受让人，宜具有登记能力。

地役权是一个框架型权利，为何目的、以何方式、在多长时间利用供役地，完全取决于当事人的约定，它们对于地役权的意义远比对于建设用地使用权的意义重大，必须有登记能力，否则，海峡对岸地役权在实践中生命力不强的教训将在此岸重演。[②] 不过，无论如何，当事人的约定不能背离地役权的目的，如不能约定供役地人在供役地上积极作为，也不能违背处分自由的基本原则，如不能约定供役地人禁止转让供役地，否则，即无登记能力。[③] 另外，当土地利用费用的债权约定为了对抗使用权的受让人，也应有登记能力。再者，当事人排除地役权与需役地权利从属性的约定（《物权法》第 164 条），直接更改了地役权的法律属性，为了使之对抗第三人，应有登记能力。

在不动产抵押权，当事人排除抵押权与所担保债权的从属性的约定（《物权法》第 192 条），以及放弃或变更抵押权顺位的约定（《物权法》第 194 条），均改变了抵押权的属性和实现机会，也应有登记能力。

明确了体现私人自治之意思表示的登记能力，实际上也解决了债

[①] 参见常鹏翱《物权法的展开与反思》，法律出版社，2007，第 125～132 页。

[②] 参见苏永钦《重建役权制度——以地役权的重建为中心》，苏永钦：《走入新世纪的私法自治》，中国政法大学出版社，2002，第 255 页；苏永钦：《物权法定主义松动下的民事财产权体系——再探内地民法典的可能性》，苏永钦：《民事立法与公私法的接轨》，北京大学出版社，2005，第 230 页。

[③] 参见〔德〕鲍尔/施蒂尔纳：《德国物权法》上册，张双根译，法律出版社，2004，第 712～721 页。

权登记能力问题，因为当事人在法定框架之外约定产生的权利，如果没有得到物权之法律续造的支持，在定性上只能是债权，只要没有法律根据，理应没有登记能力；但一旦它在解释上能归入具有登记能力的意思表示，当然可进入登记簿。

二 不动产登记簿的记载程序

根据普遍性的经验规则，为了尽可能减少登记机构的恣意，登记记载程序必须有细致连贯的步骤，同时还要明确登记机构和当事人的权限范围。换言之，依托于法定的登记簿编制框架，登记记载程序必须正当化。这是一个大问题，本处提出纲要性框架，具体阐述详见本书相关之处。①登记程序的启动主要取决于当事人，登记机构依职权启动的程序只能局限在维护公共利益、交易安全和正当经济秩序的限度之内（《德国土地登记法》第 13 条；《瑞士土地登记法》第 11 条；《日本不动产登记法》第 25 条第 1 款）；②记载程序的构成步骤要明确具体，如明确规定当事人应提交何种证据、采用何种方式提交、提交后的效力如何、登记机构应如何进行审查、审查后的处理等；③记载的步骤要有合理而明确的时间限制，以给当事人提供明确的预期；④记载的内容应在当事人申请的范围之内，登记机构在解释申请时，必须尊重申请书的表达内容；① ⑤即使登记机构依职权做出的行为，也必须通知当事人，使当事人享有了解和提出意见的机会（《日本不动产登记法》第 64 条）；⑥记载的内容改变原有记载时，应保留原有记载，通过增加簿页页面或者界面体现改变内容，以保持记载的连续性。

除了程序正当之外，登记记载在形式上还必须采用法定的文字和符号，这是因为不动产登记体现了国家主权以及国家管制，登记簿是代表国家主权的法律文件，② 登记结果与民事主体的利益又有紧密关

---

① 参见〔葡〕Vicente João Monteiro《澳门物业登记概论》，张逢春译，澳门司法事务局，1998，第 69 页。

② Vgl. Westermann, BGB-Sachenrecht, 9. Aufl., Heidelberg 1994, S. 117.

联，为了方便国家在不动产领域的治理活动，也为了方便主权区域的民众确定和保护不动产利益，登记簿中的记载就必须采用法定的文字和符号。为了方便申请人，在民族自治区域，登记簿应同时采用汉字和少数民族文字；权利人为境外自然人、法人、其他组织的，在登记簿记载其中文姓名或者名称的同时，记载其母语姓名或者名称。但无论如何，不应使用方言，也不能使用图形、划线等无共识含义的标记。① 这一点同样适用于不动产权利证书或者登记证明的记载。

登记记载还必须意义清晰、内涵准确、外延确定，不能有歧义或者意思模糊。同时，由于登记记载反映出来的信息与民众利益息息相关，登记簿的最主要使用者也是社会中的芸芸众生，这就决定了记载内容应当让普通的与该内容无利害关系的理性人无障碍地了解和理解，② 否则，记载将丧失法律效力。

第三节　不动产登记簿的公开

登记簿是记载登记程序运行结果、体现不动产及其权利事项信息的确定性载体，为适应登记公示的实体规则，它必须能为社会公众了解、知悉、查阅、复制或者摘录（《物权法》第 18 条），这体现了登记簿的公开特性，也即所谓的形式公示原则，以与实体法中的公示原则相区分。不过，登记簿同时牵涉权利人的财产信息，具有一定的私密性，在公示和保密两种矛盾的利益和价值之间何去何从，显然是个问题。

从逻辑上推演，该问题大致有四种解决方案：①对社会公众公开，即任何人均可知悉登记簿的内容（《俄罗斯联邦民法典》第 131 条第 4款），登记簿由此成为公共物品；②对登记权利人公开，即只有登记权利人有权知悉和查阅登记簿，这体现了登记簿记载的私密信息属性；

---

① 参见孙宪忠《中国物权法总论》，法律出版社，2009，第 2 版，第 342 页。
② 参见〔德〕曼弗雷德·沃尔夫《物权法》，吴越、李大雪译，法律出版社，2002，第 218页。

③对利益人公开，即有正当利益之人能查阅登记簿（《德国土地登记法》第12条第1款）；④分层次的公开，即任何人均有权知悉和查阅登记簿页中的所有权等信息，但登记簿的其他资料只对正当利益人公开（《瑞士民法典》第970条第1~2款）。

对此，笔者认为，登记簿的公开程度，要视其范围、构成以及各构成部分提供信息的内容而定。根据我国的实际情况，不动产登记簿包含了簿页和其他登记资料，其中包括了权利人的个人信息，不宜无条件地对社会公众开放。但这并不表明只有登记权利人才能查阅登记簿，否则，在我国不动产登记机构是行政机构的现实中，登记簿既难以起到物权基本公示手段的作用，也无从体现政府公信力和行政为民的宗旨。①

分层次公开的方案划定了登记簿公开性和权利人私密信息的范围，即登记簿页提供的信息被视为公众知情权的对象，以之作为不动产物权公示原则的基础，而将支撑簿页信息的其他登记资料视为权利人私密信息的范围，只有能证明自己对此有相关利益者，才能涉足该领域（《土地登记资料公开查询办法》第2~3条）。这使得登记机构在免于应付繁多或者不当的查阅工作的同时，还能妥当保护登记权利人的私密利益，较好地调和了登记簿的公共性和私人性的矛盾。从整体上看，登记权利都是潜在的交易标的，权利人的登记信息是公开的不动产市场的组成部分，登记机构向社会公众提供正确的权利信息、建立公开的信息平台，符合公共利益的需求，在此前提下，登记簿页对社会公众的公开、其他资料对利益人的公开也就有了正当性。

不过，我国法律对利益人的界定不太清晰，可借鉴域外的经验加以具体化。在德国和瑞士，所谓的"利益人"既包括法律利益人，如登记权利人，还包括事实利益人，如租赁人、民俗学者、近亲属、

---

① 参见《国土资源部地籍司司长樊志全就〈土地登记资料公开查询办法〉发布答记者问》，载 http://www.civillaw.com.cn/weizhang/default.asp? id = 10946，访问日期：2008年10月20日。

司法机关等对登记信息有经济利益、科技利益、人格利益、公共利益或其他合理利益，这是一个比较宽泛的范围，要根据初步可信的证据加以证明。[①] 据此，结合我国实际情况，可以将利益人细化为以下几类：①权利人及其代理人；②权利人的继承人、债权人、近亲属等利害关系人及其代理人；③权利人授权同意查阅者及其代理人；④意欲与权利人建立交易关系，并能举证权利证书信息（如表明权利人身份、权利证书标号等）及其代理人；⑤举证表明既有登记信息错误的异议人及其代理人；⑥举证证明对登记簿信息有科研、调研等利益的专业人员；⑦相关国家机构或者专业机构中履行法定职责的人员。

此外，为了确保登记簿公开的正当性，还应当进行以下的法律规制。第一，方便查阅规则，即登记机构应当设置便利措施为查阅者提供方便，方便其记录、复印相关资料，而且，在登记电子化和网络化的今天，网络既无地域限制也不受时间限制，查阅者在查阅时不应受登记机构管辖地域以及工作时间的影响，登记机构应为查阅者提供异地、全天的在线查阅服务，这一点对簿页的公开尤其重要。当然，鉴于登记机构上述工作要支出相当的费用，登记机构可以依法收取相应的费用，以保持财政收支平衡。第二，利益相关规则，即登记簿的公开应考虑对登记权利人私密利益的保护，簿页之外的信息不能对没有正当利益者公开，而且，查阅的对象通常不应包括不动产买卖价格、担保条件等交易信息，因为除非牵涉到原因行为的法律效力或者诸如对地役权内容的解释，否则，它们只对原因行为的当事人有意义，与他人利益无关。[②] 第三，正当程序规则，即法律明定公开的流程，明晰登记机构以及申请查阅人在查阅流程中的具体权力和责任以及权

---

① Vgl. Weirich, Grundstuecksrecht, Muenchen 1985, S. 108 f.; Schmid/Huerlimann-Kaup, Sachenrecht, 3. Aufl., Zuerich 2009, S. 101; Zobl, Grundbuchrecht, 2. Aufl., Zuerich 2004, S. 198 ff.

② Vgl. Schmid/Huerlimann-Kaup, Sachenrecht, 3. Aufl., Zuerich 2009, S. 102; Zobl, Grundbuchrecht, 2. Aufl., Zuerich 2004, S. 199 f.

利和义务，确保正当利益人能实现查阅权。具体而言，法律应规定
查阅的申请条件和程序，登记机构处理查阅申请的程序，查阅者进
行查阅要遵循的限制要件和程序，查阅者处理查阅结果的程序。第
四，法律救济规则，当登记机构拒绝查阅时，申请查阅人可以向登
记机构的上级机构申请复议，或者向法院提起诉讼；当登记权利人
认为登记机构允许他人查阅的许可不合法时，也可以提起复议或者
诉讼。

必须注意的是，仅有以上的形式公示规范并不足够，因为它只
是在积极意义上为社会公众了解登记簿提供了途径，而社会公众完
全能以没有积极查阅登记簿为由，在特定情况下做出利于自己、不
利于登记权利人的抗辩，进而使登记簿的形式公示规范不起作用。
为了避免这一点，《瑞士民法典》第 970 条第 4 款特别规定，无论社
会公众是否知悉登记簿，均拟制其知悉，且这种拟制不可推翻。这
种规范与登记公信效力的界限在于，其结果使得社会公众不能说不
知登记簿的记载，而登记公信效力在于使善意第三人在登记错误时
取得权利。①

附录　不动产登记簿规范

【不动产登记簿的统一】

不动产登记簿应统一设置。

不动产登记簿由国务院不动产登记主管部门统一监制。

法例参照：

《房屋登记办法》第 5 条第 1 款："房屋登记机构应当建立本
行政区域内统一的房屋登记簿。"

---

① Vgl. Zobl, Grundbuchrecht, 2. Aufl., Zuerich 2004, S. 66.

【不动产登记簿的范围和记载】

不动产登记簿包括：

（一）记载不动产及其权利状况的簿页；

（二）地籍图、地籍调查表、房产测绘资料、不动产权属来源文件等登记资料。

登记资料及其他证据可证明不动产登记簿页的内容。

法例参照：

《瑞士民法典》第738条第2款："在登记记载的范围内，地役权的内容据其取得基础而定，或据其在较长时间内无争议且善意行使的方式而定。"

《瑞士民法典》第971条第2款："在登记记载的范围内，证据或其他方式得证明权利内容。"

【不动产登记簿的编制】

不动产登记簿以特定不动产为单位编制簿页，每一不动产设置一张簿页。

数个不动产归属于同一主体的，可在同一不动产登记簿页上记载。

法例参照：

《德国土地登记法》第3条第1款："每宗土地在土地登记簿中获得一个特殊的位置（土地登记簿页）。土地登记簿页就该宗土地应被视为《德国民法典》意义上的土地登记簿。"

《德国土地登记法》第4条第1款："无须担心造成混乱的，可以就同一个所有权人的多宗土地为共同土地登记簿页，该多宗土地的登记簿由同一个土地登记局制定。"

【不动产登记簿页单位的解释】

不动产登记簿页的单位是宗地以及房屋基本单元。

宗地是指土地权属界线封闭的地块、水域或者空间。

房屋基本单元是指有固定界限、可以独立使用并且有明确、唯一的编号（幢号、室号等）的房屋或者特定空间。

法例参照：

《土地登记办法》第 5 条："土地以宗地为单位进行登记。

宗地是指土地权属界线封闭的地块或者空间。"

《房屋登记办法》第 10 条："房屋应当按照基本单元进行登记。房屋基本单元是指有固定界限、可以独立使用并且有明确、唯一的编号（幢号、室号等）的房屋或者特定空间。

国有土地范围内成套住房，以套为基本单元进行登记；非成套住房，以房屋的幢、层、间等有固定界限的部分为基本单元进行登记。集体土地范围内村民住房，以宅基地上独立建筑为基本单元进行登记；在共有宅基地上建造的村民住房，以套、间等有固定界限的部分为基本单元进行登记。

非住房以房屋的幢、层、套、间等有固定界限的部分为基本单元进行登记。"

《海域使用权登记办法》第 4 条："海域使用权登记以宗海为基本单位。

权属界址线所封闭的用海单元称宗海。但填（围）海造地的，应独立分宗登记。

单位和个人取得两宗以上海域的，应当按宗分别申请登记。

两个以上海域使用人使用同一宗海域的，应当共同申请登记。"

【不动产权利的登记能力法定】

在不动产登记簿中记载的权利事项，应有明确的法律根据。

上款所谓的法律根据，包括法律、行政法规、经济特区法规、自治条例和单行条例。

虽然没有明确的法律根据，但由人民法院生效法律文书普遍确认的可予登记的不动产权利，可在不动产登记簿中记载。

法例参照：

《物权法》第 5 条："物权的种类和内容，由法律规定。"

《土地登记办法》第 2 条："本办法所称土地登记，是指将国有土地使用权、集体土地所有权、集体土地使用权和土地抵押权、地役权以及依照法律法规规定需要登记的其他土地权利记载于土地登记簿公示的行为。

前款规定的国有土地使用权，包括国有建设用地使用权和国有农用地使用权；集体土地使用权，包括集体建设用地使用权、宅基地使用权和集体农用地使用权（不含土地承包经营权）。"

《房屋登记办法》第 2 条："本办法所称房屋登记，是指房屋登记机构依法将房屋权利和其他应当记载的事项在房屋登记簿上予以记载的行为。"

【不动产权利登记能力的延展】

当事人通过意思表示决定或改变不动产权利的内容或属性的，可在不动产登记簿中记载。

法例参照：

《德国民法典》第 1010 条："土地的各共有人约定管理和利用方法时，或永久或暂时排除请求废止共有关系的权利，或规定预告解除共有关系的通知期限的，该约定在作为应有部分上设定的义务应记载于土地登记簿中，始对共有人中一人的特定继受人产生效力。

第 755 条和第 756 条中规定的请求权，仅在记载于土地登记簿中后，始对共有人中一人的特定继受人主张。"

《瑞士民法典》第 647 条第 1 款："共有人可以约定与法律规定不同的收益和管理方法，并得记载于不动产登记簿。"

【不动产登记簿页的内容】

不动产登记簿应载明下列内容：

（一）不动产的位置、界址、面积、地号、用途、结构等物理状况；

（二）不动产权利的主体、类型、内容、期限、顺位等权属状况；

（三）对引发不动产物权变动的债权请求权的预告登记事项；

（四）权利人或利害关系人提起的异议；

（五）人民法院嘱托的查封；

（六）登记申请或嘱托达到登记机构的时间；

（七）法律、行政法规规定的其他应登记事项。

不动产登记簿的内容必须采用法定文字、符号记载。

法例参照：

《土地登记办法》第 15 条第 1 款："土地登记簿是土地权利归属和内容的根据。土地登记簿应当载明下列内容：

（一）土地权利人的姓名或者名称、地址；

（二）土地的权属性质、使用权类型、取得时间和使用期限、权利以及内容变化情况；

（三）土地的坐落、界址、面积、宗地号、用途和取得价格；

（四）地上附着物情况。"

《土地登记办法》第 36 条第 3 款："符合抵押登记条件的，国土资源行政主管部门应当将抵押合同约定的有关事项在土地登记簿和土地权利证书上加以记载，并向抵押权人颁发土地他项权利证明书。申请登记的抵押为最高额抵押的，应当记载所担保的最高债权额、最高额抵押的期间等内容。"

《土地登记办法》第60条第2款："对符合异议登记条件的，国土资源行政主管部门应当将相关事项记载于土地登记簿，并向申请人颁发异议登记证明，同时书面通知土地登记簿记载的土地权利人。"

《土地登记办法》第62条第2款："对符合预告登记条件的，国土资源行政主管部门应当将相关事项记载于土地登记簿，并向申请人颁发预告登记证明。"

《土地登记办法》第63条："国土资源行政主管部门应当根据人民法院提供的查封裁定书和协助执行通知书，报经人民政府批准后将查封或者预查封的情况在土地登记簿上加以记载。"

《房屋登记办法》第24条第1款："房屋登记簿应当记载房屋自然状况、权利状况以及其他依法应当登记的事项。"

《房屋登记办法》第44条："对符合规定条件的抵押权设立登记，房屋登记机构应当将下列事项记载于房屋登记簿：

（一）抵押当事人、债务人的姓名或者名称；

（二）被担保债权的数额；

（三）登记时间。"

《房屋登记办法》第53条："对符合规定条件的最高额抵押权设立登记，除本办法第四十四条所列事项外，登记机构还应当将最高债权额、债权确定的期间记载于房屋登记簿，并明确记载其为最高额抵押权。"

《房屋登记办法》第58条第1款："对符合规定条件的最高额抵押权确定登记，登记机构应当将最高额抵押权担保的债权已经确定的事实记载于房屋登记簿。"

《房屋登记办法》第77条："房屋登记机构受理异议登记的，应当将异议事项记载于房屋登记簿。"

【不动产登记簿页的电子化】

不动产登记簿页采用电子介质的，应当每天进行异地备份，并备有唯一、确定的纸介质。

法例参照：

《土地登记办法》第 15 条第 3 款："土地登记簿采用电子介质的，应当每天进行异地备份。"

《房屋登记办法》第 24 条第 2 款："房屋登记簿可以采用纸介质，也可以采用电子介质。采用电子介质的，应当有唯一、确定的纸介质转化形式，并应当定期异地备份。"

【不动产登记簿的管理】

不动产登记簿及相关的不动产登记资料由不动产登记机构管理。具体管理办法由国务院不动产登记主管部门制定。

法例参照：

《物权法》第 16 条第 2 句："不动产登记簿由登记机构管理。"

《土地登记办法》第 20 条第 1 款："土地登记形成的文件资料，由国土资源行政主管部门负责管理。"

《房屋登记办法》第 28 条第 1 款："房屋登记机构应当将房屋登记资料及时归档并妥善管理。"

【不动产登记簿的重建】

不动产登记簿灭失、毁损的，不动产登记机构应依有关资料予以重建，恢复原有内容。

法例参照:

"台湾地区土地登记规则"第21条:"登记簿灭失时,登记机关应即依土地法施行法第十七条之一规定办理。"

"台湾地区土地登记规则"第22条:"一宗土地之登记簿用纸部分损坏时,登记机关应依原有记载全部予以重造。登记簿用纸全部损坏、灭失或其样式变更时,登记机关应依原有记载有效部分予以重造。"

【不动产登记簿的公开】

权利人、利害关系人申请查询、复制不动产登记簿的,不动产登记机构应当提供。

权利人包括不动产登记簿中记载的权利人或其代理人。

利害关系人包括:

(一) 权利人的继承人或其代理人;

(二) 权利人的债权人或其代理人;

(三) 权利人的近亲属或其代理人;

(四) 权利人同意其查阅、复制不动产登记簿者或其代理人;

(五) 证明权属证明信息的人或其代理人;

(六) 证明登记信息错误的异议人或其代理人;

(七) 对不动产登记簿记载信息有科学研究利益的专业人员;

(八) 有关国家机构或者专业机构中履行法定职责的人员;

(九) 其他对查阅、复制不动产登记簿有合法利益的人。

查询、复制不动产登记簿应遵循国务院不动产登记主管部门的相关规定。

国务院不动产登记主管部门应加强不动产登记信息系统建设,实现全国不动产登记簿信息共享和异地查询。

任何人不得以不知不动产登记簿的记载提出抗辩。

法例参照：

《物权法》第 18 条："权利人、利害关系人可以申请查询、复制登记资料，登记机构应当提供。"

《土地登记办法》第 71 条："县级以上人民政府国土资源行政主管部门应当加强土地登记结果的信息系统和数据库建设，实现国家和地方土地登记结果的信息共享和异地查询。"

《土地登记办法》第 72 条："国家实行土地登记资料公开查询制度。土地权利人、利害关系人可以申请查询土地登记资料，国土资源行政主管部门应当提供。

土地登记资料的公开查询，依照《土地登记资料公开查询办法》的规定执行。"

《房屋登记办法》第 28 条第 2 款："申请查询、复制房屋登记资料的，应当按照规定的权限和程序办理。"

《房屋登记办法》第 29 条："县级以上人民政府建设（房地产）主管部门应当加强房屋登记信息系统建设，逐步实现全国房屋登记簿信息共享和异地查询。"

《水域滩涂养殖发证登记办法》第 14 条第 1 款："水域滩涂养殖权人、利害关系人有权查阅、复制登记簿，县级以上地方人民政府渔业行政主管部门应当提供，不得限制和拒绝。"

《瑞士民法典》第 970 条第 4 款："任何人不得提出其不知不动产登记簿上记载的抗辩。"

【不动产登记簿与权利证书、登记证明的关系】

不动产登记机构根据不动产登记簿的记载，缮写并向权利人或者申请人发放不动产权利证书或者登记证明。

不动产权利证书是权利人享有不动产权利的证明，包括《建设用地使用权证》、《土地承包经营权证》、《宅基地使用权证》、《地役权证》、《抵押权证》、《房屋所有权证》等。

登记事项是权利人主张不动产登记簿上记载的相应事项的证明，包括《预告登记证明》、《异议登记证明》等。

不动产权利证书、登记证明与不动产登记簿记载不一致的，除有证据证明登记簿确有错误外，不动产登记机构应当书面通知权利人换领与登记簿记载一致的不动产权利证书或者登记证明。

法例参照：

《物权法》第17条："不动产权属证书是权利人享有该不动产物权的证明。不动产权属证书记载的事项，应当与不动产登记簿一致；记载不一致的，除有证据证明不动产登记簿确有错误外，以不动产登记簿为准。"

《土地登记办法》第16条："土地权利证书是土地权利人享有土地权利的证明。

土地权利证书记载的事项，应当与土地登记簿一致；记载不一致的，除有证据证明土地登记簿确有错误外，以土地登记簿为准。"

《土地登记办法》第17条第1~2款："土地权利证书包括：

（一）国有土地使用证；

（二）集体土地所有证；

（三）集体土地使用证；

（四）土地他项权利证明书。

国有建设用地使用权和国有农用地使用权在国有土地使用证上载明；集体建设用地使用权、宅基地使用权和集体农用地使用权在集体土地使用证上载明；土地抵押权和地役权可以在土地他项权利证明书上载明。"

《房屋登记办法》第25条："房屋登记机构应当根据房屋登记簿的记载，缮写并向权利人发放房屋权属证书。

房屋权属证书是权利人享有房屋权利的证明，包括《房屋所有权证》、《房屋他项权证》等。申请登记房屋为共有房屋的，房屋登记机构应当在房屋所有权证上注明‘共有’字样。

预告登记、在建工程抵押权登记以及法律、法规规定的其他事项在房屋登记簿上予以记载后，由房屋登记机构发放登记证明。"

《房屋登记办法》第 26 条："房屋权属证书、登记证明与房屋登记簿记载不一致的，除有证据证明房屋登记簿确有错误外，以房屋登记簿为准。"

【不动产权利证书或者登记证明的监制】

不动产权利证书或者登记证明由国务院不动产登记主管部门统一监制。

法例参照：

《土地登记办法》第 17 条第 3 款："土地权利证书由国务院国土资源行政主管部门统一监制。"

《房屋登记办法》第 95 条："房屋权属证书、登记证明，由国务院建设主管部门统一制定式样，统一监制，统一编号规则。

县级以上地方人民政府由一个部门统一负责房屋和土地登记工作的，可以制作、颁发统一的房地产权证书。房地产权证书的式样应当报国务院建设主管部门备案。"

第三部分
程序规范

第六章

不动产登记的一般程序

引言　正当程序原则

不动产登记程序的设计和运行应符合正当程序的要求，这是不动产登记法应贯彻的基本原则，即正当程序原则。不动产登记的一般程序包括当事人申请、嘱托等启动程序以及登记机构的审查、处理等环节，它们涵括了具体登记程序的共性，属于登记的一般程序，对各个具体类型的登记程序有着普适性的指导意义。这些环节又包括更具体的程序机制。为了保护当事人的正当权益，也为了限制登记机构可能的滥权行为，不动产登记法应特别规定登记程序应依法进行。为了实现上述要旨，就应尽可能在不动产登记法中详尽且合理地规定登记操作程序。

附录　正当程序原则规范

【正当程序原则】

不动产登记程序应依法进行。

第一节 不动产登记的启动程序

不动产登记通常基于当事人的申请而启动，这适用于纯粹的私人交易领域，是民事主体决定自我事务的表现，与国家公权力无关。此外，还有相应机关的嘱托以及登记机构依据职权直接办理登记。因申请或者嘱托启动的登记被称为被动登记，是登记启动的常态表现；登记机构依据职权的登记是主动登记，只能适用于法律明确规定的情形。

一 不动产登记的申请

（一） 申请原则

与域外经验一致，登记申请在我国是启动登记程序的最一般事实，只要法律规范性文件没有另行规定，没有当事人的申请，登记机构就不能擅自开始登记程序（《土地登记办法》第 6 条；《房屋登记办法》第 7 条第 1 款第 1 项；《水域滩涂养殖发证登记办法》第 5 条、第 10 ~ 11 条），而且，登记机构的审查范围和决定事项也受制于申请，不仅要依据申请的内容进行操作，在解释申请时还应尊重申请的表达，不能随意解释或评定申请者的用意，至少要同申请书的字面有最基本的关联。① 此即申请原则。

（二） 申请权利

为了保证登记申请的正当性，只有与登记有法律关联者才有资格提出申请，故申请是一种权利，且其指向对象是登记机构，旨在引发登记机构的审查、决定等程序性职权行为，与诉权相当，属于程序权利。② 如此定性揭示出它与登记请求权的区别，后者是实体权利，以请求作为平等主体的相对人协助申请登记为目的，一旦相对人拒绝协助，权利人可以通过司法救济途径来实现该目的（《瑞士民法典》第

---

① 参见〔葡〕Vicente João Monteiro《澳门物业登记概论》，张逢春译，澳门司法事务局，1998，第 69 页。

② Vgl. Holzer/Kramer, Grundbuchrecht, Muenchen 1994, S. 51.

665 条第 1 款）。登记请求权受诉讼时效、权利失效等实体规范的约束，比如，以债之关系为基础的登记请求权受诉讼时效期间的限制，物权请求权属性的登记请求权则受权利失效的制约，[①] 而登记请求权既然是程序权利，它是否行使以及在何时行使，完全取决于权利人的意愿，不受上述实体规范的制约。

（三）申请主体

有权利提出登记申请的主体可以是境内的各种民事主体，也可以是港澳居民、台湾同胞、华侨，还可以是境外的自然人和机构，他们均需有相应的身份证明。根据我国涉台和涉外政策，台湾同胞和境外个人和机构因购买房屋等原因申请不动产登记，还应符合我国台湾事务主管部门、外交部门、公安部门、国家安全部门的要求。

（四）申请行为

申请显然是一种行为，但其究竟是何种属性，向来众说纷纭，学理并无定论，从我国登记实务规则中也难看出端倪。在德国，登记申请是登记程序运行中的有机构成部分，是希望登记机构将申请内容记载于登记簿的表示，是一种程序行为。[②] 既然是程序行为，就不能直接适用实体法中的法律行为制度，只能根据规范目的以及利益类型进行类推适用。在德国法背景下，将登记申请界定为程序行为，并将它与登记同意结合起来，显示它们与物权合意等实体法律行为的区分，在理论上当然是不错的答案。[③] 不过，正如多棱镜的透视一样，不同视角下的问题镜像自然多元，并能扩大我们的思考维度，那么，在程序行为属性之外，申请能否是法律行为呢？瑞士法对此提供了确切的答案。

在瑞士，登记同样适用申请原则（《瑞士土地登记法》第 11 条第 1 句），没有申请，除非法律另有规定，登记机构不得擅自启动登记程

---

① 参见常鹏翱《物权法的展开与反思》，法律出版社，2007，第 322~326 页。

② Vgl. Holzer/Kramer, Grundbuchrecht, Muenchen 1994, S. 50.；Demharter, Grundbuchordnung, 21. Aufl., Muenchen 1994, S. 179.

③ 参见常鹏翱《物权程序的建构与效应》，中国人民大学出版社，2005，第 157~158 页。

序。既然申请是登记结果得以产生的必要前提，而登记结果是登记机构所为的登记簿内容的改变，它当然有程序上的意义，这一点无论不动产物权变动的原因是否法律行为，均可普遍适用，故申请原则是程序法原则。与此同时，申请本身又包括了权利人处分登记权利的意思表示，在依法律行为的不动产物权变动，它就是物权法中的处分行为，就此而言，申请原则又是实体法原则。故而，申请既是程序行为，又是法律行为。通说认为，申请是单方和有因的行为。就其单方属性而言，只要权利处分人单独申请即可，无须权利取得人与之协力；就其有因属性而言，原因行为的效力瑕疵将影响申请的法律效力，进而导致登记结果错误，其根基在于瑞士法的物权行为有因性立场。①

在此前提界定下，申请只有满足以下要件方能生效：①主体的法定要件，即申请人不仅须为完全行为能力人，且必须是有处分权之人或其代理人（《瑞士民法典》第965条第2款）。此人要么是登记簿中的权利人（《瑞士民法典》第963条第1款、第964条第1款），要么是有其他证据证明其处分权的登记簿之外的权利人（《瑞士民法典》第169条、第201条第2款、第656条第2款、第963条第2款）。②形式的法定要件，即书面形式（《瑞士民法典》第963条第1款、第964条第1款）。③内容的法定要件，即申请的意思表示必须清晰、完整，不能有条件限制或内容保留，应详细列举具体事项，仅凭该申请即可引发登记（《瑞士土地登记法》第12条第1~2款）。不过，这并不影响所要登记的权利附条件或附期限，同时，如果多个申请同时提出并相互作用而互为条件的，法律也不禁止（《瑞士土地登记法》第12条第4款）。②

如此界定申请的属性，较妥当地解释了不动产物权变动中的物权行为的客观存在问题，无须像德国法那样比较周折地解释物权行为的存在，即以程序法上的登记同意来替代物权合意，而实践中登记申请

---

① Vgl. Zobl, Grundbuchrecht, 2. Aufl., Zuerich 2004, S. 156 f.
② Vgl. Zobl, Grundbuchrecht, 2. Aufl., Zuerich 2004, S. 159 ff.; Schmid/Huerlimann-Kaup, Sachenrecht, 3. Aufl., Zuerich 2009, S. 115 ff.

又常常与登记同意混同，最终可能就是登记申请与物权行为混同。①
不言而喻，抛开物权行为有因与否不论，瑞士法和德国法对待申请属
性的不同立场，实则异曲同工。不过，瑞士法取法于申请在程序和实
体的双重效力，申请由此一身兼二职，这当然不像德国法那样更彻底
地分离了登记程序法和登记实体法，但在物权行为界定上更为直截了
当，倒也可取。这样的界定，对我国众说纷纭的物权行为理论，应是
一种可借鉴的思路。②

（五）申请方式

在依法律行为的不动产物权变动场合，由当事人双方共同向登记
机构申请登记，这是申请的一般方式。共同申请以当事人双方共同到
场申请为原则，是谓"出头主义"。③

在法律规范性文件有另外规定时，允许当事人一方单独申请，此
即单方申请。单方申请在我国目前主要适用于以下情形：①土地总登
记；②土地使用权、房屋所有权的初始登记；③非依法律行为的不动
产物权变动；④更正登记；⑤异议登记；⑥不动产名称、地址或者用
途变更登记；⑦权利人放弃不动产权利的；⑧依照法律规范性文件可
由当事人单方申请的情形（《土地登记办法》第 7 条；《房屋登记办
法》第 12 条第 2 款）。另外，在依法律行为的不动产物权变动场合，
如果非经单独申请而不能完成登记，或者通过公证等措施保证原因行
为有效的，也不妨允许单方申请。④

申请人除了亲自申请外，还可以通过代理人申请，此即代理申请。

---

① 参见〔德〕鲍尔/施蒂尔纳《德国物权法》上册，张双根译，法律出版社，2004，第 306
页以下。

② 参见葛云松《物权行为理论研究》，葛云松：《过渡时代的民法问题研究》，北京大学出版
社，2008，第 27 ~ 30 页；相反见解，参见王轶《论物权变动模式的立法选择》，王轶：
《民法原理与民法学方法》，法律出版社，2009，第 83 ~ 186 页。

③ 不过，随着登记电子化、网络化技术的展开，"出头主义"将随之废除，由此也将引发诸
多深层次的问题。参见〔日〕田中淳子《关于日本不动产登记法最新修改的内容及其思
考》，李又又译，渠涛主编《中日民商法研究》第 3 卷，法律出版社，2005，第 111 ~ 118
页。

④ 参见常鹏翱《物权法的展开与反思》，法律出版社，2007，第 330 ~ 331 页。

在申请人无行为能力或是限制行为能力人时，应由法定代理人代为申请（《土地登记办法》第 10 条；《房屋登记办法》第 14 条第 1 句），在此情形，为了保护被代理人的利益，法定代理人不得非为被代理人的利益申请登记。申请人还可以委托代理人申请（《土地登记办法》第 11 条；《房屋登记办法》第 15 条第 2 款），在此情形，为了妥当照料被代理人的利益，代理人除出示被代理人的身份证明、权利证明、印鉴之外，还应出具足以证明被代理人签章真实性和授权内容真实性的授权书。[①]

在申请人怠于申请登记的场合，与其有利害关系之人为了保全自己利益或者照料登记权利人的利益，应当有权以自己名义代位申请人向登记机构申请登记，此即代位申请。这种方式目前在我国没有直接的法律依据，但从代位权理论中可以推导出来。具体而言，第一，对申请事项不直接享有权利，但该事项是否登记与其有法律上利害关系的人，在申请权利人不及时申请时，可代位申请登记（《日本不动产登记法》第 46 条之 2；"台湾地区土地登记规则"第 30 条、第 31 条第 1 款前半句）。第二，申请事项的直接权利人为数人，他们之间存在共同共有、共同继承等共同关系，其中一人或者数人为了全体权利人的利益，在其他权利人未申请的情况下，可代位申请该共同关系的登记（"台湾地区土地登记规则"第 32 条）。[②]

（六）申请材料

申请人提出申请时，应当向登记机构表明当事人的身份、意欲达到的目的以及相关的证据。根据登记申请的普遍经验，申请材料主要包括申请书、身份证明、登记原因证明文书、登记义务人的权利证明、申请所涉及第三人的同意证明以及法律规定的其他文书。

在我国，申请材料通常包括：①登记申请书；②申请人身份证明；

---

① 参见常鹏翱《物权法的展开与反思》，法律出版社，2007，第 352 页。
② 参见常鹏翱《物权法的展开与反思》，法律出版社，2007，第 333～335 页。我国台湾地区的代位申请经验，可参见谢哲胜《土地法》，台湾财产法暨经济法研究协会，2006，第 180～181 页。

③不动产权属来源证明；④地籍调查表、宗地图、宗地界址坐标等不动产标示；⑤附着物权属证明；⑥法律法规规定的完税或者减免税凭证；⑦法律规范性文件规定的其他证明材料（《土地登记办法》第9条第1款；《房屋登记办法》第33条、第37条；《水域滩涂养殖发证登记办法》第5条、第10～11条）。此外，在代理申请的情形，监护人申请的，还应包括监护人身份证明；处分未成年人不动产的，则包括为未成年人利益的书面保证（《土地登记办法》第10条；《房屋登记办法》第14条第2句）；委托代理人申请的，还包括授权委托书和代理人身份证明，如被代理人在境外，授权委托书和被代理人身份证明还应经依法公证或认证（《土地登记办法》第11条；《房屋登记办法》第15条第2款）。除了以上在法律中明文规定的申请材料之外，登记机构还有义务向当事人公示申请登记材料的目录（《房屋登记办法》第9条），这便利了当事人的申请，自不待言。

为保证申请的真实性，也为了便利登记机构的审查，申请材料应为原件，不能提供原件的，应当提交经有关机关确认与原件一致的复印件（《房屋登记办法》第11条第2款）；而且，如证明材料的原件是外文的，还应提交中文译本（《房屋登记办法》第15条第1款第2句）。无论如何，申请材料都应真实、合法、有效，否则，申请人将承担相应的责任（《土地登记办法》第9条第3款；《房屋登记办法》第11条第3款）。此外，在申请时，申请人应使用中文名称或姓名（《房屋登记办法》第15条第1款第1句）。

（七）撤回申请

申请是私人自治行为，申请人有权提出申请，也有权在申请事项记载于登记簿之前撤回申请（《房屋登记办法》第21条）。撤回申请既可以是完全撤回也可以是部分撤回，无论何种，均在否定已提出的申请，故而，申请和申请的撤回是相对立的意思表示，在形式上应当相当，如在共同申请，则由双方共同向登记机关提交撤回申请的申请书。撤回申请只要具备这些形式要件即可，无须阐述撤回的实质理由。

（八）缴纳费用

当事人申请登记的目的在于实现私人利益，但它将引发登记机构的耗费公共资源的职权行为，为了平衡收支，申请人即应缴纳法律规定的登记费用（《房屋登记办法》第16条）。至于缴纳费用的标准，法律明文规定按件收取，不得按照不动产的面积、体积或者价款的比例收取，具体标准由国务院有关部门会同价格主管部门规定（《物权法》第22条）。

（九）法律效力

申请首先是程序行为，直接后果是启动登记程序，登记机构据此展开登记行为，但其法律效力不局限于此，同时还能产生以下更有意义的法律效力：①决定登记完成的顺序，即针对同一不动产有数人提出物权变动申请的，申请时间在先者，完成登记的时间在先。换言之，登记机构为先提出的申请办理登记之前，不应就后来的申请办理登记（《德国土地登记法》第17条）。②影响不动产物权善意取得的构造，即在登记错误时，第三人在申请登记时不知道登记错误，即为善意。③强化物权变动意思表示的约束力，即当事人在达成一致的物权变动意思表示，并向登记机构申请登记后，不得撤回物权变动的意思表示。①

二　不动产登记的嘱托

（一）适用范围

与申请不同，嘱托是有关国家公权力机构为了履行维护公共利益、维持私人合法权益等公共职责，要求登记机构通过登记行为予以协助的行为，目的在于实现国家公权力，故其应适用于旨在通过登记实现国家公权力的情形。从《土地登记办法》和《房屋登记办法》的规定来看，我国的登记嘱托主要表现为人民法院所为的嘱托，即查封裁定书和协助执行通知书（《土地登记办法》第63条；《房屋登记办法》

---

① 参见常鹏翱《物权程序的建构与效应》，中国人民大学出版社，2005，第163～167页。

第 35 条第 2 款）。其他公权力机关的嘱托尽管有法律依据，如《物权法》第 28 条中的人民政府的征收决定，但在这两个登记办法中却缺乏必要的衔接。显然，扩大登记嘱托的接口及其适用范围应是将来我国不动产登记法的应由之路。

（二）法律程序

与申请一样，嘱托也是相关主体为达到目的而求诸登记机构的表现，没有它们，就没有登记机构此后的登记行为，故嘱托也体现了申请原则。不过，嘱托来自国家公共事务领域，代表着国家公权力的行使，与私人自治范畴的申请相比，嘱托理应遵循更严格的法律程序，主要表现为：①嘱托人员应出示本人工作证、执行公务证或者其他证明执行公务的证明；②嘱托文书必须采用符合法律规定的公函形式，并有法律规定的文书以及相关证明予以支持，如法院的协助执行通知书为嘱托文书，与此相关的裁定书为支持文书（《最高人民法院关于人民法院民事执行中查封、扣押、冻结财产的规定》第 1 条第 2 款；《最高人民法院、国土资源部、建设部关于依法规范人民法院执行和国土资源房地产管理部门协助执行若干问题的通知》第 2 条）。

三　依职权的主动登记

（一）适用范围

登记的启动以申请原则为主导，但在法律特别规定的情形，登记机构可主动开展登记，体现出职权主义。在我国，登记机构的主动登记主要适用于注销登记和更正登记（《土地登记办法》第 50～54 条、第 58 条；《房屋登记办法》第 41 条、第 75 条、第 81 条），它们旨在消除登记权利与真实权利错位的状态。从登记机构的角度来看，为了贯彻依法行政的原则，也为了合理避免可能发生的国家赔偿责任，登记机关主动撤销错误登记，有其正当性。

（二）法律限制

不过，由于这些登记均将消灭既有的登记，事关权利人的利益，为了防止登记机构滥权给权利人造成不测的风险和损害，主动登记只能基于明确的法律规定而为，且要遵循法定程序，还要妥当平衡当事人之间的利益。换言之，主动登记必须受一定的法律限制。在实践中，这种限制的主要意义在于维持相对人对登记行为的信赖，即只有在不破坏因为登记行为而受益者对登记的信任时，登记机构才能贯彻依法行政原则来主动撤销登记。[①]

附录　不动产登记的启动程序规范

【申请原则】

不动产登记依据当事人的申请进行，但法律另有规定的除外。

当事人申请不动产登记的权利不受非法限制或剥夺。

法例参照：

《土地登记办法》第6条："土地登记应当依照申请进行，但法律、法规和本办法另有规定的除外。"

《房屋登记办法》第7条第1款第1项："办理房屋登记，一般依照下列程序进行：

（一）申请；

……"

【有效申请的条件】

不动产登记的申请应当符合以下条件：

（一）申请人有完全行为能力；

（二）申请人对申请事项享有处分权或正当利益；

（三）申请的内容明确、确定；

[①]　参见常鹏翱《物权法的展开与反思》，法律出版社，2007，第346~361页。

（四）申请采用书面形式或法律规定的其他形式；

（五）法律规定的其他条件。

法例参照：

《瑞士民法典》第 963 条第 1 款："登记得依处分所涉及的土地所有权人的书面表示而作成。"

《瑞士民法典》第 963 条第 2 款："取得人基于法律规定、生效判决或与判决效力等同的证书取得权利的，无需所有权人的表示。"

《瑞士民法典》第 964 条第 1 款："注销或变更登记，需依登记之权利人的书面表示。"

《瑞士民法典》第 965 条第 2 款："处分权的证明在于，申请人是登记簿中的处分权人或其代理人。"

《瑞士土地登记法》第 12 条第 1 款："登记申请必须无条件并无任何保留。"

《瑞士土地登记法》第 13 条第 1 款："登记申请必须采书面形式。"

【申请的一般材料】

除法律另有规定外，当事人申请不动产登记时应当提交以下材料：

（一）申请书；

（二）申请人的身份证明；

（三）权属来源证明；

（四）权利变动的原因事实证明；

（五）法律规定的其他材料。

法例参照：

《物权法》第 11 条："当事人申请登记，应当根据不同登记事项提供权属证明和不动产界址、面积等必要材料。"

《土地登记办法》第 9 条第 1 款："申请人申请土地登记，应当根据不同的登记事项提交下列材料：

（一）土地登记申请书；

（二）申请人身份证明材料；

（三）土地权属来源证明；

（四）地籍调查表、宗地图及宗地界址坐标；

（五）地上附着物权属证明；

（六）法律法规规定的完税或者减免税凭证；

（七）本办法规定的其他证明材料。"

【申请人有关登记申请材料的义务】

申请登记材料应当提供原件。不能提供原件的，应当提交经有关机关确认与原件一致的复印件。

申请人提交的证明材料原件是外文的，应当提供中文译本。

申请人申请不动产登记，应当如实向不动产登记机构提交有关材料，并对申请材料实质内容的真实性、合法性、有效性负责。

法例参照：

《土地登记办法》第 9 条第 3 款："申请人申请土地登记，应当如实向国土资源行政主管部门提交有关材料和反映真实情况，并对申请材料实质内容的真实性负责。"

《房屋登记办法》第 11 条："申请房屋登记，申请人应当向房屋所在地的房屋登记机构提出申请，并提交申请登记材料。

申请登记材料应当提供原件。不能提供原件的，应当提交经有关机关确认与原件一致的复印件。

申请人应当对申请登记材料的真实性、合法性、有效性负责，不得隐瞒真实情况或者提供虚假材料申请房屋登记。"

《房屋登记办法》第 15 条第 1 款："申请房屋登记的，申请人应当使用中文名称或者姓名。申请人提交的证明文件原件是外文的，应当提供中文译本。"

【登记机构有关登记申请材料的义务】

不动产登记机构应依法确定申请不动产登记需要提交的材料，并以合理方式公示申请登记材料的目录和要求。

　　法例参照：
　　《房屋登记办法》第 9 条："房屋登记机构应当依照法律、法规和本办法规定，确定申请房屋登记需要提交的材料，并将申请登记材料目录公示。"

【共同申请】

不动产登记申请事项涉及两个以上当事人的，应由当事人共同申请不动产登记，但法律另有规定的除外。

　　法例参照：
　　《土地登记办法》第 7 条前半句："土地登记应当由当事人共同申请……"
　　《房屋登记办法》第 12 条第 1 款："申请房屋登记，应当由有关当事人双方共同申请，但本办法另有规定的除外。"

【单方申请】

有下列情形之一的，可由当事人单方申请不动产登记：
（一）土地总登记；
（二）农民集体土地所有权设立登记；

（三）建筑物所有权设立登记；

（四）因法律规定直接取得不动产物权的；

（五）因人民法院、仲裁委员会的生效法律文书而导致不动产物权变动的；

（六）因人民政府生效的征收决定等导致不动产物权变动的；

（七）因继承或者遗赠取得不动产物权的；

（八）因合法建造、拆除房屋等事实行为导致不动产物权变动的；

（九）因自然事件而取得或消灭不动产物权的；

（十）物权受让人完全履行了合同义务，而出让人死亡且无继承人的；

（十一）基于公证的买卖、赠与等合同导致不动产物权变动的；

（十二）不涉及他人利益的更正登记；

（十三）名称、地址或者用途变更登记；

（十四）不动产权利证书或者登记证明的补发或者换发；

（十五）法律规定的其他情形。

法例参照：

《土地登记办法》第 7 条："土地登记应当由当事人共同申请，但有下列情形之一的，可以单方申请：

（一）土地总登记；

（二）国有土地使用权、集体土地所有权、集体土地使用权的初始登记；

（三）因继承或者遗赠取得土地权利的登记；

（四）因人民政府已经发生法律效力的土地权属争议处理决定而取得土地权利的登记；

（五）因人民法院、仲裁机构已经发生法律效力的法律文书而取得土地权利的登记；

（六）更正登记或者异议登记；

（七）名称、地址或者用途变更登记；

（八）土地权利证书的补发或者换发；

（九）其他依照规定可以由当事人单方申请的情形。"

《房屋登记办法》第12条第2款："有下列情形之一，申请房屋登记的，可以由当事人单方申请：

（一）因合法建造房屋取得房屋权利；

（二）因人民法院、仲裁委员会的生效法律文书取得房屋权利；

（三）因继承、受遗赠取得房屋权利；

（四）有本办法所列变更登记情形之一；

（五）房屋灭失；

（六）权利人放弃房屋权利；

（七）法律、法规规定的其他情形。"

【监护人代理申请】

无行为能力或者限制行为能力人的不动产权利，应当由其监护人代为申请不动产登记。

监护人代为申请的，应当提交证明监护人身份以及为被监护人利益的材料。

法例参照：

《民法通则》第18条第1款："监护人应当履行监护职责，保护被监护人的人身、财产及其他合法权益，除为被监护人的利益外，不得处理被监护人的财产。"

《土地登记办法》第10条："未成年人的土地权利，应当由其监护人代为申请登记。申请办理未成年人土地登记的，除提交本办法第九条规定的材料外，还应当提交监护人身份证明材料。"

《房屋登记办法》第14条："未成年人的房屋，应当由其监护人代为申请登记。监护人代为申请未成年人房屋登记的，应当提交证明监护人身份的材料；因处分未成年人房屋申请登记的，还应当提供为未成年人利益的书面保证。"

【委托代理人申请】

委托代理人申请不动产登记的，代理人应当提交授权委托书和身份证明。境外申请人委托代理人申请不动产登记的，授权委托书和被代理人身份证明应当依法公证或者认证。

法例参照：

《土地登记办法》第 11 条："委托代理人申请土地登记的，除提交本办法第九条规定的材料外，还应当提交授权委托书和代理人身份证明。

代理境外申请人申请土地登记的，授权委托书和被代理人身份证明应当经依法公证或者认证。"

《房屋登记办法》第 15 条第 2 款："委托代理人申请房屋登记的，代理人应当提交授权委托书和身份证明。境外申请人委托代理人申请房屋登记的，其授权委托书应当按照国家有关规定办理公证或者认证。"

【基于代位权的代位申请】

债务人怠于申请不动产登记，对债权人造成损害的，债权人在依照《中华人民共和国合同法》第七十三条的规定获得人民法院的胜诉判决后，可以自己的名义代位债权人申请登记。

不动产登记机构办理登记后，应将登记结果书面通知债务人。

法例参照：

《合同法》第 73 条："因债务人怠于行使其到期债权，对债权人造成损害的，债权人可以向人民法院请求以自己的名义代位行使债务人的债权，但该债权专属于债务人自身的除外。

代位权的行使范围以债权人的债权为限。债权人行使代位权的必要费用，由债务人负担。"

《最高人民法院关于适用〈中华人民共和国合同法〉若干问题的解释（一）》第11条："债权人依照合同法第七十三条的规定提起代位权诉讼，应当符合下列条件：

（一）债权人对债务人的债权合法；

（二）债务人怠于行使其到期债权，对债权人造成损害；

（三）债务人的债权已到期；

（四）债务人的债权不是专属于债务人自身的债权。"

"台湾地区土地登记规则"第30条："下列各款登记，得代位申请之：

一、登记原因证明文件为法院确定判决书，其主文载明应由义务人先行办理登记，而怠于办理者，得由权利人代位申请之。

二、质权人依民法第九百零六条之一第一项规定办理土地权利设定或移转登记于出质人者。

三、典权人依民法第九百二十一条或第九百二十二条之一规定重建典物而代位申请建物所有权第一次登记者。

四、其他依法律得由权利人代位申请登记者。"

"台湾地区土地登记规则"第31条："建物灭失时，该建物所有权人未于规定期限内申请消灭登记者，得由土地所有权人或其它权利人代位申请；亦得由登记机关查明后径为办理消灭登记。

前项建物基地有法定地上权登记者，应同时办理该地上权涂销登记；建物为需役不动产者，应同时办理其供役不动产上之不动产役权涂销登记。

登记机关于登记完毕后，应将登记结果通知该建物所有权人及他项权利人。建物已办理限制登记者，并应通知嘱托机关或预告登记请求权人。"

【基于共同共有关系的代位申请】

在不动产权利的共同共有，共有人中的一人或数人为全体共有人的利益，可申请为共同共有。

不动产登记机构办理登记后，应将登记结果书面通知其他共有人。

法例参照：

"台湾地区土地登记规则"第 32 条："公同共有之土地，公同共有人中之一人或数人，为全体公同共有人之利益，得就公同共有土地之全部，申请为公同共有之登记。

登记机关于登记完毕后，应将登记结果通知他公同共有人。"

【到场申请原则】

申请人或者代理人应当亲自到场申请不动产登记，法律、行政法规另有规定的除外。

法例参照：

"台湾地区土地登记规则"第 40 条第 1 项："申请登记时，登记义务人应亲自到场，提出国民身分证正本，当场于申请书或登记原因证明文件内签名，并由登记机关指定人员核符后同时签证。"

【缴纳登记费用】

申请不动产登记的，申请人应当按照国家规定的收费标准缴纳登记费。

法例参照：

《物权法》第 22 条："不动产登记费按件收取，不得按照不动产的面积、体积或者价款的比例收取。具体收费标准由国务院有关部门会同价格主管部门规定。"

《房屋登记办法》第16条："申请房屋登记的，申请人应当按照国家有关规定缴纳登记费。"

【登记申请的撤回】

在不动产登记机构将申请登记事项记载于不动产登记簿之前，申请人可以部分或者全部撤回申请。

法例参照：

《房屋登记办法》第21条："房屋登记机构将申请登记事项记载于房屋登记簿之前，申请人可以撤回登记申请。"

【嘱托的适用范围】

有下列情形之一的，人民政府或者人民法院可嘱托不动产登记机构办理登记：

（一）人民政府依法征收或者没收不动产的；

（二）人民法院依法查封不动产的；

（三）法律规定的其他情形。

法例参照：

《土地登记办法》第63条："国土资源行政主管部门应当根据人民法院提供的查封裁定书和协助执行通知书，报经人民政府批准后将查封或者预查封的情况在土地登记簿上加以记载。"

《房屋登记办法》第35条第2款："因人民法院或者仲裁委员会生效的法律文书取得房屋所有权，人民法院协助执行通知书要求房屋登记机构予以登记的，房屋登记机构应当予以办理。房屋登记机构予以登记的，应当在房屋登记簿上记载基于人民法院或者仲裁委员会生效的法律文书予以登记的事实。"

【嘱托的材料】

除法律另有规定外，人民政府或者人民法院嘱托不动产登记时应当提供以下材料：

（一）书面形式的嘱托，列明登记事项、相关生效文书或者文件、人民政府或人民法院的签章等内容；

（二）具体办理嘱托人员的工作证、执行公务证明等有关证明文件。

法例参照：

《澳门物业登记法》第 34 条第 2 款："官方实体请求登记时，无须填写登记申请表格，但该请求应载于公函内，而公函中须指出请求登录之事实、作为该事实依据之文件及签署该公函之人之职务。"

《最高人民法院、国土资源部、建设部关于依法规范人民法院执行和国土资源房地产管理部门协助执行若干问题的通知》第 2 条第 3 款："人民法院执行人员到国土资源、房地产管理部门办理土地使用权或者房屋查封、预查封登记手续时，应当出示本人工作证和执行公务证，并出具查封、预查封裁定书和协助执行通知书。"

【主动登记的适用范围】

不动产登记机构不得主动办理登记，但法律另有规定的除外。

法例参照：

《瑞士土地登记法》第 11 条第 2 句："民法典和法令规定依职权程序（更正、注销、簿页重建）的，遵照这些例外规定。"

第二节　不动产登记的审查程序

一　审查的基本知识

登记申请或者嘱托到达登记机构，登记审查就要展开，而对申请的审查属于法律规范的重点。审查方式通常有形式审查和实质审查之分，前者只关注形式要件和程序事项，后者则还涉及物权变动原因、既有权利等实体要件和事项。为了落实实质审查，登记机构通过询问、实地查看等措施对相关事项进行调查，又称为裁判审查，以与只审验当事人提交的申请材料的窗口审查相区别。从比较法经验来看，现代社会注重私人利益的自治性，除非为了维护国家利益或社会公共利益，国家不得随意涉足私人生活和交易，故窗口审查为基本趋势。

审查方式的确定必须考虑相关的制度。就我国情况来看，不仅要着眼于物权公示等实体法制度，还应考虑登记审查的程序属性、登记审查对交易成本的影响、登记审查方式与当事人伪造权属证书和身份证明等来骗取登记等现实登记中弱项问题的关系。综合各种因素，在一般情况下，我国宜采用实质审查和窗口审查相结合的方式。据此，登记机构的审查范围主要包括：①本机构对登记的管辖权；②申请人或其代理人的完全行为能力或者资格；③登记申请材料的形式；④登记申请的内容；⑤登记义务人的权利；⑥证明文件的真实性等。[①]

二　登记申请的审查

登记申请是登记机构展开登记操作的最一般原因，对申请进行依法审查，是登记机构的最主要职责。从登记操作的流程来看，首先由当事人向登记机构申请登记，在申请到达登记机构后，登记机构应为初步的审查，遴选出明显不当的申请，不予受理，或者为其他的补正

---

① 参见常鹏翱《物权程序的建构与效应》，中国人民大学出版社，2005，第 183～188 页。

措施。登记机构受理申请即所谓的收件，这将启动正式的审查。故而，登记审查不仅存在于收件之后，而且还延及收件之时，它们的对象均指向登记申请，但审查方式和范围有所不同，应分别加以探讨。

（一）收件时的审查

登记申请到达登记机构，通常是登记程序启动的标志。到达在此采用狭义界定，即只有登记申请到达登记机构负责办理登记相关人员处时，才算到达。① 从我国登记实务来看，登记申请是私人向登记机构表达的改变登记簿记载信息的意思表示，登记机构不能拒收到达的申请，而是必须展开审查工作，以决定是否受理（《土地登记办法》第 12 条；《房屋登记办法》第 17 条第 1 款）。这种制度设计，不同于不予审查而必须收件的制度，② 后者要求只要申请人申请登记，登记机构即应收件，并将与收件有关的事项记载于收件簿与申请书。

显然，在此所谓的登记审查，是登记机构决定是否收件的前提，其目的只是将明显不合法的申请筛选出来，以减轻登记机构的工作负担，故登记机构的审查完全是形式审查，只要登记申请事项在登记机构的管辖范围，且登记申请材料在形式上符合法律规定，登记机构即可受理申请（《土地登记办法》第 12 条第 4 项）。至于登记申请内容是否合法，不在此时登记机构的审查范围。当然，如其内容明显违法，登记机构可拒绝受理。

登记机构一旦确定收件，即应准确记录受理时间，给申请人出具收件的证明，实践中通常是加盖登记机构公章的受理通知书，其中列明申请人提交的申请材料的明细等内容，由申请人签字。之所以如此，是为了督促登记机构高效、公正地运作登记程序，按照先来后到的顺序完成登记申请的审查，即申请时间在先者，完成登记的时间也应在先（《土地登记办法》第 36 条第 2 款）。而登记机构记录收件时间，以及给申请人出具收件证明，便于申请人核实申请受理的时间先后顺

---

① 参见〔德〕鲍尔/施蒂尔纳《德国物权法》上册，张双根译，法律出版社，2004，第 278 页。
② 参见温丰文《土地法》，作者自版，1996，第 185 页。

序，以之对照完成登记的时间先后顺序，进而保障自己的顺位利益。不过，这一制度目前缺乏实践支持，因为在办理诸如设立抵押权等登记时，申请时需向登记机关提交土地使用权证书、房屋所有权证书等，并在登记完成后才发还，这使得针对同一不动产提出若干登记申请在实践中不可能，[①] 故而，只有改变目前这一实践操作机制，才能在收件时间与顺位之间直接挂钩。

如果登记申请的不动产不在登记机构的辖区，登记机构当场即可决定不予受理，并告知申请人向有权管辖的登记机构申请（《土地登记办法》第 12 条第 1 项）；如果登记申请材料的错误当场即可更正，登记机构应告知当事人当场更正，并在更正后受理（《土地登记办法》第 12 条第 2 项）；如果登记申请材料不齐全或形式不符合法定要件，登记机构应当场或在收到登记申请的法定期限内，用合理形式告知申请人当为的补正事项，在当事人补正后再予以受理（《土地登记办法》第 12 条第 3 ~ 4 项；《房屋登记办法》第 17 条第 2 款）。

（二）收件后的审查

有关不动产物权变动的登记申请在实务中最常见，为了确保物权变动合法，登记机构势必要审查物权权属正当性、物权变动原因合法性等实体法律事项，并在合理和必要的限度内，依据职权裁量是否询问申请人、要求申请人补充材料、实地查看等（《物权法》第 12 条），故而，我国登记机构目前在收件后的登记审查方式为实体审查和裁判审查。

在登记实践中，不动产登记机构的首要审查对象是申请材料。申请材料是登记机构进行审查的前提，也是判断审查行为合法性和正当性的标准，这意味着，登记机构的审查应尊重申请的事项范围，在解释申请时，还应尊重申请书的表达。在登记机构认为需要进一步查明有关情况时，可要求申请人进一步提交相关材料（《房屋登记

---

① 参见北京大学法学院房地产法研究中心《土地登记条例起草项目结题报告》，北京大学法学院房地产法研究中心 2010 年印制，第 28 页。

办法》第 18 条第 2 款）；也可根据不同的申请询问当事人，如就申请事项是否是申请人的真实意思表示、申请登记房屋是否为共有房屋、房屋登记簿记载的权利人是否同意更正，以及申请登记材料中需进一步明确的其他有关事项询问申请人，并制作询问笔录，结果应当经申请人当场签字确认，并归档保留（《房屋登记办法》第 18 条第 1 款）。在申请不动产所有权设立登记、在建工程抵押权设立登记、不动产灭失导致的权利注销登记等情形，不动产登记机构应当实地查看，并如实记录查看，申请人还应当予以配合（《房屋登记办法》第 19 条）。①

再者，为了达到兼听则明的效用，不动产登记机构在法律规定的情形或者认为有必要的情形，可以就申请事项进行公告，听取利害关系人或者社会公众的意见，从而为审查结果的正当性提供良好基础。

三 登记嘱托的审查

登记嘱托是法院等国家机构向登记机构提交的旨在通过登记实现特定公共治理目的和体现国家意志的行为，这种定性决定了登记机构只有积极协助，无权对嘱托事项的合法性和妥当性进行实体审查，只能向嘱托机构提出审查建议（《最高人民法院、国土资源部、建设部关于依法规范人民法院执行和国土资源房地产管理部门协助执行若干问题的通知》第 3 条；《土地登记办法》第 64 条）。在此情况下，一旦出现登记错误，由作出错误嘱托的机构承担赔偿责任，登记机构不承担任何责任（《最高人民法院关于审理人民法院国家赔偿确认案件若干问题的规定（试行）》第 11 条；《最高人民法院关于房地产管理部门协助人民法院执行造成移转登记错误，人民法院对当事人提起的行政诉讼的受理及赔偿责任问题的复函》）。

---

① 不动产登记机构有权审查登记申请文件、询问申请人、要求申请人补充相关文件、实地查看，被视为实质审查的标志。参见陈明灿《台湾土地登记审查制度与相关法律问题分析》，《2010 两岸四地财产法学术研讨会论文集》，台湾中正大学法学院暨法律学系、台湾财产法暨经济法研究协会 2010 年印制，第 311 页。

由此可知，嘱托事项是否合法和妥当，登记机构无权过问。但这并不当然表明登记机构必须按照登记嘱托办理登记，登记机构至少在两个方面要慎重审查嘱托：①嘱托机构有无相应权力，如果答案为否，则登记机构不能根据嘱托进行登记，这是依法行政、权力制衡的本有之意；②嘱托形式是否合法，如果答案为否，即便嘱托的实体事项没有问题，登记机构仍然可拒绝办理登记。

不过，根据现有规范，对于法院的土地查封嘱托，登记机构只有在报经政府批准后才能办理查封登记（《土地登记办法》第 63 条），其中的报批程序增加了登记嘱托办理的环节，最终结果可能是将对嘱托的实体审查权力转移到政府。这样一来，法院的生效法律文书能否具有实际执行力，就要取决于政府。在我国，法院的诸多方面本来就受制于政府，如再让政府来评定法院文书的可执行性，就会使本来就独立性不强的法院的公信力更岌岌可危，也不利于相关利益人的利益保障，故而，登记机构办理嘱托登记过程中的报批程序实在不妥，应予取消。

附录　不动产登记的审查程序规范

【登记申请的受理程序】

不动产登记申请材料齐全、符合法定形式，不动产登记机构应当当场受理，并出具书面凭证，载明受理日期、收取的申请资料等事项，由申请人签字认领。

法例参照：

《土地登记办法》第 12 条："对当事人提出的土地登记申请，国土资源行政主管部门应当根据下列情况分别作出处理：

（一）申请登记的土地不在本登记辖区的，应当当场作出不予受理的决定，并告知申请人向有管辖权的国土资源行政主管部门申请；

（二）申请材料存在可以当场更正的错误的，应当允许申请人当场更正；

（三）申请材料不齐全或者不符合法定形式的，应当当场或者在五日内一次告知申请人需要补正的全部内容；

（四）申请材料齐全、符合法定形式，或者申请人按照要求提交全部补正申请材料的，应当受理土地登记申请。"

《房屋登记办法》第17条第1款："申请人提交的申请登记材料齐全且符合法定形式的，应当予以受理，并出具书面凭证。"

【登记申请受理的效力】

针对同一不动产或者不动产权利有数个不动产登记申请的，不动产登记机构应当为受理时间在先且符合法定条件的申请优先办理登记。

法例参照：

《德国土地登记法》第13条第2款："应在申请上标注申请到达土地登记局的准确时间。申请提交给负责接受的人时，该申请到达土地登记局。向该接受人提出要求笔录的申请于笔录结束时到达。"

《德国土地登记法》第17条："多个申请涉及同一个权利的，在为先前提出的申请完成登记之前，不应为后来的申请办理登记。"

【登记申请的不予受理】

不动产登记申请有下列情形之一的，不动产登记机构应当当场出具不予受理决定书，载明不予受理的原因、申请人的补正措施、申请复议或者起诉的机关及期限等内容：

（一）申请登记的不动产不在本登记辖区的；

（二）申请材料不齐全或者不符合法定形式的。

法例参照：

《房屋登记办法》第 17 条第 2 款："申请人提交的申请登记材料不齐全或者不符合法定形式的，应当不予受理，并告知申请人需要补正的内容。"

【审查申请的一般规范】

不动产登记机构在受理不动产登记申请后，应当审查下列事项：

（一）申请人或其监护人、代理人的身份、行为能力、资格和处分权限；

（二）申请人意思表示的真实性和合法性；

（三）申请事项的合法性；

（四）申请材料的真实性；

（五）法律规定的其他事项。

法例参照：

《物权法》第 12 条第 1 款："登记机构应当履行下列职责：

（一）查验申请人提供的权属证明和其他必要材料；

（二）就有关登记事项询问申请人；

（三）如实、及时登记有关事项；

（四）法律、行政法规规定的其他职责。"

【询问申请人的特别规范】

不动产登记机构认为必要的，可以就申请事项询问申请人，制作询问笔录。询问结果应当经申请人签字确认，并归档保留。

法例参照：

《土地登记办法》第 13 条："国土资源行政主管部门受理土地登记申请后，认为必要的，可以就有关登记事项向申请人询问，也可以对申请登记的土地进行实地查看。"

《房屋登记办法》第 18 条："房屋登记机构应当查验申请登记材料，并根据不同登记申请就申请登记事项是否是申请人的真实意思表示、申请登记房屋是否为共有房屋、房屋登记簿记载的权利人是否同意更正，以及申请登记材料中需进一步明确的其他有关事项询问申请人。询问结果应当经申请人签字确认，并归档保留。"

【补充材料的特别规范】

申请登记的有关事项需要进一步证明的，不动产登记机构可以要求申请人补充材料。

法例参照：

《物权法》第 12 条第 2 款："申请登记的不动产的有关情况需要进一步证明的，登记机构可以要求申请人补充材料，必要时可以实地查看。"

《房屋登记办法》第 18 条第 2 款："房屋登记机构认为申请登记房屋的有关情况需要进一步证明的，可以要求申请人补充材料。"

【实地查看的特别规范】

办理下列不动产登记，不动产登记机构应当实地查看，制作查看记录，并归档保留：

（一）农村集体土地所有权设立登记；

（二）房屋所有权设立登记；

（三）在建工程抵押权登记；

（四）因不动产灭失导致的注销登记；·

（五）法律规定的其他不动产登记。

不动产登记机构实地查看时，申请人应当予以配合。

法例参照：

《房屋登记办法》第 19 条："办理下列房屋登记，房屋登记机构应当实地查看：

（一）房屋所有权初始登记；

（二）在建工程抵押权登记；

（三）因房屋灭失导致的房屋所有权注销登记；

（四）法律、法规规定的应当实地查看的其他房屋登记。

房屋登记机构实地查看时，申请人应当予以配合。"

【公告的特别规范】

不动产登记机构在法律规定的情形或者认为有必要的情形，可以就申请事项进行公告，听取利害关系人或者社会公众的意见。

【审查嘱托的一般规范】

人民政府或者人民法院嘱托办理不动产登记的，不动产登记机构不对相关生效法律文书或者文件进行实体审查，应当按照人民政府或者人民法院的要求办理登记。

不动产登记机构认为人民政府或者人民法院的相关生效法律文书或者文件错误的，可以提出审查建议，但不得停止办理登记。

法例参照：

《民事诉讼法》第 227 条："在执行中，需要办理有关财产权证照转移手续的，人民法院可以向有关单位发出协助执行通知书，有关单位必须办理。"

《土地登记办法》第 64 条："国土资源行政主管部门在协助人民法院执行土地使用权时，不对生效法律文书和协助执行通知书进行实体审查。国土资源行政主管部门认为人民法院的查封、预查封裁定书或者其他生效法律文书错误的，可以向人民法院提出审查建议，但不得停止办理协助执行事项。"

《房屋登记办法》第 35 条第 2 款："因人民法院或者仲裁委员会生效的法律文书取得房屋所有权，人民法院协助执行通知书要求房屋登记机构予以登记的，房屋登记机构应当予以办理。房屋登记机构予以登记的，应当在房屋登记簿上记载基于人民法院或者仲裁委员会生效的法律文书予以登记的事实。"

第三节　不动产登记的决定程序

不动产登记决定存在办理登记、暂缓登记和拒绝登机三种形态，它们的基本知识点分别如下。

第一，办理登记。这方面的要点有：①登记申请完全符合法律规定的，登记机构可以办理登记；②登记申请事项必须符合法律规定要件，即导致不动产物权变动的法律行为有效、登记对象有登记能力、登记事项处于登记机构的管辖范围、登记申请符合程序要求；③办理登记应当遵循法律程序，即登记机构将登记申请内容记录于登记簿中，建立内部登记卷宗，通知关联人并向权利人发放权利证书。

第二，暂缓登记。这方面的要点有：①登记申请具有实体法的正当基础，但缺乏法律规定的形式要件，登记机构可以要求当事人补正这些缺陷，在补正完成之前，登记机构不办理登记，此即暂缓登记；②暂缓登记具有保全申请的法律效力，登记申请不因存在这些瑕疵而丧失法律效力；③暂缓登记应当符合的条件为：登记机构必须以书面形式将暂缓登记的决定通知当事人，当事人必须在法律规定的期限内补正登记申请的瑕疵。

　　第三，拒绝登记。这方面的要点有：①登记申请存在根本性缺陷而不能补救的，登记机构可以驳回申请，拒绝登记；②登记机构必须采用书面形式向当事人下发驳回申请的决定，其中要述明理由、法律依据以及当事人的救济途径；③当事人不服登记机构驳回申请决定的，有权在法律规定的期限内，请求登记机构复审，或者向法院提起诉讼。①

　　在我国登记实践中，登记的决定程序包括了办理登记和拒绝登记（《房屋登记办法》第 20 条、第 22 条），没有暂缓登记，是为不足。暂缓登记针对的是登记申请事项在实体基本上没有问题，但形式上有欠缺的情形，该情形实属应办理登记和不予登记的中间状态，不能简单地为它们所包容，应予独立。

　　办理登记、暂缓登记与拒绝登记均是登记机构审查登记申请之后的决定和后果，但它们存有本质区别，主要体现在：①办理登记是登记机构对登记申请事项正当性的认可，登记由此产生各种实体性法律效果；②暂缓登记暂时保留了申请的时间顺序，并为申请人提供了进一步完善申请材料的机会，它能否转化为办理登记，完全取决于申请人的补正情况；③拒绝登记使得申请完全丧失法律效力，结果视同没有提出申请。当然，这三项决定均事关申请人的利益，无论何者，均要受到严格的程序控制，否则，其正当性就要受到质疑。其中最主要的控制手段之一即规定登记机构作出最终决定的期限，以督促登记机构及时行为（《土地登记办法》第 19 条；《房屋登记办法》第 23 条）。

　　需要指明的是，暂缓登记是一种不确定的状态，它最终要么转换成办理登记，要么就是拒绝登记，故而，从实质后果来看，这三项决定最终归为办理登记和拒绝登记。一旦登记决定确定为办理登记或拒绝登记，就意味着登记程序的终结，基于程序不可逆的基本道理，只要程序结果确定，即不得因同一事项而重新启动。再者，办理登记和

---

　　①　参见常鹏翱《物权程序的建构与效应》，中国人民大学出版社，2005，第 190～194 页。

拒绝登记均是不动产登记机构代表国家作出的公权力行为，不服这些决定者只要符合法律规定的要件，即可向法院提起行政诉讼，请求法院对这些行为的正当性和合法性作出审查。

附录　不动产登记的决定程序规范

【作出决定的时限】

自受理不动产登记申请之日起，不动产登记机构应当于下列时限内，完成不动产登记审查，并作出办理登记、暂缓登记或者不予登记的决定：

（一）农村集体土地所有权登记，60个工作日；

（二）房屋所有权登记，30个工作日；

（三）建设用地使用权、土地承包经营权、宅基地使用权、地役权等用益物权的登记，30个工作日；

（四）不动产抵押权登记、预告登记、更正登记、信托登记，10个工作日；

（五）异议登记、涉及租赁权的登记，1个工作日。

需要申请人补充申请材料或者公告的，补充材料时间以及公告时间不计入前款规定的时限。

因特殊原因需要延长时限的，经不动产登记机构负责人批准可以延长，但最长不得超过原时限的一倍。

法例参照：

《土地登记办法》第19条："国土资源行政主管部门应当自受理土地登记申请之日起二十日内，办结土地登记审查手续。特殊情况需要延期的，经国土资源行政主管部门负责人批准后，可以延长十日。"

《房屋登记办法》第23条："自受理登记申请之日起，房屋登记机构应当于下列时限内，将申请登记事项记载于房屋登记簿或者作出不予登记的决定：

（一）国有土地范围内房屋所有权登记，30 个工作日，集体土地范围内房屋所有权登记，60 个工作日；

（二）抵押权、地役权登记，10 个工作日；

（三）预告登记、更正登记，10 个工作日；

（四）异议登记，1 个工作日。

公告时间不计入前款规定时限。因特殊原因需要延长登记时限的，经房屋登记机构负责人批准可以延长，但最长不得超过原时限的一倍。

法律、法规对登记时限另有规定的，从其规定。"

【办理登记的程序】

不动产登记申请符合法律规定的要件的，不动产登记机构应当将申请事项记载于不动产登记簿中，并向权利人颁发权利证书或者向申请人颁发异议登记、预告登记等登记证明。

人民政府或者人民法院嘱托不动产登记的，不动产登记机构应当将嘱托事项记载于不动产登记簿中，并将结果书面通知嘱托的人民政府或者人民法院。

不动产登记机构依法主动办理不动产登记的，应当将结果书面通知不动产登记簿中记载的权利人或者其他利害关系人。

非经法定程序，任何人不得擅自改变不动产登记簿以及权利证书或者登记证明记载的事项。

法例参照：

《土地登记办法》第 14 条："国土资源行政主管部门应当对受理的土地登记申请进行审查，并按照下列规定办理登记手续：

（一）根据对土地登记申请的审核结果，以宗地为单位填写土地登记簿；

（二）根据土地登记簿的相关内容，以权利人为单位填写土地归户卡；

（三）根据土地登记簿的相关内容，以宗地为单位填写土地权利证书。对共有一宗土地的，应当为两个以上土地权利人分别填写土地权利证书。

国土资源行政主管部门在办理土地所有权和土地使用权登记手续前，应当报经同级人民政府批准。"

《房屋登记办法》第 20 条第 1 款："登记申请符合下列条件的，房屋登记机构应当予以登记，将申请登记事项记载于房屋登记簿：

（一）申请人与依法提交的材料记载的主体一致；

（二）申请初始登记的房屋与申请人提交的规划证明材料记载一致，申请其他登记的房屋与房屋登记簿记载一致；

（三）申请登记的内容与有关材料证明的事实一致；

（四）申请登记的事项与房屋登记簿记载的房屋权利不冲突；

（五）不存在本办法规定的不予登记的情形。"

【暂缓登记的程序】

有下列情形之一的，不动产登记机构应当暂缓登记：

（一）不动产登记申请文书不符合法律规定的形式；

（二）未依法缴纳登记费用或者税收的；

（三）法律规定的其他情形。

暂缓登记的，不动产登记机构应当以书面形式通知申请人在 15 日内补正相关事项。

暂缓登记不影响登记申请受理时间的顺序，但申请人逾期不补正或者没有完全补正的除外。

法例参照：

《德国土地登记法》第 18 条第 1 款："申请遇到难以登记情况的，土地登记局要么澄清理由拒绝申请，要么为申请人确定一个适当的期限以排除该障碍。在后一情况，在期间届满后，申请人无法证明已经排除障碍的，登记机构得拒绝申请。"

【拒绝登记的程序】

有下列情形之一的，不动产登记机构应当拒绝登记：

（一）申请事项依法不能登记的；

（二）申请事项违背法律强行性规定或者社会公共利益的；

（三）申请事项涉及的不动产权属争议尚未解决的；

（四）申请人逾期没有补正或者没有完全补正暂缓登记决定要求事项的；

（五）法律规定的其他情形。

拒绝登记的，不动产登记机构应当以书面形式通知申请人，并写明理由、法律依据以及申请人的救济途径。

自拒绝登记决定作出之日起，不动产登记申请丧失法律效力，不动产登记机构应在不动产登记申请书上注明拒绝登记，连同其他申请材料全部发还申请人。

法例参照：

《土地登记办法》第 18 条第 1 款："有下列情形之一的，不予登记：

（一）土地权属有争议的；

（二）土地违法违规行为尚未处理或者正在处理的；

（三）未依法足额缴纳土地有偿使用费和其他税费的；

（四）申请登记的土地权利超过规定期限的；

（五）其他依法不予登记的。"

《房屋登记办法》第20条第2款："登记申请不符合前款所列条件的，房屋登记机构应当不予登记，并书面告知申请人不予登记的原因。"

《房屋登记办法》第22条："有下列情形之一的，房屋登记机构应当不予登记：

（一）未依法取得规划许可、施工许可或者未按照规划许可的面积等内容建造的建筑申请登记的；

（二）申请人不能提供合法、有效的权利来源证明文件或者申请登记的房屋权利与权利来源证明文件不一致的；

（三）申请登记事项与房屋登记簿记载冲突的；

（四）申请登记房屋不能特定或者不具有独立利用价值的；

（五）房屋已被依法征收、没收，原权利人申请登记的；

（六）房屋被依法查封期间，权利人申请登记的；

（七）法律、法规和本办法规定的其他不予登记的情形。"

【程序维持原则】

不动产登记程序一经完成，就具有确定的法律效力。

同一不动产登记事项不得适用两次以上相同性质的不动产登记程序。

法例参照：

《物权法》第13条第2项："登记机构不得有下列行为：

……

（二）以年检等名义进行重复登记；

……"

第七章

土地总登记程序

　　土地总登记是登记机构在一定时间内对全国或者某个地区的土地及其权利状况进行的全面的、统一的登记，以便于国家了解土地及其权利状况，为国家管理土地、实施土地政策提供依据，是地籍整理工作的一个重要方面。[①] 从我国大陆地区的实践经验来看，土地总登记有如下特性：①第一次登记，据此可确定土地物理状况和权利状况，并在此基础上办理诸如设立地役权、抵押权等不动产物权变动的登记；②静态登记，而非土地权利移转、分割、合并、设定、增减或消灭等动态登记；③全面登记，即指在一定时间内对辖区内全部土地或者特定区域内土地进行的全面登记（《土地登记办法》第21条），在此之前，登记机构应将该登记区的地籍图公布，由土地所有权人、其他权利人和义务人共同申请；④任意登记。我国大陆地区的土地实行公有制，为国家或集体所有（《物权法》第47条、第58条），在此前提下，即便土地权利人逾期未申请登记，该土地也不是无主土地，这使我国大陆地区的土地总登记不像台湾地区那样有强制性。在台湾地区，逾登记期限无人申请的土地，或经申请而逾限未补缴证明文件的，其土地视为无主土地，由登记机关公告，公告期满无人提出异议，即为

---

① 参见许明月等《财产权登记法律制度研究》，中国社会科学出版社，2002，第190页。

"国有"土地登记（"台湾地区土地法"第57条）。

　　土地总登记的程序大致如下：①调查地籍，即调查每宗土地的坐落、种类、界址、所有权人、其他物权人或者使用人的姓名、住址及使用状况，目的在于了解土地的客观状态和权属关系，以便填发通知及审查登记案件。②公布登记区及登记期限，即通过公布举办总登记的区域范围，以便土地权利人申请登记；通过公布每一登记区接收登记申请的期限，以便土地权利人有所依循（《土地登记办法》第22条）。③接收文件，即在申请登记，登记机构接收登记申请人提出的文件，这些文件包括登记申请书、登记原因证明文件、申请人身份证明等，还要在此时缴纳登记费用；在嘱托登记，登记机构接收嘱托机关补缴的证明文件；对于无保管或使用机关的公有土地以及因地籍整理而发现的公有土地，由登记机构直接登记。④审查并公告，即登记机构接收申请或嘱托后即应审查，如申请或嘱托形式要件不完备，登记机构限期令申请人或嘱托人补正；如登记原因有瑕疵，或有其他不适于登记的情形，应以书面说明理由驳回；如审查证明无误，应在法定地点公告，列明权利人的姓名和地址、土地标示和权利范围、公告起始日期、土地权利人以及利害关系人提出异议的期限、方式和受理机关（《土地登记办法》第23条、第24条）。⑤登记、发给书状并造册，即将审查公告确定的土地标示及其权利状态登载于登记簿，并给权利人颁布权利证明文件，而每一登记区应依登记结果，编造登记总簿以永久保存。①

附录　土地总登记程序规范

【土地总登记的界定】

　　土地总登记，是指不动产登记机构在一定时间内对辖区内全部土

---

① 参见温丰文《土地法》，作者自版，1996，第168～180页；徐台玉编著《最新土地登记法规与实务》，作者自版，2001，第2－1～2－3页。

地或者特定区域内土地进行的全面登记。

法例参照：

《土地登记办法》第21条："本办法所称土地总登记，是指在一定时间内对辖区内全部土地或者特定区域内土地进行的全面登记。"

【土地总登记的通告】

不动产登记机构在进行土地总登记时，应当以合理方式在适当处所发布通告。通告的主要内容包括：

（一）土地登记区的划分；

（二）土地登记的期限；

（三）土地登记收件地点；

（四）土地登记申请人应当提交的相关文件材料；

（五）需要通告的其他事项。

法例参照：

《土地登记办法》第22条："土地总登记应当发布通告。通告的主要内容包括：

（一）土地登记区的划分；

（二）土地登记的期限；

（三）土地登记收件地点；

（四）土地登记申请人应当提交的相关文件材料；

（五）需要通告的其他事项。"

【土地总登记的公告】

对符合土地总登记要求的宗地，由不动产登记机构以合理方式在适当处所予以公告，公告期间不少于 15 日。公告的主要内容包括：

（一）土地权利人的姓名或者名称、地址；

（二）准予登记的土地坐落、面积、用途、权属性质、类型和期限；

（三）土地权利人及其他利害关系人提出异议的期限、方式、受理机构和处理该异议的程序；

（四）公告的起止日期；

（五）需要公告的其他事项。

法例参照：

"台湾地区土地登记规则"第 72 条："登记机关对审查证明无误之登记案件，应公告十五日。"

"台湾地区土地登记规则"第 73 条："前条公告，应于主管登记机关之公告处所为之，其内容应载明下列事项：

一、申请登记为所有权人或他项权利人之姓名、住址。

二、土地标示及权利范围。

三、公告起讫日期。

四、土地权利关系人得提出异议之期限、方式及受理机关。"

《土地登记办法》第 23 条："对符合总登记要求的宗地，由国土资源行政主管部门予以公告。公告的主要内容包括：

（一）土地权利人的姓名或者名称、地址；

（二）准予登记的土地坐落、面积、用途、权属性质、使用权类型和使用期限；

（三）土地权利人及其他利害关系人提出异议的期限、方式和受理机构；

（四）需要公告的其他事项。"

【土地总登记的办理】

公告期满，土地权利人及其他利害关系人对土地总登记审核结果无异议或者异议不成立的，由不动产登记机构办理土地总登记。

法例参照：

《土地登记办法》第 24 条："公告期满，当事人对土地总登记审核结果无异议或者异议不成立的，由国土资源行政主管部门报经人民政府批准后办理登记。"

第八章

不动产物权变动的登记程序

　　物权变动指物权的设立、变更、转让和消灭（《物权法》第 2 章），根据这些形态，不动产物权变动登记可分为指向物权设立的设立登记、指向物权转让的移转登记、指向物权变更的变更登记和指向物权消灭的注销登记。在不动产登记法律体系中，物权变动登记是最主要的部分，登记申请、审查、决定等一般程序均围绕它而展开和运作。在一般程序的引导下，不动产登记法对不动产物权变动登记的规范，主要针对具体形态的各自特点，设定申请登记的有关材料以及某些特别程序。就此而言，本类登记并无太多的法理可言，其内容主要在具体化一般程序法理，并提供若干补充规范。

第一节　设立登记程序

　　设立登记即首次取得不动产物权的登记，它标志着物权的新生，可称为初始登记。如此定义表明，设立登记旨在以从未办理过权属登记的不动产为客体创设新物权，它能涵盖的形态是所有权的首次取得登记和他物权的设立登记，至于通过合同、继承等取得已经登记的不动产所有权，乃所有权在不同主体之间的移转，属于移转登记。必须提及的是，在此所谓的设立登记并不限定于通过登记来设定物权的情形，如房屋抵押权登记，还包括通过登记的方式将已经设定的物权表现出来，如在宅基地上所建房屋所有权的登记、地役权登记。

一　所有权设立登记程序

（一）农民集体土地所有权的设立登记

鉴于我国国有土地所有权无须登记，只有农民集体土地所有权才存在设立登记，这也是当前我国政治生活的重点任务之一。执政党与中央人民政府近些年对此颇为重视，连续颁文予以强调，主要表现为：①2008 年中国共产党十七届三中全会《中共中央关于推进农村改革发展若干重大问题的决定》要求搞好土地确权、登记、颁证工作；②《中共中央、国务院关于 2009 年促进农业稳定发展农民持续增收的若干意见》要求做好集体土地所有权确权登记颁证工作，将权属落实到法定行使所有权的集体组织；③2010 年中央一号文件《中共中央、国务院关于加大统筹城乡发展力度进一步夯实农业农村发展基础的若干意见》要求加快农村集体土地所有权等的确权登记颁证工作，力争用三年时间把农村集体土地所有权证确认到每个具有所有权的农民集体经济组织。

农民集体土地所有权登记既然是首次登记，就无相对人协助申请的可能，农民集体由此只能单方申请登记，并提交土地所有权的证明材料（《土地登记办法》第 32 条），它可以是证明土地权属的历史资料、区划文件等，也可以是法院的有效法律文书或者政府的有效决定等（《物权法》第 28 条）。此外，由于申请农民集体土地所有权的设立登记涉及全体集体成员的利益，依法应由村民大会或者由村民会议授权经村民代表会议讨论通过（《村民委员会自治法》第 24 条、第 25 条），故而，村民大会或者村民代表会议的同意证明，应当是申请登记的必要材料。

由于农民集体在我国是一种虚化主体，[①] 在这一主体缺位的现实

---

① 参见孙宪忠编著《物权法》，社会科学文献出版社，2005，第 194～195 页。

面前，必须由适格的主体代表它申请所有权设立登记，即①土地归村农民集体所有的，申请人应为村集体经济组织或者村民委员会；②土地归村内两个以上农民集体所有的，申请人应为村内的各该集体经济组织或者村民小组；③土地归乡镇农民集体所有的，申请人应为乡镇集体经济组织（《物权法》第60条）。不过，农民集体所有是集体成员集体所有（《物权法》第59条第1款），上述申请人在法理上不能作为农村土地所有权主体，故而，除非法律另有规定，登记簿上以及所有权证书上的权利主体应是村（组、乡）农民集体（《国土资源部关于依法加快集体土地所有权登记发证工作的通知》）。

还应明确的是，只有未经土地总登记的农民集体土地所有权才有必要设立登记，否则，它们都属于权属的首次登记，在规范运用上难以区分。但这不妨碍设立登记借鉴土地总登记中的公告程序，因为农民集体土地所有权的设立登记事关土地所有权的归属，会涉及国家利益或者其他农民集体的利益，为了确保登记正确，宜在农民集体向不动产登记机构申请设立登记，登记机构予以审查后，公告申请人、土地、利益关系人异议等相关事项，在公告期限内无异议或者异议不成立的，由登记机构办理登记。

（二）房屋所有权的设立登记

作为土地的添附物，房屋因人工建造而生成，在其足以避风雨，可达到经济上使用的目的时，[①] 在法律上即被定位成不动产，进而可能负载所有权。之所以说"可能"，是因为并非所有的房屋均能成为所有权客体，只有被合法建造者才能负载所有权（《物权法》第30条）。在房屋合法建成后，所有权无须登记即已产生，设立登记只是房屋所有权能被自由处分的要件（《物权法》第30~31条）。

在此所谓的"合法"，是符合与建筑相关的公法管制规范，目的在于确保权属来源和建筑行为正当，一般要符合以下标准：①房屋所在的土地属于建设用地或者宅基地，且建设用地使用权或者宅基地使

---

① 参见王泽鉴《民法总则》，中国政法大学出版社，2001，增订版，第210页。

用权有正当权源；②获得建设工程规划许可；③建设工程竣工验收合格；④法律规定的其他要求，如有房屋面积测绘技术成果报告、公安部门核准的门楼牌号等。

在我国登记实践中，国有土地范围内的房屋所有权设立登记相对比较简单，由建造人单方申请登记即可，需要提交建设用地使用权证明、建筑工程符合规划的证明、房屋已竣工的证明、房屋面积测绘报告、房产平面图等材料（《房屋登记办法》第30条）。此外，房地产开发企业开发建设的商品房是国有土地上房屋的主力军，其中的大部分涉及建筑物区分所有权，问题在于，建筑区划内依法属于全体业主共有的公共场所、公用设施、物业服务用房等专有部分的所有权（《物权法》第73条；《最高人民法院关于审理建筑物区分所有权纠纷案件具体应用法律若干问题的解释》第3条）难以由全体业主申请设立登记。为了解决这个问题，宜由房地产开发企业在申请商品房所有权设立登记时，连带申请共有部分所有权的设立登记，由不动产登记机构登记为全体业主共有（《房屋登记办法》第31条）。

农民集体所有土地范围内的房屋所有权设立登记程序相对要复杂一些，主要表现为：①申请人除了向不动产登记机构提交宅基地使用权证明或者农民集体所有建设用地使用权证明、房屋符合城乡规划的证明、房屋测绘报告、住房平面图等材料外，申请人如为村民个人的，还要提交房屋所在地农民集体经济组织出具的申请人为本组织成员的证明；申请人如为农民集体经济组织的，还要提交村民会议同意或者由村民会议授权经村民代表会议同意的证明（《房屋登记办法》第83条）。②不动产登记机构受理申请后，要在房屋所在地的农民集体经济组织内进行公告，经公告无异议或者异议不成立的，方可予以登记（《房屋登记办法》第84条）。

二　他物权设立登记程序

我国的不动产他物权包括两类权利，即作为用益物权的土地使用权和作为担保物权的抵押权，前者可细分为国有建设用地使用权、集体建设用地使用权、土地承包经营权、宅基地使用权和地役权。因为类型和属性不同,申请不动产他物权设立登记的条件以及所需的材料有所不同。

(一) 国有建设用地使用权设立登记

在我国土地所有权不能流转的前提下,国有建设用地使用权在土地权利中占据了基础性地位,其取得必须登记,不登记即无从取得(《物权法》第 139 条),此即强制登记。申请国有建设用地使用权设立登记,根据权利取得原因——划拨、出让、划拨转为出让、租赁或授权经营——的不同,所应提交的材料分别为县级以上人民政府的批准用地文件、国有土地划拨决定书、建设项目竣工验收报告、国有建设用地使用权出让合同、土地出让价款缴纳凭证、原国有土地使用证、租赁合同、土地租金缴纳凭证、土地使用权出资或入股批准文件、土地资产处置批准文件等(《土地登记办法》第 26~31 条)。

(二) 集体建设用地使用权设立登记

申请集体建设用地使用权设立登记的,根据取得原因——本集体成员申请、集体土地所有权人以集体建设用地使用权入股、联营等形式兴办企业——的不同,所应提交的材料分别为有批准权的人民政府的批准用地文件、相关合同等(《土地登记办法》第 33~34 条)。

(三) 土地承包经营权设立登记

土地承包经营权因承包合同有效成立而产生,其设立登记为任意登记,是否登记,由当事人自由决定,不登记的不能对抗第三人(《物权法》第 127 条第 1 款)。承包合同的内容包括当事人双方的情况、承包土地的状况、承包期限、承包土地的用途、当事人双方的权利和义务、违约责任(《农村土地承包法》第 21 条)。当事人申请土地承包经营权的设立登记,应当提交承包合同(《土地登记办法》第 35 条)。如果农民集体所有的土地由本集体经济组织以外的单位或者个人承包经营的,还应提交村民会议 2/3 以上成员或者 2/3 以上村民代表的同意证明以及报乡(镇)人民政府的批准文书(《土地管理法》第 15 条第 2 款;《农村土地承包法》第 48 条第 1 款)。

此外,需要注意的是,以家庭承包方式取得承包经营权的,由发包方——村集体经济组织或者村民委员会、村内农民集体经济组织或者村民小组（《农村土地承包法》第 12 条）——申请登记（《水域滩涂养殖发证登记办法》第 10 条第 1 项；《农村土地承包经营权证管理办法》第 7 条第 1 项）；以招标、拍卖、公开协商等方式取得承包经营权的，由承包方——本集体经济组织的农户、成员、本集体经济组织以外的单位或者个人（《农村土地承包法》第 47～48 条）① ——申请登记（《水域滩涂养殖发证登记办法》第 11 条第 1 项；《农村土地承包经营权证管理办法》第 8 条）。

（四） 宅基地使用权设立登记

申请宅基地使用权设立登记，应当提交经乡（镇）人民政府审核并经县级人民政府批准的文书等材料（《土地管理法》第 62 条第 3 款）。另外，在办理该项登记时须注意以下要求：①农村村民一户只能拥有一处宅基地，除继承外，不受理申请第二宗宅基地使用权登记申请；②对城镇居民在农村购买和违法建造住宅申请宅基地使用权登记的申请，不予受理；③严格执行宅基地面积标准，原则上不得超过省（区、市）的标准（《国土资源部关于进一步加快宅基地使用权登记发证工作的通知》第 3 点）。

（五） 地役权设立登记

地役权基于当事人的约定而产生，该合同采用书面形式，内容包括当事人的姓名或者名称和住所、供役地和需役地的位置、利用目的和方法、利用期限、费用及其支付方式、解决争议的方法（《物权法》第 157 条）。地役权的设立登记为任意登记（《物权法》第 158 条），是否登记完全取决于当事人申请与否，法律不予强制。

一旦当事人决定申请地役权的设立登记，除了向不动产登记机构提交申请书之外，还应提交地役权合同原件、需役地和供役地的权属证明等材料（《土地登记办法》第 37 条第 1 款；《房屋登记办法》第

---

① 对以农户作为土地承包经营权主体的分析，参见崔文星《中国农地物权制度论》，法律出版社，2009，第 108～112 页。

64 条）。此外，在实践中，地役权可能不指向供役地的全部，只涉及供役地的某一特定位置或者区域，如通行的道路、房屋的一间，为了明确这一点，申请人还应通过相关部门描绘具体位置图后，向登记机构提交该位置图（"台湾地区土地登记规则"第 108 条第 1 项）。

不动产登记机构在审查设立地役权的登记申请时，应重点把握：①申请人与登记簿中记载的需役地权利人和供役地权利人是否一致；②地役权所涉及的供役地具体位置是否在供役地登记簿记载的范围之内；③地役权期限是否超过土地承包经营权、建设用地使用权等用益物权的剩余期限（《物权法》第 161 条）。

在办理地役权设立登记时，登记机构应将地役权分别登记在供役地和需役地的登记簿中（《土地登记办法》第 37 条第 2 款；《房屋登记办法》第 65 条）；供役地、需役地分属不同登记机构管辖的，当事人可以向负责供役地登记的登记机构申请设立地役权登记，该登记机构办理设立登记后，应当通知负责需役地登记的登记机构，由其记载于需役地的登记簿（《土地登记办法》第 37 条第 3 款）。这些规范同样适用于地役权移转登记、变更登记和注销登记。

（六）不动产抵押权设立登记

不动产抵押权的客体包括建筑物和其他土地附着物、建设用地使用权以及以招标、拍卖、公开协商等方式取得的荒地等土地承包经营权、正在建造的建筑物（《物权法》第 180 条第 1 款）。根据不动产抵押权的产生事由，可分为法定抵押权和意定抵押权，前者由法律规定，无须登记即可产生，后者则取决于当事人的书面合同约定，其中应明确被担保债权、债务人履行债务的期限、抵押财产状况、担保范围等（《物权法》第 185 条），并以登记为生效标准（《物权法》第 187 条）。抵押权是他物权，必须依托于既有的不动产记载而存在，这意味着，其客体首先已经登记，否则，抵押权设立登记将是无本之木。抵押权又是担保物权，以所担保的债权作为存续前提，体现了从属物权的特性，故而，所担保的债权也是登记的对象。

基于上述这些特性，当事人以建筑物、建设用地使用权、土地承包经营权为客体申请一般抵押权设立登记的，应当向不动产登记机构提交作为担保财产的不动产权属证明、主债权债务合同、抵押合同等材料（《土地登记办法》第 36 条第 1 款；《房屋登记办法》第 43 条、第 88 条）。以在建工程为客体申请一般抵押权设立登记的，除了上述材料，还应当提交建设用地使用权证书或记载土地使用权状况的房地产权证书、建设工程规划许可证（《房屋登记办法》第 60 条）。申请最高额抵押权设立登记的，除了一般抵押权设立登记的申请材料外，还应当提交包括一定期间内将要连续发生的债权的合同或者其他登记原因证明材料（《房屋登记办法》第 51 条第 5 项）。

不动产登记机构在审查时，应重点把握：①抵押人与抵押客体登记簿记载的权利人、抵押合同中的抵押人是否一致；②抵押权人与抵押合同中的抵押权人是否一致；③申请抵押登记的不动产有无法律禁止抵押的情形（《物权法》第 184 条）。在办理一般抵押权登记时，登记机构应记载所担保的债权信息；在办理最高额抵押权登记时，应当记载最高债权额、债权确定的期间。

附录　设立登记程序规范

【农民集体土地所有权的设立登记】

申请农民集体土地所有权设立登记的，《中华人民共和国物权法》第六十条规定的代表集体行使所有权的组织应当依法提交农民集体土地所有权证明、经村民会议同意或者由村民会议授权经村民代表会议同意的证明材料。

对符合要求的申请，参照适用本法第……条规定的公告程序。

法例参照：

《物权法》第 59 条第 1 款："农民集体所有的不动产和动产，属于本集体成员集体所有。"

《物权法》第60条："对于集体所有的土地和森林、山岭、草原、荒地、滩涂等，依照下列规定行使所有权：

（一）属于村农民集体所有的，由村集体经济组织或者村民委员会代表集体行使所有权；

（二）分别属于村内两个以上农民集体所有的，由村内各该集体经济组织或者村民小组代表集体行使所有权；

（三）属于乡镇农民集体所有的，由乡镇集体经济组织代表集体行使所有权。"

《土地登记办法》第32条："农民集体土地所有权人应当持集体土地所有权证明材料，申请集体土地所有权初始登记。"

《村民委员会组织法》第24条："涉及村民利益的下列事项，经村民会议讨论决定方可办理：

（一）本村享受误工补贴的人员及补贴标准；

（二）从村集体经济所得收益的使用；

（三）本村公益事业的兴办和筹资筹劳方案及建设承包方案；

（四）土地承包经营方案；

（五）村集体经济项目的立项、承包方案；

（六）宅基地的使用方案；

（七）征地补偿费的使用、分配方案；

（八）以借贷、租赁或者其他方式处分村集体财产；

（九）村民会议认为应当由村民会议讨论决定的涉及村民利益的其他事项。

村民会议可以授权村民代表会议讨论决定前款规定的事项。

法律对讨论决定村集体经济组织财产和成员权益的事项另有规定的，依照其规定。"

《村民委员会组织法》第25条："人数较多或者居住分散的村，可以设立村民代表会议，讨论决定村民会议授权的事项。村民代表会议由村民委员会成员和村民代表组成，村民代表应当占村民代表会议组成人员的五分之四以上，妇女村民代表应当占村民代表会议组成人员的三分之一以上。

村民代表由村民按每五户至十五户推选一人，或者由各村民小组推选若干人。村民代表的任期与村民委员会的任期相同。村民代表可以连选连任。

村民代表应当向其推选户或者村民小组负责，接受村民监督。"

【房屋所有权的设立登记】

因合法建造房屋申请房屋所有权设立登记，房屋所占土地为国有的，当事人应当依法提交建设用地使用权证明、建设工程符合规划的证明、房屋已竣工的证明、房屋测绘报告等材料。

因合法建造房屋申请房屋所有权设立登记，房屋所占土地为农民集体所有的，当事人应当依法提交宅基地使用权证明或者农民集体所有建设用地使用权证明、房屋符合城乡规划的证明、房屋测绘报告或者村民住房平面图等材料；申请人为村民的，还应当提交村民属于房屋所在地农民集体经济组织成员的证明；申请人为农民集体经济组织的，还应当提交经村民会议同意或者由村民会议授权经村民代表会议同意的证明材料。

不动产登记机构受理本条第二款的登记申请后，应当将申请登记事项在房屋所在地农民集体经济组织内进行公告。经公告无异议或者异议不成立的，方可予以登记。

法例参照：

《房屋登记办法》第30条："因合法建造房屋申请房屋所有权初始登记的，应当提交下列材料：

（一）登记申请书；

（二）申请人身份证明；

（三）建设用地使用权证明；

（四）建设工程符合规划的证明；

（五）房屋已竣工的证明；

（六）房屋测绘报告；

（七）其他必要材料。"

《房屋登记办法》第83条："因合法建造房屋申请房屋所有权初始登记的，应当提交下列材料：

（一）登记申请书；

（二）申请人的身份证明；

（三）宅基地使用权证明或者集体所有建设用地使用权证明；

（四）申请登记房屋符合城乡规划的证明；

（五）房屋测绘报告或者村民住房平面图；

（六）其他必要材料。

申请村民住房所有权初始登记的，还应当提交申请人属于房屋所在地农村集体经济组织成员的证明。

农村集体经济组织申请房屋所有权初始登记的，还应当提交经村民会议同意或者由村民会议授权经村民代表会议同意的证明材料。"

《房屋登记办法》第84条："办理村民住房所有权初始登记、农村集体经济组织所有房屋所有权初始登记，房屋登记机构受理登记申请后，应当将申请登记事项在房屋所在地农村集体经济组织内进行公告。经公告无异议或者异议不成立的，方可予以登记。"

【业主共有部分所有权设立登记】

房地产开发企业在申请商品房所有权设立登记时，应当一并申请建筑区划内依法属于全体业主共有的公共场所、公用设施、物业服务用房等共有部分所有权的设立登记，该申请符合法律要求的，由不动产登记机构在不动产登记簿上记载。

法例参照：

《物权法》第 73 条第 3 句："建筑区划内的其他公共场所、公用设施和物业服务用房，属于业主共有。"

《最高人民法院关于审理建筑物区分所有权纠纷案件具体应用法律若干问题的解释》第 3 条第 1 款："除法律、行政法规规定的共有部分外，建筑区划内的以下部分，也应当认定为物权法第六章所称的共有部分：

（一）建筑物的基础、承重结构、外墙、屋顶等基本结构部分，通道、楼梯、大堂等公共通行部分，消防、公共照明等附属设施、设备，避难层、设备层或者设备间等结构部分；

（二）其他不属于业主专有部分，也不属于市政公用部分或者其他权利人所有的场所及设施等。"

《房屋登记办法》第 31 条："房地产开发企业申请房屋所有权初始登记时，应当对建筑区划内依法属于全体业主共有的公共场所、公用设施和物业服务用房等房屋一并申请登记，由房屋登记机构在房屋登记簿上予以记载，不颁发房屋权属证书。"

【国有建设用地使用权的设立登记】

以划拨方式取得国有建设用地使用权的，当事人应当依法提交县级以上人民政府的批准用地文件和国有土地划拨决定书等相关证明材料，申请划拨国有建设用地使用权设立登记；新开工的大中型建设项目使用划拨国有土地的，还应当提供建设项目竣工验收报告。

以出让方式取得国有建设用地使用权的，当事人应当在付清全部国有土地出让价款后，依法提交国有建设用地使用权出让合同和土地出让价款缴纳凭证等相关证明材料，申请出让国有建设用地使用权设立登记。

划拨国有建设用地使用权已依法转为出让国有建设用地使用权的，当事人应当依法提交原国有土地使用证、出让合同及土地出让价款缴纳凭证等相关证明材料，申请出让国有建设用地使用权设立登记。

以国有土地租赁方式取得国有建设用地使用权的，当事人应当依法提交租赁合同和土地租金缴纳凭证等相关证明材料，申请租赁国有建设用地使用权设立登记。

以国有土地使用权作价出资或者入股方式取得国有建设用地使用权的，当事人应当依法提交原国有土地使用证、土地使用权出资或者入股批准文件和其他相关证明材料，申请作价出资或者入股国有建设用地使用权设立登记。

以国家授权经营方式取得国有建设用地使用权的，当事人应当依法提交原国有土地使用证、土地资产处置批准文件和其他相关证明材料，申请授权经营国有建设用地使用权设立登记。

法例参照：

《土地登记办法》第26条："依法以划拨方式取得国有建设用地使用权的，当事人应当持县级以上人民政府的批准用地文件和国有土地划拨决定书等相关证明材料，申请划拨国有建设用地使用权初始登记。

新开工的大中型建设项目使用划拨国有土地的，还应当提供建设项目竣工验收报告。"

《土地登记办法》第27条："依法以出让方式取得国有建设用地使用权的，当事人应当在付清全部国有土地出让价款后，持国有建设用地使用权出让合同和土地出让价款缴纳凭证等相关证明材料，申请出让国有建设用地使用权初始登记。"

《土地登记办法》第28条："划拨国有建设用地使用权已依法转为出让国有建设用地使用权的，当事人应当持原国有土地使用证、出让合同及土地出让价款缴纳凭证等相关证明材料，申请出让国有建设用地使用权初始登记。"

《土地登记办法》第29条："依法以国有土地租赁方式取得国有建设用地使用权的，当事人应当持租赁合同和土地租金缴纳凭证等相关证明材料，申请租赁国有建设用地使用权初始登记。"

《土地登记办法》第30条："依法以国有土地使用权作价出资或者入股方式取得国有建设用地使用权的，当事人应当持原国有土地使用证、土地使用权出资或者入股批准文件和其他相关证明材料，申请作价出资或者入股国有建设用地使用权初始登记。"

《土地登记办法》第31条："以国家授权经营方式取得国有建设用地使用权的，当事人应当持原国有土地使用证、土地资产处置批准文件和其他相关证明材料，申请授权经营国有建设用地使用权初始登记。"

【集体建设用地使用权的设立登记】

使用农民集体所有土地进行建设的，当事人应当依法提交有批准权的人民政府的批准用地文件、相关合同等材料，申请农民集体建设用地使用权设立登记。

法例参照：

《土地登记办法》第33条："依法使用本集体土地进行建设的，当事人应当持有批准权的人民政府的批准用地文件，申请集体建设用地使用权初始登记。"

《土地登记办法》第34条："集体土地所有权人依法以集体建设用地使用权入股、联营等形式兴办企业的，当事人应当持有批准权的人民政府的批准文件和相关合同，申请集体建设用地使用权初始登记。"

【土地承包经营权的设立登记】

承包经营国有土地或本集体经济组织的土地，当事人申请土地承包经营权设立登记的，应当依法提交承包合同；农民集体所有的土地由本集体经济组织以外的单位或者个人承包经营的，还应当依法提交村民会议三分之二以上成员或者三分之二以上村民代表的同意证明和乡（镇）人民政府的批准文书等材料。

法例参照：

《物权法》第 127 条第 1 款："土地承包经营权自土地承包经营权合同生效时设立。"

《土地管理法》第 14 条第 1 款："农民集体所有的土地由本集体经济组织的成员承包经营，从事种植业、林业、畜牧业、渔业生产。土地承包经营期限为三十年。发包方和承包方应当订立承包合同，约定双方的权利和义务。承包经营土地的农民有保护和按照承包合同约定的用途合理利用土地的义务。农民的土地承包经营权受法律保护。"

《土地管理法》第 15 条："国有土地可以由单位或者个人承包经营，从事种植业、林业、畜牧业、渔业生产。农民集体所有的土地，可以由本集体经济组织以外的单位或者个人承包经营，从事种植业、林业、畜牧业、渔业生产。发包方和承包方应当订立承包合同，约定双方的权利和义务。土地承包经营的期限由承包合同约定。承包经营土地的单位和个人，有保护和按照承包合同约定的用途合理利用土地的义务。

农民集体所有的土地由本集体经济组织以外的单位或者个人承包经营的，必须经村民会议三分之二以上成员或者三分之二以上村民代表的同意，并报乡（镇）人民政府批准。"

《农村土地承包法》第 21 条："发包方应当与承包方签订书面承包合同。

承包合同一般包括以下条款：

（一）发包方、承包方的名称，发包方负责人和承包方代表的姓名、住所；

（二）承包土地的名称、坐落、面积、质量等级；

（三）承包期限和起止日期；

（四）承包土地的用途；

（五）发包方和承包方的权利和义务；

（六）违约责任。"

《农村土地承包法》第22条："承包合同自成立之日起生效。承包方自承包合同生效时取得土地承包经营权。"

《土地登记办法》第35条："依法使用本集体土地进行农业生产的，当事人应当持农用地使用合同，申请集体农用地使用权初始登记。"

【宅基地使用权的设立登记】

农民集体经济组织成员申请宅基地使用权设立登记的，应当依法提交经乡（镇）人民政府审核并经县级人民政府批准的文书等材料。

法例参照：

《土地管理法》第62条第3款："农村村民住宅用地，经乡（镇）人民政府审核，由县级人民政府批准；其中，涉及占用农用地的，依照本法第四十四条的规定办理审批手续。"

【地役权的设立登记】

申请地役权设立登记的，当事人应当依法提交需役地权属证明、供役地权属证明、地役权合同、地役权涉及的供役地具体位置图等材料。

在办理地役权设立登记时，不动产登记机构应当将地役权合同的主要事项记载于需役地和供役地的不动产登记簿，并将地役权合同分别附于供役地和需役地的不动产登记簿。

供役地、需役地分属不同的不动产登记机构管辖的，当事人可以向负责供役地登记的登记机构申请地役权登记，该登记机构完成登记后，应当通知负责需役地登记的登记机构，由其记载于需役地的不动产登记簿。

法例参照：

《物权法》第 157 条："设立地役权，当事人应当采取书面形式订立地役权合同。

地役权合同一般包括下列条款：

（一）当事人的姓名或者名称和住所；

（二）供役地和需役地的位置；

（三）利用目的和方法；

（四）利用期限；

（五）费用及其支付方式；

（六）解决争议的方法。"

《物权法》第 158 条："地役权自地役权合同生效时设立。当事人要求登记的，可以向登记机构申请地役权登记；未经登记，不得对抗善意第三人。"

《物权法》第 161 条："地役权的期限由当事人约定，但不得超过土地承包经营权、建设用地使用权等用益物权的剩余期限。"

《土地登记办法》第 37 条："在土地上设定地役权后，当事人申请地役权登记的，供役地权利人和需役地权利人应当向国土资源行政主管部门提交土地权利证书和地役权合同等相关证明材料。

符合地役权登记条件的，国土资源行政主管部门应当将地役权合同约定的有关事项分别记载于供役地和需役地的土地登记簿和土地权利证书，并将地役权合同保存于供役地和需役地的宗地档案中。

供役地、需役地分属不同国土资源行政主管部门管辖的，当事人可以向负责供役地登记的国土资源行政主管部门申请地役权登记。负责供役地登记的国土资源行政主管部门完成登记后，应当通知负责需役地登记的国土资源行政主管部门，由其记载于需役地的土地登记簿。"

《房屋登记办法》第64条："申请地役权设立登记，应当提交下列材料：

（一）登记申请书；

（二）申请人的身份证明；

（三）地役权合同；

（四）房屋所有权证书或者房地产权证书；

（五）其他必要材料。"

《房屋登记办法》第65条："对符合规定条件的地役权设立登记，房屋登记机构应当将有关事项记载于需役地和供役地房屋登记簿，并可将地役权合同附于供役地和需役地房屋登记簿。"

"台湾地区土地登记规则"第108条："于一宗土地内就其特定部分申请设定地上权、不动产役权、典权或农育权登记时，应提出位置图。

因主张时效完成，申请地上权、不动产役权或农育权登记时，应提出占有范围位置图。

前二项位置图应先向该管登记机关申请土地复丈。"

【抵押权的设立登记】

申请一般抵押权设立登记的，当事人应当依法提交抵押财产权属证明、主债权合同、抵押合同等材料。

申请最高额抵押权设立登记的，除了本条第一款规定的材料外，当事人还应当提交一定期间内将要连续发生的债权的合同或者其他登记原因证明材料。

申请在建工程抵押权设立登记的，除了本条第一款规定的材料外，当事人还应当提交建设工程规划许可证等材料。

不动产登记机构办理一般抵押权设立登记的，应当在不动产登记簿中记载主债权合同和抵押合同约定的主要事项；办理最高额抵押权设立登记的，还应当记载最高债权额、债权确定的期间等事项。

法例参照：

《物权法》第 180 条："债务人或者第三人有权处分的下列财产可以抵押：

（一）建筑物和其他土地附着物；

（二）建设用地使用权；

（三）以招标、拍卖、公开协商等方式取得的荒地等土地承包经营权；

（四）生产设备、原材料、半成品、产品；

（五）正在建造的建筑物、船舶、航空器；

（六）交通运输工具；

（七）法律、行政法规未禁止抵押的其他财产。

抵押人可以将前款所列财产一并抵押。"

《物权法》第 184 条："下列财产不得抵押：

（一）土地所有权；

（二）耕地、宅基地、自留地、自留山等集体所有的土地使用权，但法律规定可以抵押的除外；

（三）学校、幼儿园、医院等以公益为目的的事业单位、社会团体的教育设施、医疗卫生设施和其他社会公益设施；

（四）所有权、使用权不明或者有争议的财产；

（五）依法被查封、扣押、监管的财产；

（六）法律、行政法规规定不得抵押的其他财产。"

《物权法》第 185 条："设立抵押权，当事人应当采取书面形式订立抵押合同。

抵押合同一般包括下列条款：

（一）被担保债权的种类和数额；

（二）债务人履行债务的期限；

（三）抵押财产的名称、数量、质量、状况、所在地、所有权归属或者使用权归属；

（四）担保的范围。"

《物权法》第 187 条："以本法第一百八十条第一款第一项至第三项规定的财产或者第五项规定的正在建造的建筑物抵押的，应当办理抵押登记。抵押权自登记时设立。"

《土地登记办法》第 36 条："依法抵押土地使用权的，抵押权人和抵押人应当持土地权利证书、主债权债务合同、抵押合同以及相关证明材料，申请土地使用权抵押登记。

同一宗地多次抵押的，以抵押登记申请先后为序办理抵押登记。

符合抵押登记条件的，国土资源行政主管部门应当将抵押合同约定的有关事项在土地登记簿和土地权利证书上加以记载，并向抵押权人颁发土地他项权利证明书。申请登记的抵押为最高额抵押的，应当记载所担保的最高债权额、最高额抵押的期间等内容。"

《房屋登记办法》第 43 条："申请抵押权登记，应当提交下列文件：

（一）登记申请书；

（二）申请人的身份证明；

（三）房屋所有权证书或者房地产权证书；

（四）抵押合同；

（五）主债权合同；

（六）其他必要材料。"

《房屋登记办法》第 44 条："对符合规定条件的抵押权设立登记，房屋登记机构应当将下列事项记载于房屋登记簿：

（一）抵押当事人、债务人的姓名或者名称；

（二）被担保债权的数额；

（三）登记时间。"

《房屋登记办法》第51条："申请最高额抵押权设立登记，应当提交下列材料：

（一）登记申请书；

（二）申请人的身份证明；

（三）房屋所有权证书或房地产权证书；

（四）最高额抵押合同；

（五）一定期间内将要连续发生的债权的合同或者其他登记原因证明材料；

（六）其他必要材料。"

《房屋登记办法》第53条："对符合规定条件的最高额抵押权设立登记，除本办法第四十四条所列事项外，登记机构还应当将最高债权额、债权确定的期间记载于房屋登记簿，并明确记载其为最高额抵押权。"

《房屋登记办法》第60条："申请在建工程抵押权设立登记的，应当提交下列材料：

（一）登记申请书；

（二）申请人的身份证明；

（三）抵押合同；

（四）主债权合同；

（五）建设用地使用权证书或者记载土地使用权状况的房地产权证书；

（六）建设工程规划许可证；

（七）其他必要材料。"

《房屋登记办法》第88条："依法以乡镇、村企业的厂房等建筑物设立抵押，申请抵押权登记的，应当提交下列材料：

（一）登记申请书；

（二）申请人的身份证明；

（三）房屋所有权证书；

（四）集体所有建设用地使用权证明；

（五）主债权合同和抵押合同；

（六）其他必要材料。"

第二节　移转登记程序

移转登记针对的是不动产物权在不同主体之间的移转现象，其基础可以是买卖合同等法律行为，也可以是继承等非法律行为的事实，分为所有权移转登记和他物权移转登记。

一　所有权移转登记程序

我国的土地要么归国家所有，要么归农民集体所有，无论何种权属形态，土地所有权均不能在土地交易市场中移转。唯在国家依法征收农民集体所有土地时，能导致土地所有权移转，但在国家土地所有权无须登记的前提下，这种移转无从办理登记，故而，现实中的不动产所有权移转登记只适用于房屋所有权。

房屋所有权移转登记的法律基础可以是买卖、赠与、互易、出资、抵债等债权行为，此时由当事人双方共同申请，其中所有权出让人必须是不动产登记簿中记载的房屋所有权人，受让人则是债权行为的相对人。移转登记的法律基础也可以是继承、法院判决等非法律行为的其他事实，此时房屋所有权取得人可单方申请。在申请时，当事人应当向不动产登记机构提交以下材料：①所移转的房屋所有权的证明；②符合管制规定——如书面形式、网上签约、公证的继承证明等——房屋所有权移转的基础原因事实（《房屋登记办法》第33条）；③法律上的利害关系人——如抵押权人、农民集体经济组织、村民会议或者由村民会议授权的村民代表会议——的同意证明（《物权法》第191条、《房屋登记办法》第34条；《房屋登记办法》第86条）；④在房屋所有权移转涉及税收收缴时，税务部门出具的完税或者减免税证明；

⑤房屋属于已购公房、经济适用房、房改房等"政策房"的，要有符合相关政策要求的材料；⑥其他必要材料。

二 他物权移转登记程序

在我国，他物权移转登记适用于建设用地使用权、土地承包经营权、地役权和抵押权，根据我国登记实践经验，这些移转登记分别有不同的规律。

（一）建设用地使用权移转登记

建设用地使用权的移转以登记为要件（《物权法》第 145 条）。其申请基于不同原因需要不同的材料。①以出让、租赁、作价出资或者入股方式取得的国有建设用地使用权转让的，为原建设用地使用权证明、权利转移事由的相关证明材料（《土地登记办法》第 39 条）。②因买卖、交换、赠与地上建筑物、构筑物及其附属设施涉及建设用地使用权转移的，为原建设用地使用权证明、变更后的房屋所有权证明、建设用地使用权发生转移的相关证明；涉及划拨的建设用地使用权转移的，还包括有批准权人民政府的批准文件（《土地登记办法》第 40 条）。③因法人或者其他组织合并、分立、兼并、破产等原因致使建设用地使用权发生转移的，为相关协议、有关部门的批准文件、原土地权利证书等（《土地登记办法》第 41 条）。④抵押期间，建设用地使用权转让的，为抵押权人同意转让的书面证明、转让合同、抵押权人身份证明等（《土地登记办法》第 43 条第 1 款）。

（二）土地承包经营权移转登记

土地承包经营权的移转登记为任意登记（《农村土地承包法》第 38 条；《物权法》第 129 条），当事人申请移转的，应当提交移转合同等材料（《农村土地承包法》第 37 条）。

（三）地役权移转登记

地役权采用任意登记，即便未登记也可移转，但当事人意欲办理移转登记，就必须事先办理地役权的设立登记。由于地役权不能单独移转，应依附于作为其基础权利的土地承包经营权、建设用地使用权等进行移转，不过，一旦当事人特约排除地役权与基础权利之间移转附随性的，地役权将不发生移转（《物权法》第164条）。在没有上述特别约定时，基础权利受让人应与需役地权利人共同申请办理地役权移转登记，由基础权利受让人通过登记公示其受让的地役权。

地役权移转登记的申请方式，在基础权利依法律行为移转的场合，为当事人双方共同申请；在非依法律行为移转的场合，由基础权利取得人单方申请。当事人申请办理地役权的移转登记，除了向不动产登记机构提交书面的申请书之外，还应提交身份证明、地役权证明、需役地权属证明、导致地役权移转的原因事实等材料（《土地登记办法》第46条；《房屋登记办法》第66条）。

登记机构在审查地役权的移转登记申请时，应重点把握：①地役权转让人与需役地移转前的登记簿记载的权利人是否一致；②地役权受让人与需役地移转后的登记簿记载的权利人是否一致，申请人与登记簿中记载的需役地权利人和供役地权利人是否一致；③移转的地役权范围与需役地移转后的登记簿记载的范围是否相符；④移转的地役权期限是否超过土地承包经营权、建设用地使用权等用益物权的剩余期限；⑤当事人是否约定排除地役权与土地承包经营权、建设用地使用权等的共同转让。

（四）　不动产抵押权移转登记

在不动产抵押权移转登记，因原因事实不同，所需的登记申请材料也有所不同。①因主债权转让导致抵押权移转的，为原不动产抵押权证明、转让协议、已经通知债务人的证明等（《土地登记办法》第44条；《房屋登记办法》第47条）；②最高额抵押权担保的债权确定前，最高额抵押权发生转移的，为最高额抵押权担保的债权尚未确定的证明材料、最高额抵押权发生转移的证明材料（《房屋登记办法》第56条）。

附录　移转登记程序规范

【房屋所有权的移转登记】

国有土地范围内的房屋所有权发生移转，当事人申请移转登记时，应当依法提交房屋所有权证明、房屋所有权转移事由的证明等材料。

农民集体所有土地范围内的房屋所有权发生移转，当事人申请移转登记时，应当依法提交房屋所有权证明、宅基地使用权证明或者集体建设用地使用权证明、房屋所有权转移事由的证明等材料；申请人为村民的，还应当提交村民属于房屋所在地农民集体经济组织成员的证明；申请人为农民集体经济组织的，还应当提交经村民会议同意或者由村民会议授权经村民代表会议同意的证明材料。

法例参照：

《房屋登记办法》第33条："申请房屋所有权转移登记，应当提交下列材料：

（一）登记申请书；

（二）申请人身份证明；

（三）房屋所有权证书或者房地产权证书；

（四）证明房屋所有权发生转移的材料；

（五）其他必要材料。

前款第（四）项材料，可以是买卖合同、互换合同、赠与合同、受遗赠证明、继承证明、分割协议、合并协议、人民法院或者仲裁委员会生效的法律文书，或者其他证明房屋所有权发生转移的材料。"

《房屋登记办法》第86条："房屋所有权依法发生转移，申请房屋所有权转移登记的，应当提交下列材料：

（一）登记申请书；

（二）申请人的身份证明；

（三）房屋所有权证书；

（四）宅基地使用权证明或者集体所有建设用地使用权证明；

（五）证明房屋所有权发生转移的材料；

（六）其他必要材料。

申请村民住房所有权转移登记的，还应当提交农村集体经济组织同意转移的证明材料。

农村集体经济组织申请房屋所有权转移登记的，还应当提交经村民会议同意或者由村民会议授权经村民代表会议同意的证明材料。"

【建设用地使用权的移转登记】

以出让、国有土地租赁、作价出资或者入股方式取得的建设用地使用权移转，当事人申请移转登记时，应当依法提交原建设用地使用权证明、建设用地使用权转移事由证明相关等材料。

因买卖、交换、赠与地上建筑物、构筑物及其附属设施涉及建设用地使用权移转，当事人申请移转登记时，应当依法提交原建设用地使用权证明、变更后的房屋所有权证明、建设用地使用权转移事由证明等材料。涉及划拨建设用地使用权转移的，当事人还应当提交有批准权人民政府的批准文件。

因法人或者其他组织合并、分立、兼并、破产等原因致使建设用地使用权移转，当事人申请移转登记时，应当依法提交相关协议、有关部门的批准文件、原建设用地使用权证明等材料。

法例参照：

《物权法》第145条："建设用地使用权转让、互换、出资或者赠与的，应当向登记机构申请变更登记。"

《物权法》第147条："建筑物、构筑物及其附属设施转让、互换、出资或者赠与的，该建筑物、构筑物及其附属设施占用范围内的建设用地使用权一并处分。"

《土地登记办法》第39条："依法以出让、国有土地租赁、作价出资或者入股方式取得的国有建设用地使用权转让的，当事人应当持原国有土地使用证和土地权利发生转移的相关证明材料，申请国有建设用地使用权变更登记。"

《土地登记办法》第40条："因依法买卖、交换、赠与地上建筑物、构筑物及其附属设施涉及建设用地使用权转移的，当事人应当持原土地权利证书、变更后的房屋所有权证书及土地使用权发生转移的相关证明材料，申请建设用地使用权变更登记。涉及划拨土地使用权转移的，当事人还应当提供有批准权人民政府的批准文件。"

《土地登记办法》第41条："因法人或者其他组织合并、分立、兼并、破产等原因致使土地使用权发生转移的，当事人应当持相关协议及有关部门的批准文件、原土地权利证书等相关证明材料，申请土地使用权变更登记。"

【土地承包经营权的移转登记】

采用互换或者转让方式流转土地承包经营权，当事人申请移转登记的，应当依法提交原土地承包经营权证明、土地承包经营权流转事由证明等材料。

法例参照：

《农村土地承包法》第37条："土地承包经营权采取转包、出租、互换、转让或者其他方式流转，当事人双方应当签订书面合同。采取转让方式流转的，应当经发包方同意；采取转包、出租、互换或者其他方式流转的，应当报发包方备案。

土地承包经营权流转合同一般包括以下条款：

（一）双方当事人的姓名、住所；

（二）流转土地的名称、坐落、面积、质量等级；

（三）流转的期限和起止日期；

（四）流转土地的用途；

（五）双方当事人的权利和义务；

（六）流转价款及支付方式；

（七）违约责任。"

《农村土地承包法》第 38 条："土地承包经营权采取互换、转让方式流转，当事人要求登记的，应当向县级以上地方人民政府申请登记。未经登记，不得对抗善意第三人。"

《物权法》第 129 条："土地承包经营权人将土地承包经营权互换、转让，当事人要求登记的，应当向县级以上地方人民政府申请土地承包经营权变更登记；未经登记，不得对抗善意第三人。"

【地役权的移转登记】

当事人申请地役权移转登记的，应当依法提交原地役权证明、需役地权属证明、地役权移转事由证明等材料。

法例参照：

《物权法》第 164 条："地役权不得单独转让。土地承包经营权、建设用地使用权等转让的，地役权一并转让，但合同另有约定的除外。"

《物权法》第 165 条："地役权不得单独抵押。土地承包经营权、建设用地使用权等抵押的，在实现抵押权时，地役权一并转让。"

《物权法》第 166 条："需役地以及需役地上的土地承包经营权、建设用地使用权部分转让时，转让部分涉及地役权的，受让人同时享有地役权。"

《物权法》第 167 条："供役地以及供役地上的土地承包经营权、建设用地使用权部分转让时，转让部分涉及地役权的，地役权对受让人具有约束力。"

《物权法》第 169 条："已经登记的地役权变更、转让或者消灭的，应当及时办理变更登记或者注销登记。"

《土地登记办法》第 46 条："已经设定地役权的土地使用权转移后，当事人申请登记的，供役地权利人和需役地权利人应当持变更后的地役权合同及土地权利证书等相关证明材料，申请办理地役权变更登记。"

《房屋登记办法》第 66 条："已经登记的地役权变更、转让或者消灭的，当事人应当提交下列材料，申请变更登记、转移登记、注销登记：

（一）登记申请书；

（二）申请人的身份证明；

（三）登记证明；

（四）证明地役权发生变更、转移或者消灭的材料；

（五）其他必要材料。"

【抵押财产的移转登记】

抵押期间，作为抵押财产的建筑物、建设用地使用权或者土地承包经营权移转，当事人申请转移登记时，除了依法提交本法第……条至第……条规定的材料外，还应当提交抵押权人的身份证明、抵押权人同意抵押财产权利转让的书面文件、抵押权证明等材料。

法例参照：

《物权法》第 191 条："抵押期间，抵押人经抵押权人同意转让抵押财产的，应当将转让所得的价款向抵押权人提前清偿债务或者提存。转让的价款超过债权数额的部分归抵押人所有，不足部分由债务人清偿。

抵押期间，抵押人未经抵押权人同意，不得转让抵押财产，但受让人代为清偿债务消灭抵押权的除外。"

《土地登记办法》第 43 条第 1 款："土地使用权抵押期间，土地使用权依法发生转让的，当事人应当持抵押权人同意转让的书面证明、转让合同及其他相关证明材料，申请土地使用权变更登记。"

《房屋登记办法》第 34 条："抵押期间，抵押人转让抵押房屋的所有权，申请房屋所有权转移登记的，除提供本办法第三十三条规定材料外，还应当提交抵押权人的身份证明、抵押权人同意抵押房屋转让的书面文件、他项权利证书。"

【抵押权的移转登记】

不动产抵押权因主债权移转而移转，当事人申请移转登记时，应当依法提交原抵押权证明、抵押权移转事由证明等材料。

在最高额抵押权担保的债权确定前，最高额抵押权发生转移，当事人申请移转登记时，应当依法提交最高额抵押权担保的债权尚未确定的证明、原最高额抵押权证明、最高额抵押权转移事由证明等材料。

法例参照：

《土地登记办法》第44条："经依法登记的土地抵押权因主债权被转让而转让的，主债权的转让人和受让人可以持原土地他项权利证明书、转让协议、已经通知债务人的证明等相关证明材料，申请土地抵押权变更登记。"

《房屋登记办法》第47条："经依法登记的房屋抵押权因主债权转让而转让，申请抵押权转移登记的，主债权的转让人和受让人应当提交下列材料：

（一）登记申请书；

（二）申请人的身份证明；

（三）房屋他项权证书；

（四）房屋抵押权发生转移的证明材料；

（五）其他必要材料。"

《房屋登记办法》第56条："最高额抵押权担保的债权确定前，最高额抵押权发生转移，申请最高额抵押权转移登记的，转让人和受让人应当提交下列材料：

（一）登记申请书；

（二）申请人的身份证明；

（三）房屋他项权证书；

（四）最高额抵押权担保的债权尚未确定的证明材料；

（五）最高额抵押权发生转移的证明材料；

（六）其他必要材料。

最高额抵押权担保的债权确定前，债权人转让部分债权的，除当事人另有约定外，房屋登记机构不得办理最高额抵押权转移登记。当事人约定最高额抵押权随同部分债权的转让而转移的，应当在办理最高额抵押权确定登记之后，依据本办法第四十七条的规定办理抵押权转移登记。"

《房屋登记办法》第61条："已经登记在建工程抵押权变更、转让或者消灭的，当事人应当提交下列材料，申请变更登记、转移登记、注销登记：

（一）登记申请书；

（二）申请人的身份证明；

（三）登记证明；

（四）证明在建工程抵押权发生变更、转移或者消灭的材料；

（五）其他必要材料。"

第三节　变更登记程序

变更登记是针对不动产物权内容、范围、期限或者顺位的变更而言，不涉及权利主体的变更，适用于他物权。变更登记与更正登记在名称上接近，但两者完全不同，后者适用于登记错误的情形，前者则与此无关。当事人申请权利变更登记时，应当提交原不动产物权证明、物权变更事由证明等材料；涉及他人权利的，还应当提交该权利人的同意证明（《房屋登记办法》第46条、第55条、第61条）。

从广义上理解，抵押权变更登记还可包括以下转化登记形态：①最高抵押权担保的债权数额从不确定转化为确定的登记，此时应提交最高额抵押权担保的债权已确定的证明材料（《房屋登记办法》第57条）；②在建工程抵押权转化为房屋抵押权的登记（《房屋登记办法》第62条），此时应提交当事人的转化约定等材料。

附录 变更登记程序规范

【变更登记的一般规范】

不动产用益物权以及抵押权的内容、标的、期限、顺位等变更，当事人申请变更登记的，应当依法提交原物权证明、物权变更事由证明等材料；变更涉及其他权利人利益的，还应当提交相关权利人的同意证明。

法例参照：

《房屋登记办法》第37条："申请房屋所有权变更登记，应当提交下列材料：

（一）登记申请书；

（二）申请人身份证明；

（三）房屋所有权证书或者房地产权证书；

（四）证明发生变更事实的材料；

（五）其他必要材料。"

《房屋登记办法》第85条："发生下列情形之一的，权利人应当在有关法律文件生效或者事实发生后申请房屋所有权变更登记：

（一）房屋所有权人的姓名或者名称变更的；

（二）房屋坐落变更的；

（三）房屋面积增加或者减少的；

（四）同一所有权人分割、合并房屋的；

（五）法律、法规规定的其他情形。"

《房屋登记办法》第46条："申请抵押权变更登记，应当提交下列材料：

（一）登记申请书；

（二）申请人的身份证明；

（三）房屋他项权证书；

（四）抵押人与抵押权人变更抵押权的书面协议；

（五）其他必要材料。

因抵押当事人姓名或者名称发生变更，或者抵押房屋坐落的街道、门牌号发生变更申请变更登记的，无需提交前款第（四）项材料。

因被担保债权的数额发生变更申请抵押权变更登记的，还应当提交其他抵押权人的书面同意文件。"

《房屋登记办法》第52条："当事人将最高额抵押权设立前已存在债权转入最高额抵押担保的债权范围，申请登记的，应当提交下列材料：

（一）已存在债权的合同或者其他登记原因证明材料；

（二）抵押人与抵押权人同意将该债权纳入最高额抵押权担保范围的书面材料。"

《房屋登记办法》第55条："申请最高额抵押权变更登记，应当提交下列材料：

（一）登记申请书；

（二）申请人的身份证明；

（三）房屋他项权证书；

（四）最高额抵押权担保的债权尚未确定的证明材料；

（五）最高额抵押权发生变更的证明材料；

（六）其他必要材料。

因最高债权额、债权确定的期间发生变更而申请变更登记的，还应当提交其他抵押权人的书面同意文件。"

《物权法》第194条："抵押权人可以放弃抵押权或者抵押权的顺位。抵押权人与抵押人可以协议变更抵押权顺位以及被担保的债权数额等内容，但抵押权的变更，未经其他抵押权人书面同意，不得对其他抵押权人产生不利影响。

债务人以自己的财产设定抵押，抵押权人放弃该抵押权、抵押权顺位或者变更抵押权的，其他担保人在抵押权人丧失优先受偿权益的范围内免除担保责任，但其他担保人承诺仍然提供担保的除外。"

《物权法》第 205 条："最高额抵押担保的债权确定前，抵押权人与抵押人可以通过协议变更债权确定的期间、债权范围以及最高债权额，但变更的内容不得对其他抵押权人产生不利影响。"

【抵押权转化登记的特别规范】

最高额抵押权担保的债权确定的，当事人申请最高额抵押权确定登记时，应当依法提交最高额抵押权担保的债权已确定的证明材料。

在建工程竣工并经房屋所有权设立登记后，当事人申请房屋抵押权登记的，应当依法提交房屋所有权证明、当事人协商将在建工程抵押权转为房屋抵押权的约定等材料。

法例参照：

《房屋登记办法》第 57 条："经依法登记的最高额抵押权担保的债权确定，申请最高额抵押权确定登记的，应当提交下列材料：

（一）登记申请书；

（二）申请人的身份证明；

（三）房屋他项权证书；

（四）最高额抵押权担保的债权已确定的证明材料；

（五）其他必要材料。"

《房屋登记办法》第 58 条："对符合规定条件的最高额抵押权确定登记，登记机构应当将最高额抵押权担保的债权已经确定的事实记载于房屋登记簿。

当事人协议确定或者人民法院、仲裁委员会生效的法律文书确定了债权数额的，房屋登记机构可以依照当事人一方的申请将债权数额确定的事实记载于房屋登记簿。"

《房屋登记办法》第62条："在建工程竣工并经房屋所有权初始登记后，当事人应当申请将在建工程抵押权登记转为房屋抵押权登记。"

第四节　注销登记程序

注销登记即涂销不动产登记簿上既有的记载，向社会公众表明既有不动产物权消灭的信息。根据原因事实的不同，注销登记可分为设权性注销（《瑞士民法典》第964条）和更正性注销（《瑞士民法典》第976条、第977条），前者适用于依法律行为消灭不动产物权的情形，后者适用于非依法律行为消灭不动产物权的情形，此时，在登记簿中仍在存续的物权实际上已消灭，该登记即为错误，注销这种登记即为更正错误登记。

如果将申请原则一以贯之，那么，依法律行为的不动产物权消灭的事由主要是物权人放弃权利、当事人双方约定废止权利和约定权利存续期限届至。在放弃权利的情形，可由登记权利人单方申请；在另外两种情形，由当事人双方共同申请。非依法律行为的不动产物权消灭的事由主要是不动产灭失、法院判决等公权力行为，对此，宜由权利人或者利害关系人单方申请。无论何者，申请材料均应包括：①原不动产物权证明；②不动产物权消灭事由证明；③涉及的其他权利人的同意证明（《房屋登记办法》第38～40条、第49条）。只有在当事人怠于申请时，登记机构基于掌管登记簿和维持正确登记的权责，才能在法定程序要件下注销登记：①登记机构责令当事人限期申请；②当事人逾期不申请的，登记机构进行注销公告；③公告期满后，登记机构直接注销登记（《土地登记办法》第51～54条）。当然，法院等公权力机构可嘱托登记机构注销登记，登记机构在登记错误时也可依法主动注销登记，它们适用嘱托登记和主动登记的规范，在此不赘。

登记机构在审查注销登记申请时，应重点把握：①不动产物权消灭事由是否法律行为；②当事人以不动产灭失为由申请注销时，不动产是否确实灭失，对此，登记机构应实地查看；③其他事由是否真实存在，如供役地权利人以解除地役权合同为由申请注销时，地役权合同法定解除的事由是否存在（《物权法》第 168 条）；④所涉及其他权利人是否同意（《房屋登记办法》第 40 条）。

附录　注销登记程序规范

【注销登记的一般规范】

不动产物权消灭，当事人申请注销登记的，应当依法提交原不动产物权证明、不动产物权消灭事由证明等材料。

当事人未按照上款规定申请注销登记的，不动产登记机构应当通知当事人在合理期限内申请；逾期不申请的，登记机构进行注销公告，公告期满当事人仍不申请的，登记机构可直接办理注销登记。

法例参照：

《土地登记办法》第 51 条："因自然灾害等原因造成土地权利消灭的，原土地权利人应当持原土地权利证书及相关证明材料，申请注销登记。"

《土地登记办法》第 52 条："非住宅国有建设用地使用权期限届满，国有建设用地使用权人未申请续期或者申请续期未获批准的，当事人应当在期限届满前十五日内，持原土地权利证书，申请注销登记。"

《土地登记办法》第 53 条："已经登记的土地抵押权、地役权终止的，当事人应当在该土地抵押权、地役权终止之日起十五日内，持相关证明文件，申请土地抵押权、地役权注销登记。"

《土地登记办法》第 54 条："当事人未按照本办法第五十一条、第五十二条和第五十三条的规定申请注销登记的，国土资源行政主管部门应当责令当事人限期办理；逾期不办理的，进行注销公告，公告期满后可直接办理注销登记。"

《土地登记办法》第55条："土地抵押期限届满，当事人未申请土地使用权抵押注销登记的，除设定抵押权的土地使用权期限届满外，国土资源行政主管部门不得直接注销土地使用权抵押登记。"

《房屋登记办法》第38条："经依法登记的房屋发生下列情形之一的，房屋登记簿记载的所有权人应当自事实发生后申请房屋所有权注销登记：

（一）房屋灭失的；

（二）放弃所有权的；

（三）法律、法规规定的其他情形。"

《房屋登记办法》第39条："申请房屋所有权注销登记的，应当提交下列材料：

（一）登记申请书；

（二）申请人身份证明；

（三）房屋所有权证书或者房地产权证书；

（四）证明房屋所有权消灭的材料；

（五）其他必要材料。"

《房屋登记办法》第40条："经依法登记的房屋上存在他项权利时，所有权人放弃房屋所有权申请注销登记的，应当提供他项权利人的书面同意文件。"

《房屋登记办法》第48条："经依法登记的房屋抵押权发生下列情形之一的，权利人应当申请抵押权注销登记：

（一）主债权消灭；

（二）抵押权已经实现；

（三）抵押权人放弃抵押权；

（四）法律、法规规定抵押权消灭的其他情形。"

《房屋登记办法》第49条："申请抵押权注销登记的，应当提交下列材料：

（一）登记申请书；

（二）申请人的身份证明；

（三）房屋他项权证书；

（四）证明房屋抵押权消灭的材料；

（五）其他必要材料。"

《房屋登记办法》第41条："经登记的房屋所有权消灭后，原权利人未申请注销登记的，房屋登记机构可以依据人民法院、仲裁委员会的生效法律文书或者人民政府的生效征收决定办理注销登记，将注销事项记载于房屋登记簿，原房屋所有权证收回或者公告作废。"

《房屋登记办法》第81条："司法机关、行政机关、仲裁委员会发生法律效力的文件证明当事人以隐瞒真实情况、提交虚假材料等非法手段获取房屋登记的，房屋登记机构可以撤销原房屋登记，收回房屋权属证书、登记证明或者公告作废，但房屋权利为他人善意取得的除外。"

【因地役权合同解除的地役权注销登记】

供役地权利人依据《中华人民共和国物权法》第一百六十八条的规定主张地役权消灭，申请地役权注销登记的，应当依法提交地役权人违反法律规定或者合同约定，滥用地役权的证明材料，或者地役权人有偿利用供役地，约定的付款期限届满后在合理期限内经两次催告未支付费用的证明材料。

法例参照：

《物权法》第168条："地役权人有下列情形之一的，供役地权利人有权解除地役权合同，地役权消灭：

（一）违反法律规定或者合同约定，滥用地役权；

（二）有偿利用供役地，约定的付款期间届满后在合理期限内经两次催告未支付费用。"

第九章

更正登记程序

第一节　基本知识要点

根据德国法系更正登记的制度经验，更正登记有如下基本知识要点。

第一，更正登记是更正登记错误的登记，登记错误是其前提。登记错误根据认定标准不同，大致有以下形态：①事实错误和权利错误，前者指登记簿记载的不动产形态、位置、面积等事实状态不符合不动产的客观真实情况，如某房屋的建筑面积被少登记；后者指登记簿中记录的不动产物权权属、内容、顺位与权利真实状况不一致，如 A 的房屋被错登为 B 所有、C 的土地使用权期限被错登、D 作为房屋共有人却没有被登记。②初始错误和嗣后错误，前者指不动产登记程序运行的直接结果导致登记权利与真实权利不符的情况，如 A 与 B 约定将 A 的 I 房屋所有权移转给 B，但登记的结果却是 B 取得了 A 的 II 房屋所有权；后者指不动产登记程序运行的直接结果符合当时的真实权利状况，但是由于嗣后真实权利发生的变动没有在登记簿中显示，导致登记权利与真实权利不符的情况，如 A 是登记簿中的房屋所有权人，但根据法院判决该房屋所有权归属于 B。③完全错误和部分错误，前者指登记与其基础意思表示完全不一致，或者登记不符合意思表示中的主要的、本质性的内容，如缺乏基础意思表示的登记；后者指登记与其基础意思表示在部分内容上不一致，如当事人约定土地使用权的期限为 50 年，但登记却为 30 年。④因登记机构的错误、因当事人的错误和因混合过错的错误，前者指登记机构的过错是登记错误的直接原因，如登记机构错把 A 的抵押权登记为 B 享有；中者指当事人自己的原因导致登记错误，如 A 通过欺诈行为从 B 处取得房屋所有权并进行登记，后 B 撤销该行为，但 A 的房屋所有权没有在登记簿中涂销；后者指登记机构和当事人在登记错误上具有共同过错，如登记机构工作人员与 A 恶意串通，在登记簿涂销了原物权人 B 的登记，而将 A 登记为权利人。①

第二，更正登记界定。这方面的要点有：①更正登记指向登记错误的状态，是终局消除登记错误并修复真实登记状态的登记，其存续的前提是登记错误，这是它与其他登记制度的根本区别。②更正登记旨在更改既有的错误登记，一旦错误登记因为公信力致使第三人取得登记权利，更正登记即失去适用前提，故而，更正登记必须在既有错误登记实际发生公信力之前完成。

第三，更正请求权。这方面的要点有：①所谓更正请求权，是因登记错误受到损害者请求因此受益的当事人向登记机构表示同意更正登记的权利。与其他请求权一样，更正请求权是私法权利，行使范围限于交易主体之间，行使方式是权利主体请求义务主体为特定行为——向登记机关表示同意更正登记。更正请求权包括物权性更正请求权和债权性更正请求权。②物权性的更正请求权的基础权利是真实权利，两者相伴相随，只要登记错误导致真实权利一直存续，则更正请求权也随之存续，不受消灭时效制度的限制。物权性更正请求权人即真实权利人，主要有所有权人、限制物权人、基于处分限制而得到保护者、共有人、破产管理人和保证人，义务主体则是因为更正登记而丧失既有利益之人，或者有义务协助建构真实登记状态之人。针对

---

① 参见常鹏翱《物权程序的建构与效应》，中国人民大学出版社，2005，第 250～251 页。

更正请求权的抗辩主要包括登记错误消除、请求权人负有维持现有登记状态的义务和权利失效。③债权性的更正请求权是以债权为基础权利的请求权，旨在恢复登记原状的请求权。基于合同产生的更正请求权是合同请求权，基于不当得利产生的更正请求权是不当得利返还请求权。④在物权行为独立存在的前提下，一旦基础行为与物权行为均有瑕疵，债权性更正请求权和物权性更正请求可以并存，产生请求权竞合。

第四，更正登记程序。这方面的要点有：①受动型的更正登记，即依据申请而启动的更正登记，它建立在更正请求权基础之上。在义务人同意更正时，由当事人双方共同申请更正登记；在义务人不同意更正时，请求权人基于法院判决、公证文书等单方申请更正登记。②主动型的更正登记，即登记机构依职权启动的更正登记。于此，为了防止登记机构滥用权力，应设置必要的程序限制要件。①

第二节　评析现有规定

一　现有规定概要

《物权法》、《土地登记办法》、《房屋登记办法》、《水域滩涂养殖发证登记办法》均规定了更正登记，综合而言，其主要内容包括以下方面。

第一，更正登记适用于不动产登记簿记载事项有错误的情形（《物权法》第 19 条第 1 款）。

第二，更正登记的启动主要是权利人或利害关系人的申请（《物权法》第 19 条第 1 款第 1 句），并要提交登记申请书、申请人的身份证明、证明房屋登记簿记载错误的材料、原权利证书、权利人同意更正的证明材料等（《土地登记办法》第 59 条；《房屋登记办法》第 74

---

① 参见常鹏翱《物权程序的建构与效应》，中国人民大学出版社，2005，第 292～303 页。

条1~2款）。登记机构对更正登记申请的审查，要遵循两个选择性标准：一是权利人书面同意更正，另一是有证据证明登记确有错误（《物权法》第19条第1款第2句）。

第三，登记机构还可以主动更正（《土地登记办法》第58条；《房屋登记办法》第75条）。不过，在土地登记，主动更正登记要由登记机构报经人民政府批准后进行，并书面通知当事人在规定期限内办理更换或者注销原土地权利证书的手续（《土地登记办法》第58条）；在房屋登记，主动更正登记由登记机构书面通知有关权利人在规定期限内办理，当事人无正当理由逾期不办理更正登记的，房屋登记机构予以更正，并书面通知当事人（《房屋登记办法》第75条）。

第四，办理更正登记期间，权利人因处分其房屋权利申请登记的，房屋登记机构应当暂缓办理（《房屋登记办法》第75条第2款后半句）。

与上述基本知识点相比，我国现有的更正登记制度略显简单，还有一些要点没有展开，理应加以补充，而且，有的制度设计是否妥当，也值得认真思考。

二　确定基础权利

在更正登记中，基础权利是更正请求权，这一点在现有规定中并未清晰地表现出来，是为缺憾。更正登记是对错误登记的改正，这涉及登记权利人的利益，为了确保更正登记结果的正当性，由登记权利人基于真实意思表示所为的处分自由——即改正登记错误——应当是最佳途径。通往这条途径的最自然的指向，当然是真实权利人请求登记权利人同意更正登记，其表现是共同向登记机构申请更正登记，或者同意真实权利人向登记机构申请更正登记的意思表示。在这个指向不起作用时，就将显示出更正请求权的诉权功能，引发所谓的更正之诉，即由真实权利人通过诉讼请求登记权利人协力更正，并最终通过国家强制性实现更正登记的目的。

正如前文所言，更正登记请求权的权利主体应是未被记载于登记簿或者在登记簿中错误记载的真实权利人，如应被登记却未被登记的限制物权人、所有权之上被错误记载了限制物权的所有权人等。更正请求权的义务主体，是因为更正登记而丧失既有利益之人（如被错误登记为所有权人的人），或者有义务协助建构真实登记状态之人（如错误登记的登记名义人缺乏处分权，则处分权人就是协力维持正确登记的义务主体）。

更正请求权在本质上是一种请求权，只是表明权利人有请求义务人积极协助更正的机会，至于该机会能否实现，还要看义务人能否提出有效的抗辩，一旦抗辩有效，更正请求权即不得实现。大致说来，针对更正请求权的抗辩主要有：①登记错误消除。②登记错误状态虽然持续，但请求权人负有维持现有登记状态的义务，比如抵押权所担保的借贷关系无效，导致抵押权失去基础，出现登记错误，在债务人返还借款之前，债权人（登记名义人）可以维持登记现状。③更正登记请求权的实现违背诚实信用原则的，如权利主体在相当期间内不行使该权利，依据具体的情况，义务人有正当理由相信权利人不再行使权利时，基于诚实信用原则，更正登记请求权就不能得以实现。

另外，更正请求权得以产生的基础是没有正确登记外观的真实权利，故其属性属于物权请求权，只要真实权利没有被登记公信力破坏，更正请求权也就能得以有效行使。而且，只要存在登记错误，就表明真实权利一直存续，更正请求权也就随之存续，不受消灭时效制度的限制。

三　申请更正登记

权利人行使更正请求权，义务人同意协助请求权人申请办理更正登记的，更正登记将建立在双方共同申请的基础之上，此时，权利人应向登记机构递交不动产登记事项的记载错误等相关证明材料。如果义务人无法与权利人共同申请更正登记的，只要义务人出具同意更正的文书，则权利人也可持该文书等相关证明材料单方申请更正登记。在这两种情形，若更正登记还涉及第三人利益的，还应由第三人出具同意更正登记的文书。

权利人行使更正登记请求权，义务人不同意协助申请更正登记的，请求权人可以向法院提起诉讼，由法院作出义务人协助申请更正登记的判决或者确认请求权人享有真实权利的判决，然后由请求权人持此判决单方申请更正登记。

四　主动更正登记

登记机构发现登记错误时，首先要将此信息通知相关的利害关系人，以便让其充分知情，并在此基础上进行自我保护，若当事人在规定期限内，向登记机构提出阻止更正登记的正当理由，则更正登记程序就不能完全按照登记机构的意志来完成，这体现了当事人意志对于登记机构职权的制约作用。如果当事人对更正登记无异议但又不办理更正手续，或者放弃提出异议权利的，登记机构就有权直接进行更正登记，并将结果通知当事人。

附录　更正登记程序规范

【更正请求权】

利害关系人认为不动产登记簿的记载有错误的，可请求不动产登记簿上记载的权利人协助申请更正登记，该请求权不受诉讼时效的限制。

有下列情形之一的，本条第一款规定的请求权不受保护：

（一）不动产登记簿的错误记载被依法注销的；

（二）权利人或者利害关系人承担维持现有登记状态义务的；

（三）实现该请求权违背诚实信用原则的。

【申请更正登记】

当事人双方共同申请更正登记的，应当依法提交原不动产权利证明、不动产登记簿记载错误的证明等材料；涉及他人权利的，还应提交该权利人书面同意更正的材料。

不动产登记簿记载的权利人书面同意更正或者有证据证明不动产登记簿记载确有错误，利害关系人可单方申请更正登记，除提交本条第一款的材料外，还应当提交该书面同意更正证明或者登记簿记载错误证明的材料。

不动产登记机构经审查，确认不动产登记簿的记载确有错误的，应当予以更正，需要更正不动产物权证书或登记证明内容的，应当书面通知权利人换领；不动产登记簿记载无误的，应当不予更正，并书面通知申请人。

法例参照：

《物权法》第19条第1款："权利人、利害关系人认为不动产登记簿记载的事项错误的，可以申请更正登记。不动产登记簿记载的权利人书面同意更正或者有证据证明登记确有错误的，登记机构应当予以更正。"

《土地登记办法》第59条："土地权利人认为土地登记簿记载的事项错误的，可以持原土地权利证书和证明登记错误的相关材料，申请更正登记。

利害关系人认为土地登记簿记载的事项错误的，可以持土地权利人书面同意更正的证明文件，申请更正登记。"

《房屋登记办法》第74条："权利人、利害关系人认为房屋登记簿记载的事项有错误的，可以提交下列材料，申请更正登记：

（一）登记申请书；

（二）申请人的身份证明；

（三）证明房屋登记簿记载错误的材料。

利害关系人申请更正登记的，还应当提供权利人同意更正的证明材料。

房屋登记簿记载确有错误的，应当予以更正；需要更正房屋权属证书内容的，应当书面通知权利人换领房屋权属证书；房屋登记簿记载无误的，应当不予更正，并书面通知申请人。"

《水域滩涂养殖发证登记办法》第14条第2款："水域滩涂养殖权人、利害关系人认为登记簿记载的事项错误的，可以申请更正登记。登记簿记载的权利人书面同意更正或者有证据证明登记簿确有错误的，县级以上地方人民政府渔业行政主管部门应当予以更正。"

【主动更正登记】

不动产登记机构发现不动产登记簿记载的事项错误的，应当书面通知权利人或者利害关系人在合理期限内申请更正登记。

权利人或者利害关系人在该期限内对登记机构的通知提出异议的，登记机构应在收到异议之日起七日内作出是否要求权利人或者利害关系人继续申请更正登记的决定。

权利人在该期限内因处分不动产物权申请登记的，不动产登记机构应当暂缓办理。

权利人或者利害关系人无正当理由逾期不申请更正登记的，不动产登记机构可依据证明不动产记载事项确有错误的材料更正登记，并书面通知权利人或者利害关系人。

法例参照：

《土地登记办法》第58条："国土资源行政主管部门发现土地登记簿记载的事项确有错误的，应当报经人民政府批准后进行更正登记，并书面通知当事人在规定期限内办理更换或者注销原土地权利证书的手续。当事人逾期不办理的，国土资源行政主管部门报经人民政府批准并公告后，原土地权利证书废止。

更正登记涉及土地权利归属的，应当对更正登记结果进行公告。"

《房屋登记办法》第 75 条："房屋登记机构发现房屋登记簿的记载错误，不涉及房屋权利归属和内容的，应当书面通知有关权利人在规定期限内办理更正登记；当事人无正当理由逾期不办理更正登记的，房屋登记机构可以依据申请登记材料或者有效的法律文件对房屋登记簿的记载予以更正，并书面通知当事人。

对于涉及房屋权利归属和内容的房屋登记簿的记载错误，房屋登记机构应当书面通知有关权利人在规定期限内办理更正登记；办理更正登记期间，权利人因处分其房屋权利申请登记的，房屋登记机构应当暂缓办理。"

第十章

异议登记程序

与更正登记一样，异议登记也是在登记错误时，保护真实权利人的一个重要法律途径，即通过在不动产登记簿记载既有登记错误的信息，来阻断第三人依据登记公信力取得该登记物权。在《物权法》颁布之前，异议登记在我国法学界属于新鲜名词，学理介绍和研究并不充分，普适于全国的规范性文件也未规定该制度，缺乏充足的实践经验。《物权法》在起草之始就采用了该制度，但制度设计几经周折，最终在第 19 条第 2 款确定为："不动产登记簿记载的权利人不同意更正的，利害关系人可以申请异议登记。登记机构予以异议登记的，申请人在异议登记之日起十五日内不起诉，异议登记失效。异议登记不当，造成权利人损害的，权利人可以向申请人请求损害赔偿。"从文义上不难看出，如此规定稍显简略，能否获得充分的学理支持和实验检验，可能需要再斟酌，这也为不动产登记法在该制度的充实和提高方面提出了要求。

第一节　基本知识要点

根据德国法系异议登记的制度经验，异议登记的基本知识主要涉及其功能和构造，以下予以简要介绍。

一 异议登记功能

在此所谓异议登记的功能，实际指向该制度存在的正当性，这是它在我国之所以有生命力的支撑点。大致而言，异议登记的功能主要如下。

第一，异议登记与登记公信力、更正登记和国家赔偿责任之间具有密切关系，确立异议登记，可以使它们组成一张严密的法律之网来规制各种利益关系。具体说来，①异议登记与登记公信力相互制约，能够维系真实权利人和第三人之间的利益平衡，即如果异议登记正确，即使第三人符合公信力的要件，也不能取得登记物权，真实权利人据此而得以保护；如果异议登记不正确，则第三人不受该登记限制，能够根据登记公信力取得物权。②异议登记能保全更正登记请求权，从而能保障更正登记的实现，最终消除登记错误。③异议登记是免除登记机构国家赔偿责任的技术手段之一，即在登记机构了解到登记错误时，为了避免给真实权利人造成损害，也为了避免引发相应的赔偿责任，应当允许登记机构主动采取措施纠正该错误或者将该错误情况通过登记告知社会公众，否则，登记机构就要消极地坐等承担赔偿责任，这显然违背常理，登记机构显得过于被动。

第二，异议登记能够保障不动产物权交易安全和维护交易效率。主要表现为：①异议登记不仅涉及物权归属问题，还涉及登记机构所承担的赔偿责任，这些重大利害关系在客观上势必增加登记官的责任感和压力，促使其尽最大审慎义务进行登记，防止或者减少登记错误情形的发生；这也提醒真实权利人尽力照料自己的权利，谨慎实施交易，防止因自己过错而造成登记错误，这可最大限度增加登记可信度，为不动产物权交易安全奠定了良好基础。②异议登记虽然最终会产生阻断登记公信力的效力，使已经进行的不动产交易不能发生效果，但德国法中的异议登记，只是将登记物权可能不真实的信息向社会公众公示，并不能自动产生剥夺登记权利人处分不动产物权的功能，以登记物权为对象的交易仍然可以顺畅进行，不受异议登记的约束。一旦异议登记被证明为错误，则不动产物权交易就发生第三人确定取得该物权的结果，从而保障登记物权的流通力和交易的正当性。这样，交易者既可以获得有关登记物权的真假信息，又不至于因为剥夺登记物权的流通性而导致效率减损。

二 法律制度构造

（一） 生效要件

主要包括：

第一，登记错误。这是首要前提，因为异议登记对于真实登记无法律意义。该要件有两个限制因素：①在性质上，登记错误是指权利错误，不动产的面积、形状等事实状况登记错误不能成为异议的对象。②在时间上，登记错误状态在异议登记时仍然存续，如果异议提起时存在登记错误，但在异议登记时登记错误消除，则异议登记丧失了存在基础。

第二，异议登记的对象具有正当性。主要有两层含义：①异议登记的抗辩对象能够引发登记公信力；②异议登记的保护对象与异议登记的作成有密切关系，即异议登记的效力仅仅及于提出异议并意欲通过异议登记获得保护的人。

第三，办理登记。异议要发生阻断登记公信力的效力，其登记时间就必须先于能够发生公信力的登记时间。

（二） 法律效力

主要包括：

第一，基础效力，即阻断登记公信力。这在理论上有两种方式：①事后阻断，即异议登记不能剥夺或者限制登记物权人的处分权，该物权人仍然可以处分作为异议登记对象的物权，登记机构也必须办理相应的变动登记，只有在异议登记具备生效要件时，该物权变动丧失法律效力，物权受让人即使善意也因此而丧失所取得的物权。②事前防止，即异议登记限制了登记物权人的处分权，其不能再处分作为异议登记对象的不动产物权，登记机构也不能办理相应的登记。

第二，效力限制。①推定力受到限制，因为异议登记所保全的真实权利没有登记外观，也就没有推定力，这导致异议登记本身没有推定力，只表明已有登记物权可能存在错误。②公信力受到限制，因为异议登记本身没有权利正确性推定效力，它对社会公众不能产生公信力。

（三）设立与消灭

具体而言：

第一，对于事前防止登记公信力的异议登记，可以采用三种设立方式：①依据异议申请以及登记权利人的同意；②依据提起人的单方申请和提供的担保；③登记机构依职权设立。对于事后阻断登记公信力的异议登记，则根据异议申请办理异议登记。

第二，异议登记消灭的原因主要有：①登记错误的消除；②受保全权利的消灭；③对于依据申请的异议登记，在法定期间内，申请人未请求进行更正登记；④异议登记申请人自愿同意涂销该登记；⑤异议登记被更正登记或者被法院撤销。①

第二节　再论异议登记

以上知识要点基本上涵盖了异议登记的基础知识，但从制度建构的角度出发，还需要再进一步结合域内外法律规定，深入讨论相关问题点，为异议登记在我国的良好运作奠定牢靠的理论基础。

一　参考范本对比

能对《物权法》异议登记制度产生影响的可能有四个法例，即德国法、瑞士法、日本法和我国台湾地区法，为了准确理解该制度，有必要对它们的构造进行简要的对比。

---

① 参见常鹏翱《物权程序的建构与效应》，中国人民大学出版社，2005，第304～320页。有关异议登记的起源及发展，参见王轶《物权变动论》，中国人民大学出版社，2001，第164～168页。

（一）德国的登记异议

在德国民法，针对登记的异议是保护真实权利人的暂时性措施，它将登记可能有误的信息记载于登记簿，以警示社会公众。在这种异议通过法定程序记载于登记簿后，就是异议登记。从总体上看，德国登记异议制度有以下特点。

第一，在体系上具有关联性。①根据《德国民法典》第892条，异议是破除登记公信力的法律工具，如果登记簿记载了对抗登记权利的异议，一旦该异议正确，第三人就不能取得被异议抗辩的权利。这意味着，异议所指向的登记错误不是事实错误，而是能引发公信力的情形，如登记权利根本不存在、内容不正确或为其他人享有；登记权利被不当涂销；实际上不存在负担、无条件、无期限、无限制的权利被作出相反登记；权利顺位错误；预告登记错误等。① ②根据《德国民法典》第899条，登记异议和更正登记适用于相同的登记错误事项，但更正登记需要查明真实权利状况，难免会费时费力，为了确保更正之前的权利不被第三人善意取得，遂有在发生上更为便宜和迅捷的异议登记，② 可以说，异议登记是更正登记的预备程序和保障机制，其直接后果是促成更正登记的发生。

第二，在发生上具有多样性，即引发异议登记的机制可以是当事人的申请和同意，③ 可以是基于当事人申请所产生的法院假处分，④ 还

---

① Vgl. Muenchener Kommentar zum Buergerlichen Gesetzbuch, Band 6 Sachenrecht, 3. Aufl. , Muenchen 1997, S. 352.

② 参见〔德〕鲍尔/施蒂尔纳《德国物权法》上册，张双根译，法律出版社，2004，第366页。

③ 德国法在登记申请上采用单方申请，为了确保登记申请的正当性，登记义务人要向登记机构表示同意登记申请，该同意就是登记同意，它和登记申请一样属于程序法上的意思表示，有了登记同意的登记申请相当于我国的共同申请。Vgl. Holzer/Kramer, Grundbuchrecht, Muenchen 1994, S. 64. ; Schwab/Pruetting, Sachenrecht, 27. Aufl. , Muenchen 1997, S. 118 ff. 在通常情况下，登记权利人不会同意异议登记的申请，但这并不能排除实务中发生这种情况，故德国法规定登记同意是异议登记发生的机制之一。参见〔德〕鲍尔/施蒂尔纳《德国物权法》上册，张双根译，法律出版社，2004，第367页。

④ 假处分是民事诉讼中的保全措施，类似于我国的财产保全。当事人在申请假处分命令时，无须证明其权利遭受的危险，在作出上很迅捷。参见〔德〕鲍尔/施蒂尔纳《德国物权法》上册，张双根译，法律出版社，2004，第367页。

可以是登记机构依据职权的行为。① 如此多样的发生机制可以分别适用于不同情形,具有相当的包容性、灵活性和便宜性。

第三,在构造上具有双重性。①没有被验证正确的异议既不能禁止登记权利人处分自己名下的权利,也不能破除登记推定力。② 异议只表明登记权利可能有误,而不能绝对排除该登记权利的正确性推定。比如,为了 A 的利益而对 B 的登记权利进行异议登记,A 必须证明其享有真实物权,在确证之前,B 仍然享有登记推定力带来的利益,不用积极证明登记权利的正确性,故而,只要登记簿的记载被确认无误,异议登记自始就无意义。而且,异议登记本身也没有推定力,它不能表明其所保全的权利就是真实的,③ 基于此,异议登记本身没有公信力,对于异议登记也不得再设定异议登记。②只有异议正确,登记公信力才能被破除。异议正确不仅要求异议的内容正确,即其所抗辩的登记确实有误,还要求提出异议者为真实权利人。比如,A 被登记为某土地所有人,B 以该土地真实所有人的身份提起异议登记,嗣后 A 将土地所有权移转给 C,此时,如果 B 确属真实所有人,则 C 就不能取得所有权;但是,如果真实权利人既非 A,也非 B,而是 D,由于 C 没有义务知悉该所有权的真实归属,其只要基于对登记的信赖而与 A 发生交易,就可以取得所有权,D 不受异议登记的保护。④

(二) 瑞士的暂时登记

根据《瑞士民法典》第 961 条,暂时登记的特点如下:

第一,在体系上与登记公信力紧密关联,即通过保全物权来击破登记公信力。⑤ 但暂时登记与更正登记没有直接关联,为了防止暂时

---

① 参见〔德〕鲍尔/施蒂尔纳《德国物权法》上册,张双根译,法律出版社,2004,第 367 ~ 368 页。

② 参见〔德〕鲍尔/施蒂尔纳《德国物权法》上册,张双根译,法律出版社,2004,第 366、370 页。

③ Vgl. Muenchener Kommentar zum Buergerlichen Gesetzbuch, Band 6 Sachenrecht, 3. Aufl. , Muenchen 1997, S. 358.

④ Vgl. Mueller, Sachenrecht, 4. Aufl. , Koeln u. a. 1997, S. 349.

⑤ 参见〔日〕铃木禄弥《抵押制度的研究》,一粒社,1968,第 358 页;转引自陈华彬《物权法研究》,金桥文化出版(香港)有限公司,2001,第 266 页。

登记的申请人滥用权利，暂时登记应有时空效力的限制，在必要时，还要规定申请人向法官主张权利的期间。

第二，在发生上基于当事人申请和同意或者法院的命令，法院在审核暂时登记的申请时，依照快速程序裁决，在申请人以初步证据证明后准予暂时登记，这体现了暂时登记的便宜、迅捷特性。

第三，在构造上具有双重性，即暂时登记所保全的权利被确认后，从暂时登记之时起就具有物权效力；反之，暂时登记没有任何意义。

（三）日本的预告登记

根据《日本不动产登记法》第 3 条和第 34 条，预告登记是"因登记原因之法律行为或法律事实为无效或撤销而提起登记之涂销或回复之诉讼时，由受诉法院，将就既存登记已有提起诉讼之事实，为预告第三人，依职权嘱托管辖登记所使其将诉旨载于登记簿之登记"。[①]其特点在于：

第一，在体系上与登记效力直接关联，即日本民法否定登记公信力。在登记错误时，一旦真实权利人在诉讼中取胜，第三人将丧失其从无处分权人处取得的权利，而预告登记通过对交易对象诉争状态的公示，为第三人决定是否进行交易提供了信息平台，从而能防止第三人遭受不测损害。比如，A 通过欺诈致使 B 出卖其房屋并办理所有权移转登记，后 B 请求法院撤销该买卖合同和涂销登记，如果没有预告登记，C 不知 A 的物权存在瑕疵而取得该房屋，当 B 胜诉时，就能从 C 处追回该房屋；然而，通过预告登记，C 可以知悉 A 和 B 之间诉争的事实，能够避免因为信息不通畅而可能遭受的损害。

第二，在发生上以提起登记涂销或者回复之诉为前提条件，其启动机制只有法院嘱托，故预告登记是依附于诉讼的辅助性机制，不具有独立性。

（四）我国台湾地区的异议登记

旧中国"土地登记规则"第 97 条规定："因登记原因之无效或撤

---

① 张龙文：《民法物权实务研究》，汉林出版社，1977，第 181 页。

销，提起诉讼时，得申请为异议登记。土地权利经为异议登记者，于异议登记涂销前，主管地政机关应停止其与异议有关部分权利之新登记。"第98条规定："预告登记或异议登记，因假处分或经土地权利登记名义人之同意为之。"从中可以看出异议登记的特点在于：

第一，在体系上与"台湾地区土地法"第43条确定的登记公信力没有任何关联，反倒与日本法更为接近；同时，与更正登记也没有联系。

第二，在发生上以当事人的申请或者法院假处分为基础，正是这一点遭到非议，致使该制度于1975年"台湾地区土地法"修正时被废除，理由为："异议登记须因假处分或经土地权利登记名义人之同意，为登记程序上之要件。然实际上异议登记经土地权利登记名义人同意者，极为罕见，而大多诉请法院以假处分裁定后为之。假处分为民事诉讼法保全程序中强制执行方法之一，保全程序之强制执行，须将其争执权利之法律关系定暂时状态，使其维持现状，以便执行。否则若土地或建筑物权利移转，并经登记确认，将使执行困难或不能。故现行法令即以法院假处分之嘱托登记代替异议登记。"[①]

第三，在构造上具有单一性，即无论异议是否正确，受异议抗辩的权利都不能再流通，登记机构也无权就此办理变动登记。

二　确定模范法例

以上四个参考范本均有保全物权的价值取向，但相互间也存在不小差异，在如此的区别中，究竟哪一个应当成为模范法例，值得探讨。

在登记错误时，真实权利人是否会因此丧失物权人地位，取决于登记有无公信力。在登记公信力的机制下，第三人能凭借其对登记的信赖，通过交易行为终局地取得登记权利。为了防止出现这种后果，真实权利人可用暂时性的异议登记来阻碍登记公信力的实际发生，从而保全其物权。正是因为登记公信力会导致真实权利人在登记错误时处于弱势地位，异议登记才有存在的必要。显然，在与登记错误有关

---

① 李鸿毅：《土地法论》，作者自版，1993，第364页。

的法律规则系统内，影响异议登记存续的最根本的制约要素是登记公信力，没有登记公信力，异议登记将成为无本之木。德国（《德国民法典》第892条）和瑞士（《瑞士民法典》第973条第1款）认可登记公信力，登记异议和暂时登记均围绕阻止登记公信力而展开，而日本否定登记公信力，[①] 故其预告登记与德国、瑞士的制度极度不同。在《物权法》第106条规定登记公信力的情况下，异议登记应参照德国和瑞士的做法。

我国台湾地区的规定显然忽略了登记公信力对异议登记的决定性作用，虽然台湾地区也采用了登记公信力，[②] 但在这个大前提下，台湾地区却走了日本预告登记的路子，可以说是采德国、瑞士之骨，用日本法之皮，结果导致制度内在构成不协调，因此成为没有生命力的一纸空文。有学者就针对台湾修法删除异议登记的理由辩驳道：异议登记经土地权利登记名义人的同意之所以少见，是因为"土地登记规则"规定的异议登记仿照日本法，以提起诉讼为要件，当事人既然提起诉讼，就表明无同意的可能，这是法律构成方面的问题，需要重建才是根本解决之道；至于假处分有其独立的价值，也不宜轻率删除；结论就是应参照德国民法的设计，建立清晰的法律体系，始为正途。[③]

通过上文描述，我们知道德国登记异议和瑞士暂时登记有如下区别：①在体系上，德国登记异议是更正登记的预备步骤，瑞士暂时登记与更正登记是两种独立的制度；②在发生上，除了当事人的申请、同意和法院命令之外，德国登记异议还可以由登记机构主动依职权引发，瑞士法则缺乏这样的发生机制。以下对这两个区别分别进行合理性对比分析。

首先，应分析异议登记与更正登记的关系。更正登记是彻底修正

---

① 参见〔日〕我妻荣《日本物权法》，有泉亨修订、李宜芬校订，五南图书出版公司，1999，第224~225页；〔日〕田山辉明：《物权法》（增订本），陆庆胜译，法律出版社，2001，第45页。

② 参见王泽鉴《民法物权》第1册，中国政法大学出版社，2001，第122~126页。

③ 参见卢佳香《预告登记之研究》，台湾辅仁大学1995年硕士学位论文，第222页。

登记错误的制度，更正登记的完成，意味着登记错误的消除和正确登记的建立，第三人取得错误登记物权的可能性也被消灭，这是保护真实权利人的最有力手段。更正登记发动的基础主要是真实权利人的更正登记请求权，① 基于该请求权，真实权利人可以请求登记权利人同意进行更正登记，一旦登记权利人不同意，就势必要通过诉讼程序解决应否更正登记的问题，而诉讼程序一般耗时费力，在此期间，第三人完全可能基于登记公信力善意取得登记权利，因此更正登记实际上不能保护真实权利人，形同虚设。而异议登记则能够防止上述情况的发生，因为异议登记的办理无须复杂的举证和审查程序，也不涉及诉讼程序，实施起来极为迅捷；而且，通过异议登记对登记公信力的阻止，真实权利人可以追夺第三人取得的物权，该追夺的外在表现就是更正错误登记。这样，更正登记请求权就不会因登记公信力而丧失功用，异议登记因此具有保全更正登记请求权的功能。② 显然，在德国法中，异议登记只是为更正登记的发生提供了准备，促进更正登记的生成，属于暂时性的预备登记，更正登记的发生将导致异议登记消灭。这表明两者具有内在的逻辑联系，即更正登记为异议登记设定了适用范围，异议登记是更正登记得以实施的辅助制度。正是在更正登记程序运行的过程中，异议登记的价值得以发挥，其终点当然也就是更正登记的产生，故而，法律无须再给异议登记设定存续的期间。

与德国法不同，瑞士的暂时登记独立于更正登记，暂时登记不必然引发更正登记，为了防止出现恶意申请暂时登记，也为了将暂时登记的消极效果降至最低，就有了限制暂时登记时空效力以及申请人主张权利期间的规定。不过，这样一来，可能要面临如下质疑：①暂时登记的最终目的是为查明权利真相提供契机，只要权利真相在法律上没有被终局确定，就不应推翻暂时登记的效力，而强行规定暂时登记的存续期间恰恰与此背道而驰。②在规定时间经过后，当事人仍然对

---

① Vgl. Weirich, Grundstuecksrecht, Muenchen 1985, S. 157.
② Vgl. Wieling, Sachenrecht, 3. Aufl., Berlin u. a. 1997, S. 275.

登记权利存疑，能否继续申请暂时登记？如果可以，暂时登记存续期间的限定除了给申请人增添再次申请的成本外，没有任何价值；如果不可以，显然又背离了其保护真实权利的价值取向，这是一种两难困境。③面对权利争议，当事人是否申请以及何时申请法律保护，完全是个人自由，除了诉讼时效和除斥期间的制约，在暂时登记中设定当事人申请主张权利的期间，似乎没有足够的正当性。

其次，应分析登记机构依职权发动异议登记的意义。在因登记机构过错致使登记错误，并因此给真实权利人造成损失时，登记机构应当向真实权利人赔偿损失，这就是由登记机构承担的国家赔偿责任。在通常情况下，上述责任的发生是登记机构咎由自取，但如果登记机构已经了解到登记错误，基于依法行使国家公共权力的基本准则，它有权主动采取措施纠正错误或者将该错误情况通过登记告知社会公众，从而避免损害真实权利人的利益，也避免引发相应的赔偿责任。由于由登记机构依职权进行的更正登记程序比较繁琐，不能在短期内纠正登记错误，一旦在办理更正登记过程中，第三人凭借登记公信力取得了登记物权，登记机构就不能豁免其赔偿责任。正如前文所言，异议登记的迅捷性能够补救更正登记的上述弱项，据此，登记机构依职权进行的具有法律效力的异议登记，能够阻止受损害的真实权利人对国家的损害赔偿请求权。在德国，这正是登记官依职权办理异议登记的目的。① 就此而言，登记机构依据职权发动的异议登记是免除登记机构国家赔偿责任的技术手段之一，应有存在的必要，而瑞士法缺失这种机制就是法律漏洞了。

以上合理性对比分析表明，德国登记异议的具体构造要比瑞士暂时登记胜出一筹，它就是我们应选择的模范法例。

三　制度构造对比

通过上文的表述，不难看出，相对于德国的登记异议制度，我国

---

① Vgl. Holzer/Kramer, Grundbuchrecht, Muenchen 1994, S. 185.

异议登记是重新创造的产物，这些创新究竟是继受者根据自身情况走的正确路子，还是对模范法例的误解从而走了一条弯路，值得深入而细致的分析。下文将尽量结合我国本土相关的制约要素，从立法形式到具体制度内容，对德国登记异议和我国异议登记进行对比分析，尝试着给出答案。

（一）立法形式

德国法对登记异议的处理，采用了分散规定的立法形式。《德国民法典》第 892 条第 1 款第 1 句规定指明了异议破除登记公信力的效力，第 899 条则规定了异议登记的适用情形和常见的发生机制，第 1139 条专门规定了对抵押权的异议，《德国土地登记法》第 53 条第 1 款第 1 句规定了登记机构依据职权所为的登记异议。与此不同，我国《物权法》于第 19 条第 1 款规定了异议登记的基本条文，《土地登记法》（第 76 ~ 79 条）和《房屋登记办法》（第 60 ~ 61 条）也基本上集中加以规定，这便于法律适用，能产生纲举目张的效果，值得赞同。

（二）适用前提

德国登记异议的适用前提是登记权利可能有误，而非确定的登记错误，我国同样如此（《物权法》第 19 条第 2 款；《房屋登记办法》第 76 条）。这种规定是妥当的，因为异议登记只适用于申请人认为登记错误的情形，至于登记是否确实有误，还需要进一步查实，这个查实过程并非异议登记的功能范围，而是更正登记的任务。在查实和更正之前，可能有误的登记在法律上尽管存在疑问，但不妨碍其正确性的推定效力，法律不能将这种状态界定为"错误"。

（三）申请主体

德国登记异议制度并未明确申请主体，要准用登记申请一般规则，即申请登记之人一般是对登记有直接利益之人，包括获得权利人或者失去权利人，[①] 这种说法在中国法的语境中，与"利害关系人"意义

---

① 参见〔德〕鲍尔/施蒂尔纳《德国物权法》上册，张双根译，法律出版社，2004，第 309 页。

等同。

（四）发生机制

上文已经言明德国登记异议的发生机制，此处不赘。综观我国异议登记相关条文，与德国法相比，均缺乏登记机构依据职权所为的异议登记，犯了与瑞士法相同的错误，应予弥补。另外，就申请和审查机制而言，德国法有当事人双方协力或者法院假处分的保障，既能减少不当申请的发生，还能促使异议登记迅捷地发生，而我国缺乏这样的规范，是为憾事。

（五）法律效力

异议登记的主要法律效力是阻断登记公信力，这也是它的基本功能。异议记载于登记簿后，就会提醒交易者注意被异议抗辩之登记权利的真实性，一旦异议正确，无论第三人是否查阅登记簿，以被抗辩的登记权利为对象的交易就不受法律保护，异议登记的这种效力是确定的，有争议的是实现这种效力的方式。

德国法采用了事后阻断的方式，即异议登记不能剥夺或者限制登记权利人的处分权，该权利人仍然可以将作为异议对象的物权进行移转或者变更，登记机构也必须办理相应的变动登记，只有在异议确属正确时，该物权变动才丧失法律效力。这种方式在给交易者提供交易对象可能为假的信息同时，将是否交易的主动权交给交易者，由其自己判断，并因此享受利益或承担风险。只要该决策正确，法律就要保证交易进程及其结果能够符合当事人的意思和预期，不会剥夺登记权利的流通性而导致效率减损。德国法之所以采用这种立场，是因为登记权利代替了实际权利，不动产物权的交易功能负担在登记权利之上，如何保持登记权利的流动性成为德国法的重要使命，[①] 事后阻断方式显然符合这个要求。而且，从理论上讲，异议登记意在通过登记的公示性，向社会公众警示其所对抗的登记权利可能有误的信息，而该登记权利是否确属错误，尚需进一步考察，正是这种或然性导致异议登

[①]　参见孙宪忠《德国当代物权法》，法律出版社，1997，第 135 页。

记不能禁止或者限制登记权利人处分自己的权利。正因为异议登记不禁止登记权利的流通，不限制登记权利人的处分权，自然也就不存在异议登记给登记权利人造成损失的问题。

《物权法》没有明确异议登记的法律效力，但"异议登记不当，造成权利人损害的，权利人可以向申请人请求损害赔偿"的规定实际指向了与德国法相反的道路。而实务操作规范更明确地表达了这一点，即通过事前防止的方式使得被异议抗辩的权利人不得处分该不动产，登记机构也不能办理相应的登记。对此，《土地登记办法》第60条第3款规定："异议登记期间，未经异议登记权利人同意，不得办理土地权利的变更登记或者设定土地抵押权。"《房屋登记办法》第78条规定："异议登记期间，房屋登记簿记载的权利人处分房屋申请登记的，房屋登记机构应当暂缓办理。权利人处分房屋申请登记，房屋登记机构受理登记申请但尚未将申请登记事项记载于房屋登记簿之前，第三人申请异议登记的，房屋登记机构应当中止办理原登记申请，并书面通知申请人。"这种方式属于"宁可阻止一千，不可放过一个"，与德国法的事后阻断方式相比，显然不利于登记权利的流通，在交易效率方面有所欠缺。而且，在体系解释的视角中，审查远比其他登记迅速的异议登记（《房屋登记办法》第23条）更能导致异议登记产生处分禁止的效力，这完全背离了正常的逻辑发展，让人费解。

更为重要的是，异议登记并不能确切地证明其所针对的登记存在错误，也不能证明申请者就是真实权利人，在这种不确定的情况下，贸然限制或者禁止登记权利人的处分权，以禁止物权的流转和排除登记公信力，可能会产生不利于登记权利人的后果。比如，恶意之 A 并非真实权利人，其为了阻碍房屋所有权人 B 出卖房屋，就以该房屋真正所有权人的身份申请异议登记，从而限制 B 对房屋的处分权，在此期间，房产市场价格大跌，致使 B 遭受极大损失。B 为了弥补损失，就不得不经历耗时费力的诉讼，并承受 A 可能无能力赔偿损失的后果。故而，事先防止的方式不足为取。

（六）存续方式

德国法没有规定异议登记的存续期限，在异议登记之利益人同意或者法院假处分被撤销时，异议登记消灭。与此不同，《物权法》第19条第2款将异议登记与申请人的起诉联系起来，将其存续期间界定为15日。《土地登记办法》第61条第1款更将之细化为三种情形：异议登记申请人在异议登记之日起15日内没有起诉的；人民法院对异议登记申请人的起诉不予受理的；人民法院对异议登记申请人的诉讼请求不予支持的。

此外，异议登记在以下情形也不应存续：①受保全权利的消灭；②异议登记申请人自愿同意涂销该登记，从而产生该登记从未发生或者真实权利人放弃自己权利的后果；③异议登记被更正登记或者被法院撤销，即通过法定程序，异议登记被认定为不正确。

附录　异议登记程序规范

【利害关系人单方申请的异议登记】

利害关系人认为不动产登记簿记载的权利事项错误，申请异议登记的，应当依法提交登记簿记载错误证明等材料。

符合异议登记条件的，不动产登记机构应当将相关事项记载于不动产登记簿，并向申请人颁发异议登记证明，同时书面通知登记簿记载的权利人。

在异议登记期间，不动产登记簿记载的权利人因处分权利申请登记的，不动产登记机构应当暂缓办理登记。

不动产登记簿记载的权利人因处分权利申请登记，不动产登记机构受理申请但尚未将申请事项记载于登记簿之前，利害关系人针对该权利申请异议登记并被登记机构受理的，登记机构应当中止办理原登记申请，并书面通知申请人。

异议登记不当，造成权利人损害的，权利人可以向申请人请求损害赔偿。

法例参照：

《物权法》第 19 条第 2 款第 1 句："不动产登记簿记载的权利人不同意更正的，利害关系人可以申请异议登记。"

《物权法》第 19 条第 2 款第 3 句："异议登记不当，造成权利人损害的，权利人可以向申请人请求损害赔偿。"

《土地登记办法》第 60 条："土地登记簿记载的权利人不同意更正的，利害关系人可以申请异议登记。

对符合异议登记条件的，国土资源行政主管部门应当将相关事项记载于土地登记簿，并向申请人颁发异议登记证明，同时书面通知土地登记簿记载的土地权利人。

异议登记期间，未经异议登记权利人同意，不得办理土地权利的变更登记或者设定土地抵押权。"

《房屋登记办法》第 76 条："利害关系人认为房屋登记簿记载的事项错误，而权利人不同意更正的，利害关系人可以持登记申请书、申请人的身份证明、房屋登记簿记载错误的证明文件等材料申请异议登记。"

《房屋登记办法》第 78 条："异议登记期间，房屋登记簿记载的权利人处分房屋申请登记的，房屋登记机构应当暂缓办理。

权利人处分房屋申请登记，房屋登记机构受理登记申请但尚未将申请登记事项记载于房屋登记簿之前，第三人申请异议登记的，房屋登记机构应当中止办理原登记申请，并书面通知申请人。"

【双方申请的异议登记】

利害关系人和不动产登记簿记载的权利人认为登记簿记载的权利事项错误，共同申请异议登记的，不动产登记机构应当予以办理，并向申请人颁发异议登记证明。

在异议登记期间，不动产登记簿记载的权利人有权处分权利，但更正登记后的权利人未追认的，该处分不发生效力。

【主动的异议登记】

不动产登记机构有证据证明不动产登记簿记载的权利事项错误，可依法办理异议登记，并书面通知登记簿记载的权利人。

因异议登记错误给权利人造成损害的，不动产登记机构应当承担赔偿责任。

法例参照：

《德国土地登记法》第 53 条第 1 款第 1 句："土地登记局违反法律规定而为登记，土地登记簿因此出现错误的，土地登记局应依据职权为异议登记。"

【异议登记的注销】

有下列情形之一，申请人或者不动产登记簿记载的权利人申请注销异议登记的，应当依法提交异议登记消灭事由证明等材料：

（一）不动产登记簿的错误记载依法被更正的；

（二）被异议登记的权利消灭的；

（三）申请人同意注销异议登记的；

（四）申请人在异议登记之日起十五日内没有起诉的；

（五）人民法院对申请人的起诉不予受理的；

（六）人民法院对申请人的请求不予支持的；

（七）法律规定的其他事由；

异议登记注销后，原申请人就同一事项再次申请异议登记的，不动产登记机构不予受理。

法例参照：

《物权法》第 19 条第 2 款第 2 句："登记机构予以异议登记的，申请人在异议登记之日起十五日内不起诉，异议登记失效。"

《土地登记办法》第 61 条："有下列情形之一的，异议登记申请人或者土地登记簿记载的土地权利人可以持相关材料申请注销异议登记：

（一）异议登记申请人在异议登记之日起十五日内没有起诉的；

（二）人民法院对异议登记申请人的起诉不予受理的；

（三）人民法院对异议登记申请人的诉讼请求不予支持的。

异议登记失效后，原申请人就同一事项再次申请异议登记的，国土资源行政主管部门不予受理。"

《房屋登记办法》第 79 条："异议登记期间，异议登记申请人起诉，人民法院不予受理或者驳回其诉讼请求的，异议登记申请人或者房屋登记簿记载的权利人可以持登记申请书、申请人的身份证明、相应的证明文件等材料申请注销异议登记。"

第十一章

预告登记程序

在不动产物权变动采用强制登记的机制下，债权人在登记完成之前要承担目的落空的风险，为了减弱这种风险，使得债权请求权实现的机会不因债务人行为而落空，预告登记制度遂应运而生。换言之，与不动产物权变动登记以物权为对象不同，预告登记是以债权请求权为对象的登记，不过，它们之间存在相当密切的联系：预告登记旨在保全以不动产物权变动为内容的债权请求权，它为债权向物权的转化提供了顺畅的通道，可谓不动产物权变动登记的准备阶段；而且，不动产登记程序主要以不动产物权变动登记为基本形态而设定，在法律没有特别规定的情况下，预告登记当然要适用这种一般程序规则，从而在此意义上服从于物权变动登记。

第一节　基本知识要点

根据德国法系预告登记的制度经验，预告登记的基本知识主要有：

第一，预告登记界定。这方面的要点有：①实体预告登记和程序预告登记之分，前者旨在保全引致不动产物权变动的债权请求权，后者旨在强化时间在前的登记申请，其规范基础是《德国土地登记法》第 18 条第 2 款，但如果能在不动产登记簿上清晰标志登记申请被登记机构受理的时间，程序性预告登记似无须采纳。②狭义预告登记与广义预告登记之分，前者指德国和瑞士的预告登记，其前提是登记对于不动产物权的设权效力；后者指日本的假登记，其前提是登记在不动产物权变动中的对抗效力，我国宜借鉴德国的狭义预告登记。

第二，预告登记性质。这方面的要点有：①预告登记通过加固债权人的地位，为债权请求权的实现提供了保障，是债权担保手段。②预告登记使得债权请求权具有物权效力，出现"债权物权化"特征。

第三，预告登记特征。这方面的要点有：①与异议登记相比，预告登记主要用以标志将来的物权变动，以预告未来，在此前提下，它保全的对象是作为物权变动原因的债权请求权，并因为设权性而能适用善意取得制度。②与让与禁止相比，预告登记的法律效力更为宽泛，但保全对象较为狭窄。③与物权性先买权相比，预告登记除了保全债权请求权之外，不存在直接针对标的物的权利。④与担保物权相比，预告登记中权利人的请求权基础是所保障的债权请求权，而非物权，且预告登记之中没有变价和清算程序。

第四，预告登记与债权。这方面的要点有：①预告登记所保全的债权必须能引发具有登记能力之不动产物权变动，其法律基础可是债权法、家庭法、继承法等私法，还可是公法，该债权还可以附条件、附期限。②预告登记依附于所保全的债权请求权，并随着状态变化而变化，但预告登记消灭不必然表明债权请求权消灭。③债权请求权不存在的，预告登记因此而登记错误，登记义务人有权请求更正，但不得善意取得。④债权请求权合法存续，预告登记被不当注销的，登记出现错误，可被善意取得。

第五，预告登记与登记。这方面的要点有：①预告登记通过登记记载的公示，将其上存在的债权负担公布出来，这样，债务人实施的有违预告登记内容的行为，对预告登记的权利人没有法律效力。②预告登记不仅能对抗在其后实施的处分行为和租赁，还能对抗在其后实施的并通过登记表现出来的国家公共权力行为。③预告登记因为"登记"而被涂上物权效力色彩，可基于登记公信力而被善意取得。

第六，预告登记效力。这方面的要点有：①相对无效的效力，即违背预告登记的处分相对无效。在此所谓的处分包括处分行为、强制执行等强制处分、租赁等，而相对无效是指处分对因预告登记而取得利益的人无效，且在妨碍或侵害债权请求权的限度内无效；一旦发生相对无效的处分，预告登记权利人有权请求取得权利者同意涂销该权利，该取得人负担法定的同意义务。在此，预告登记权利人与权利取得人之间的关系被视为所有权人和占有人的关系，如果取得人对不动产造成损害的，权利人自取得所有权之时起，对取得人享有损害赔偿请求权。②完全效力，即在预告登记的义务人破产或被强制执行时，预告登记保全的权利从义务人负担的其他债务中脱离出来，仍能够完全实现。③顺位效力，即预告登记保全的债权因履行而转化为物权的，该物权的顺位依据预告登记的时间而确定。

第七，预告登记始终。这方面的要点有：①预告登记产生的原因是当事人的申请，并因记载于登记簿中而产生。②预告登记消灭的原因是保全的债权请求权消灭、权利人放弃等，并因注销登记而消灭。[①]

第二节　评析现有规定

一　现有规定概要

《物权法》、《土地登记办法》、《房屋登记办法》均规定了预告登记，综合而言，其主要内容包括：①预告登记保全的对象为房屋买卖等引致不动产物权变动的协议（《物权法》第20条第1款第1句），在实践中的具体类型包括土地权利转让的协议（《土地登记办

---

① 参见常鹏翱《物权程序的建构与效应》，中国人民大学出版社，2005，第321~347页。有关预告登记的起源及发展，参见王轶《物权变动论》，中国人民大学出版社，2001，第164~168页。

法》第 62 条第 1 款）、预购商品房、以预购商品房设定抵押、房屋所有权转让、抵押等（《房屋登记办法》第 67 条）；②预告登记既可由当事人共同申请，也可单方申请（《房屋登记办法》第 69 条）；③申请预告登记应提交申请书、申请人身份证明、债权证明、预告登记约定等材料（《房屋登记办法》第 71～73 条）；④预告登记的效力是使得未经预告登记的权利人同意的处分不发生物权效力（《物权法》第 20 条第 1 款第 2 句），在实践操作中，该条内容被具体化为登记禁止，即未经预告登记权利人同意，登记机构不得办理处分该不动产的登记（《土地登记办法》第 62 条第 4 款；《房屋登记办法》第 68 条第 1 款）；⑤预告登记消灭的事由是债权消灭，或当事人自能够进行不动产登记之日起 3 个月内未申请登记（《物权法》第 20 条第 2 款）。

与上述预告登记的基本知识点相比，我国目前的预告登记制度显然有些简略，有许多知识点没有展开，理应加以补充，而且，有的制度设计是否妥当，也值得认真思考。

二 厘定适用对象

在绝对登记原则——即登记设权——的前提下，不登记者，不动产物权不得变动，这样，即便作为物权变动原因的债权请求权已有效产生，但只要未办理登记，不动产物权变动就可能落空，为了避免该风险，预告登记应运而生，其功能是标志将来的物权变动，进而促成物权变动的现实化。① 再进一步看，即便在登记对抗模式，尽管不登记者，物权已然变动，但不得对抗已登记者，为了保全未登记的物权，仍不妨登记其基础权利，这同样是预告登记。就此而言，在制度设计时，可忽视物权变动的模式差异对于预告登记的影响。

而且，不动产物权变动是一个框架性概念，其形态相当多样，引

① 参见〔德〕鲍尔/施蒂尔纳《德国物权法》上册，张双根译，法律出版社，2004，第 416～418 页。

致不动产物权变动的债权请求权同样如此，故而，法律不可能一一列举预告登记的适用对象，只把握住预告登记保全的债权请求权具有引发不动产物权变动的功用即可。在此标准下，《土地登记办法》和《房屋登记办法》所定的预告登记适用对象范围过于狭窄，而《物权法》又只限于当事人的协议，也同样狭窄，应扩大为"将来实现不动产物权变动的债权请求权"。

三 明确产生条件

鉴于预告登记依附于所保全的债权请求权，该请求权必须合法有效才有意义，这是设定预告登记所应具备的实体要件。预告登记产生的程序要件是当事人向登记机构提交登记申请，并经过登记机构审查后，自记载于登记簿之日起产生法律效力，即所谓的对人权的预告登记适用绝对登记原则。[1] 要注意的是，如果预告登记指向的标的物因缺乏特定性而没有独立的簿页时，如在一宗土地的一部分上设定预告登记，或对预售商品房、在建工程设定预告登记，就会产生难以记载的技术难题，对此，可通过在相应簿页上加以说明来促成预告登记的成立。[2]

此外，一旦预告登记存在基础登记，而该基础登记错误，但善意预告登记权利人只要完成登记，即符合善意取得的条件，就能设立有效的预告登记。比如，在瑞士，错误登记的所有权人与第三人订立租赁合同，并为预告登记，即可对抗真实所有权人的异议。[3]

四 完善法律效力

《物权法》第 20 条第 2 款规定了预告登记的效力，即"预告登记后，未经预告登记的权利人同意，处分该不动产的，不发生法律效力"。从文义上理解，该条并未明确限制对该不动产的再处分，但实

---

① Vgl. Zobl, Grundbuchrecht, 2. Aufl., Zuerich 2004, S. 63.

② 参见〔德〕鲍尔/施蒂尔纳《德国物权法》上册，张双根译，法律出版社，2004，第 430 页。

③ Vgl. Zobl, Grundbuchrecht, 2. Aufl., Zuerich 2004, S. 77.

务操作将其转变为登记禁止，这一转变当然便于登记机构的操作，但悖于私法自治的基本准则，并不利于预告登记的权利人，[①] 难言妥当，不如明确承认预告登记的相对无效效力。这样规定，不仅符合民法体系，而且因为预告登记的公示，导致很少有人冒险与预告登记的义务人再为处分交易，从而会产生登记禁止的实际效果。[②]

此外，为了充分体现预告登记的物权化属性及其对债权请求权的担保作用，法律还应明确体现预告登记的完全效力和顺位效力。

五 义务人的抗辩

预告登记具有促成债权请求权实际转化为物权的功能，在转化之前，预告登记受制于所保全的债权，既然为债权，就可能受到各种抗辩，这样，一旦预告登记的权利人不按照债权债务关系的要求适当履行义务，登记义务人就有权提出抗辩，只要该抗辩有效成立，预告登记保全的请求权就无从实现，预告登记也因此失去应有的效力。

六 移转预告登记

受制于对所保全的债权请求权的依附性，预告登记只能随请求权而移转，只要请求权按照法律规定完成移转，预告登记即便没有在登记簿中完成相应的登记变更，它也基于法定原因而移转。债权受让人为保护自己利益，可以通过更正登记来完成预告登记权利人的更名。再者，如果预告登记所保全的债权请求权无效，预告登记的受让人尽管符合善意条件，但由于债权无从产生善意取得，受让人也不能享受善意取得制度的保护。比如，在瑞士，一个无效的买受权被预告登记后转让的，它与受让人的善意无关，仍然无效。[③]

---

① 参见常鹏翱《物权程序的建构与效应》，中国人民大学出版社，2005，第336页。
② 参见〔德〕鲍尔/施蒂尔纳《德国物权法》上册，张双根译，法律出版社，2004，第432页。
③ Vgl. Zobl, Grundbuchrecht, 2. Aufl. , Zuerich 2004, S. 77.

七　预告登记注销

预告登记所保全的债权请求权消灭的，尽管预告登记仍然存在于登记簿，但它实际已经消灭，登记义务人可请求注销登记。除此之外，权利人放弃预告登记、当事人自能够进行不动产登记之日起 3 个月内未申请登记，均是导致预告登记注销的事由。一旦预告登记注销，原来相对无效的处分将完全有效。

附录　预告登记程序规范

【预告登记保全的对象】

为了保全以发生不动产物权变动为内容的债权，可在不动产登记簿中进行预告登记。

> **法例参照：**
> 《德国民法典》第 883 条第 1 款："为了保全旨在转让或者废止一宗土地权利的请求权，或者土地上负担的权利的请求权，或者保全变更这些权利的内容或其顺位的请求权，可以在土地登记簿中记载为预告登记。被保全的请求权附条件或者附期限的，也可为预告登记。"
> 《物权法》第 20 条第 1 款第 2 句："当事人签订买卖房屋或者其他不动产物权的协议，为保障将来实现物权，按照约定可以向登记机构申请预告登记。"

【申请预告登记】

申请预告登记的，当事人应当依法提交不动产物权证明、债权有效存续证明、设立预告登记的协议等材料。

符合预告登记条件的，不动产登记机构应当将相关事项记载于不动产登记簿，并向申请人颁发预告登记证明。

法例参照：

《土地登记办法》第 62 条第 1～2 款："当事人签订土地权利转让的协议后，可以按照约定持转让协议申请预告登记。

对符合预告登记条件的，国土资源行政主管部门应当将相关事项记载于土地登记簿，并向申请人颁发预告登记证明。"

《房屋登记办法》第 70 条："申请预购商品房预告登记，应当提交下列材料：

（一）登记申请书；

（二）申请人的身份证明；

（三）已登记备案的商品房预售合同；

（四）当事人关于预告登记的约定；

（五）其他必要材料。

预购人单方申请预购商品房预告登记，预售人与预购人在商品房预售合同中对预告登记附有条件和期限的，预购人应当提交相应的证明材料。"

《房屋登记办法》第 71 条："申请预购商品房抵押权预告登记，应当提交下列材料：

（一）登记申请书；

（二）申请人的身份证明；

（三）抵押合同；

（四）主债权合同；

（五）预购商品房预告登记证明；

（六）当事人关于预告登记的约定；

（七）其他必要材料。"

《房屋登记办法》第 72 条："申请房屋所有权转移预告登记，应当提交下列材料：

（一）登记申请书；

（二）申请人的身份证明；

（三）房屋所有权转让合同；

（四）转让方的房屋所有权证书或者房地产权证书；

（五）当事人关于预告登记的约定；

（六）其他必要材料。"

《房屋登记办法》第73条："申请房屋抵押权预告登记的，应当提交下列材料：

（一）登记申请书；

（二）申请人的身份证明；

（三）抵押合同；

（四）主债权合同；

（五）房屋所有权证书或房地产权证书，或者房屋所有权转移登记的预告证明；

（六）当事人关于预告登记的约定；

（七）其他必要材料。"

【预告登记效力】

未经预告登记权利人的同意，预告登记义务人处分该不动产的行为对预告登记权利人不产生法律效力。

预告登记的义务人破产的，该不动产不属于债务人财产，法律另有规定的除外。

预告登记保全的债权请求权实现时，由此产生的不动产物权依据预告登记的时间确立其顺位。

法例参照：

《物权法》第20条第1款第2句："预告登记后，未经预告登记的权利人同意，处分该不动产的，不发生物权效力。"

《德国民法典》第883条第2款："预告登记后,处分土地权利或者土地权利负担的权利,致使被保全的请求权一部分或者全部受到损害的,在此限度内的处分无效。以强制执行或者假扣押方式或者由无支付能力管理人所为的处分,亦同。"

《德国民法典》第883条第3款："请求权以转让权利为目的的,该权利的顺位依预告登记而定。"

【预告登记义务人的抗辩】

预告登记义务人可依法对预告登记保全的请求权主张抗辩,该抗辩不因预告登记而受到限制或者消灭。

法例参照:

《德国民法典》第886条:"对预告登记所保全的请求权涉及的土地或者权利的享有人,对该请求权有持续性的排除性抗辩权的,可以请求解除保全请求权人之权利的预告登记。"

【预告登记的移转】

预告登记因保全的债权请求权移转而移转。

预告登记权利人和受让人共同申请预告登记移转登记的,应当依法提交原预告登记证明、债权移转证明等材料。

【预告登记的变更】

预告登记权利人和受让人共同申请预告登记变更登记的,应当依法提交原预告登记证明、变更事项证明等材料。

【预告登记的注销】

当事人申请注销预告登记的,应当依法提交原预告登记证明、预告登记消灭事由证明等材料。

预告登记自注销之日起丧失法律效力。

法例参照：

《物权法》第 20 条第 2 款："预告登记后，债权消灭或者自能够进行不动产登记之日起三个月内未申请登记的，预告登记失效。"

第十二章

查封登记程序

　　查封在实务中主要是民事强制执行的一种措施，是指为了保全债权人执行名义所载债权的实现，限制债务人对执行标的物的处分权的执行行为，[①] 由此可知，法院是有权为查封的主体（《民事诉讼法》第220 条）。但查封的适用范围不限于民事诉讼，还体现于刑事程序中，即公安、检察机关出于侦查刑事案件的需要，可查封犯罪嫌疑人的财产（《最高人民法院、最高人民检察院、公安部、司法部、国家安全部、全国人大常委会法制工作委员会关于刑事诉讼法实施中若干问题的规定》第48 条第1 款第3 项；《公安部关于公安机关在办理刑事案件中可否查封冻结不动产或投资权益问题的批复》）。查封限制了处分权人对自己权利的处分，无论对特定的处分权人还是不特定的权利取得人，均利害攸关，为了表达这种重要信息，针对不动产的查封可以登记，此即查封登记。

　　在我国台湾地区，查封登记与预告登记、假扣押登记、假处分登记、破产登记以及其他为法律规定的处分禁止登记共同构成了限制登记，即限制登记名义人处分不动产权利的登记，以保全将来可能实现

---

①　参见杨与龄编著《强制执行法》，中国政法大学出版社，2002，第312～313 页。

的不动产权利。① 查封在我国大陆地区同样有禁止债务人处分财产的功能，但未登记，不得对抗其他的已经登记的查封（《最高人民法院关于人民法院民事执行中查封、扣押、冻结财产的规定》第 9 条第 2 款第 2 句），也不得对抗善意第三人（《最高人民法院关于人民法院民事执行中查封、扣押、冻结财产的规定》第 26 条第 3 款），这充分显示出查封登记的限制登记特点。

从逻辑上推演，既然查封登记旨在限制登记名义人的处分权，那么，它就应有的放矢，以已登记的不动产为对象，否则，就无限制可言。换言之，查封登记应当以既有的权利登记为基础，未被登记的不动产权利可被查封，但无从为查封登记，通常只有在办理房屋所有权登记、继承登记等相应的不动产权利登记后，② 才能在登记簿中该权利部分记载查封信息，进而产生法律效力。只不过，权利登记如何办理，宜视具体情况而定。比如，对债务人因继承、判决或者强制执行取得，但尚未办理权属登记不动产权利的查封，法院应向登记机构提交债务人取得财产所依据的继承证明、生效判决书或者执行裁定书及协助执行通知书，由登记机构办理权属登记手续后，办理查封登记（《最高人民法院、国土资源部、建设部关于依法规范人民法院执行和国土资源房地产管理部门协助执行若干问题的通知》第 8 条；《土地登记办法》第 65 条）；又如，在需要债务人申请登记的场合，如果债务人怠于申请，以至于查封登记无从进行时，不妨由债权人代位债务人申请办理相应的登记，③ 在此基础上再为查封登记，此即代位申请的效用。

---

① 参见杨松龄《实用土地法精义》，五南图书出版公司，2000，第 161 页。所谓假扣押，是指债权人就金钱请求或得易为金钱请求的请求，为了禁止债务人处分其财产，保全对债务人财产的强制执行，所实施的执行行为（"台湾地区民事诉讼法"第 522 条）。所谓假处分，是指债权人就金钱请求以外的请求，为了禁止债务人变更其请求标的物或者有争执的法律关系的现状，保全对债务人财产之强制执行，所实施的执行行为（"台湾地区民事诉讼法"第 532 条）。破产登记则是为了保全破产债务人的财产所为的登记。
② 参见吴光陆《强制执行法》，三民书局股份有限公司，2007，第 337 页。
③ 参见李鸿毅《土地法论》，作者自版，1999，第 316 页。

当然，在法律另有规定时，无须有基础的权利登记，也可办理查封登记。比如，在我国台湾地区，查封债务人所有权的建筑物未申办所有权第一次登记时，债权人仍可申请法院查封登记，即由登记机构就已登记土地上未登记建筑物先行勘测，凭勘测结果再为查封登记，但该建筑物将来执行拍卖申办移转登记，仍应补办建筑物所有权第一次登记，[①] 不过，这种做法没有一步到位，似不足取。此外，在我国大陆地区，针对未办理权属登记的不动产权利有预查封，其效力与查封等同，登记机构也可由此办理预查封登记（《最高人民法院、国土资源部、建设部关于依法规范人民法院执行和国土资源房地产管理部门协助执行若干问题的通知》第 13 条、第 15 ~ 16 条、第 18 条），但在登记簿物的编成机制下，未登记的不动产权利在登记簿中没有信息显示，如何对这样的权利在登记簿中记载预查封，着实难以想象。可以说，预查封登记缺乏登记簿可记载空间的支持，其实施的现实性和可能性值得怀疑。与其如此，实不如对此类不动产采用通知权利人、管理人或者占有人，并在显著位置张贴公告的方式予以查封来得更为实际（《最高人民法院关于人民法院民事执行中查封、扣押、冻结财产的规定》第 10 条）。

在民事强制执行中，查封登记目的在于保全债权，而基于债权数额的多寡，在我国司法实务中，法院视查封的不动产价值的高低，可查封不动产整体，也可查封不动产部分（《最高人民法院、国土资源部、建设部关于依法规范人民法院执行和国土资源房地产管理部门协助执行若干问题的通知》第 10 条），以妥当地照料债务人的利益。不过，在登记簿物的编成机制中，登记簿页以特定的不动产为基础而设置，在此上显示的不动产应为一个整体，很难说在一个簿页的同一权利上，部分因查封而受限，部分可自由转让，这一点对房屋尤其如此，故而，如何实现分割查封登记，还有待司法实务和登记实务进一步的经验总结。

---

① 参见徐台玉编著《最新土地登记法规与实务》，作者自版，2001，第 6 - 2 页。

查封登记的启动机制是嘱托，自应适用前述的嘱托程序，在此应补充的是：①查封登记的对象如已经移转给他人，并完成登记，即不能再为查封登记（《最高人民法院关于人民法院民事执行中查封、扣押、冻结财产的规定》第 25 条第 1 款），登记机构应立即将无从办理查封登记的事实函复嘱托机构；①②针对同一不动产权利的重复查封不被允许，故而，同一不动产权利在查封登记后，其他法院再嘱托查封登记的，登记机构只能为之办理轮候查封登记，并书面告知该不动产权利被查封的事实及查封的有关情况（《最高人民法院、国土资源部、建设部关于依法规范人民法院执行和国土资源房地产管理部门协助执行若干问题的通知》第 19 条；《土地登记办法》第 67 条）。

查封登记的最主要功能在于限制作为债务人的登记权利人的自由处分权，只要债务人针对查封登记的不动产权利所为的转让、抵押、出租等移转、设定权利负担等行为有碍债权保全或者实现，该行为就不得对抗债权人（《最高人民法院关于人民法院民事执行中查封、扣押、冻结财产的规定》第 26 条第 1 款）。查封登记的这种效力相对性一方面无须考虑保护行为相对人的利益，能确保债权的实现；另一方面，为了保护交易安全，维护交易秩序，促进交易的进行，债务人所谓的无碍债权的行为仍然有效，②这体现了学理上所谓的查封登记的相对无效的效力。

在我国登记实践中，查封登记产生了登记禁止的效果，即在查封登记期间，登记机构不得对查封的不动产权利办理权利移转、设定他物权等权属变动登记（《最高人民法院、国土资源部、建设部关于依法规范人民法院执行和国土资源房地产管理部门协助执行若干问题的通知》第 21～22 条；《土地登记办法》第 69 条；《房屋登记办法》第 22 条第 6 项）。这种做法似乎与查封登记的效力相对性矛盾，因为效

---

① 参见徐台玉编著《最新土地登记法规与实务》，作者自版，2001，第 6－2 页。
② 参见王飞鸿《〈最高人民法院关于人民法院民事执行中查封、扣押、冻结财产的规定〉的理解与适用》，最高人民法院执行办公室编《强制执行指导与参考》总第 12 集，法律出版社，2005，第 26 页。

力相对意味着查封登记不能绝对禁止债务人处分查封的不动产权利，特别是那些无碍查封所保全的债权的处分行为，而是否无碍，登记机构难以判断。就此而言，查封登记对登记机构不应产生额外的负担，即在查封登记后，登记机构又为债务人针对查封对象的处分行为进行了登记，以至于损害查封所保全的债权，也不为此承担责任，因为债权人可依据查封登记相对无效的效力规范得到救济。

但是，鉴于查封乃法院的职权行为，有财产保全或者生效判决的基础，为了维护司法尊严，也为了避免因债务人处分查封财产而产生的不必要麻烦，在不动产登记法中赋予查封登记的登记禁止效力，倒也适当。这也表明，在登记系统里，查封登记排除之后针对查封财产的权利变动登记，但在司法系统里，即便登记机构针对查封财产办理了权利变动登记，该登记对查封所保全的债权人也没有效力。

此外，既然查封登记的目的在于通过限制登记名义人处分不动产权利来保全特定利益，只要不动产权利并非因限制登记名义人的行为而得以移转，或者不动产权利的移转未损害所保全的特定利益，则也不妨碍所查封不动产权利的移转（"台湾地区土地登记规则"第141条）。

查封登记因法院嘱托而启动，当然也因法院嘱托而消灭，即在被查封的财产未被强制执行的情况下，法院通过裁定解除查封的，应将解除查封裁定书和协助执行通知书送达登记机构（《最高人民法院、国土资源部、建设部关于依法规范人民法院执行和国土资源房地产管理部门协助执行若干问题的通知》第12条），由登记机构注销查封登记。

附录　查封登记程序规范

【查封登记的对象】

查封已登记的不动产的，人民法院可依法嘱托不动产登记机构办理查封登记。

查封依据《中华人民共和国物权法》第二十八条、第二十九条或者第三十条的规定取得，但未登记的不动产的，人民法院应当向不动产登记机构提交相应的依据及协助执行通知书，由登记机构办理相应的权属登记后，再办理查封登记。

查封其他的未登记的不动产的，在当事人依法向登记机构申请办理相应权属登记后，人民法院可依法嘱托不动产登记机构办理查封登记。

法例参照：

《最高人民法院关于人民法院民事执行中查封、扣押、冻结财产的规定》第 9 条第 2 款第 1 句："查封、扣押、冻结已登记的不动产、特定动产及其他财产权，应当通知有关登记机关办理登记手续。"

《最高人民法院、国土资源部、建设部关于依法规范人民法院执行和国土资源房地产管理部门协助执行若干问题的通知》第 8 条："对被执行人因继承、判决或者强制执行取得，但尚未办理过户登记的土地使用权、房屋的查封，执行法院应当向国土资源、房地产管理部门提交被执行人取得财产所依据的继承证明、生效判决书或者执行裁定书及协助执行通知书，由国土资源、房地产管理部门办理过户登记手续后，办理查封登记。"

《物权法》第 28 条："因人民法院、仲裁委员会的法律文书或者人民政府的征收决定等，导致物权设立、变更、转让或者消灭的，自法律文书或者人民政府的征收决定等生效时发生效力。"

《物权法》第 29 条："因继承或者受遗赠取得物权的，自继承或者受遗赠开始时发生效力。"

《物权法》第 30 条："因合法建造、拆除房屋等事实行为设立或者消灭物权的，自事实行为成就时发生效力。"

【查封登记的办理】

人民法院嘱托办理查封登记时，应当依法向不动产登记机构送达查封裁定书、协助执行通知书以及法律规定的其他材料。

法例参照：

《民事诉讼法》第220条："被执行人未按执行通知履行法律文书确定的义务，人民法院有权查封、扣押、冻结、拍卖、变卖被执行人应当履行义务部分的财产。但应当保留被执行人及其所扶养家属的生活必需品。

采取前款措施，人民法院应当作出裁定。"

《最高人民法院、国土资源部、建设部关于依法规范人民法院执行和国土资源房地产管理部门协助执行若干问题的通知》第2条第3款："人民法院执行人员到国土资源、房地产管理部门办理土地使用权或者房屋查封、预查封登记手续时，应当出示本人工作证和执行公务证，并出具查封、预查封裁定书和协助执行通知书。"

《最高人民法院关于人民法院民事执行中查封、扣押、冻结财产的规定》第1条："人民法院查封、扣押、冻结被执行人的动产、不动产及其他财产权，应当作出裁定，并送达被执行人和申请执行人。

采取查封、扣押、冻结措施需要有关单位或者个人协助的，人民法院应当制作协助执行通知书，连同裁定书副本一并送达协助执行人。查封、扣押、冻结裁定书和协助执行通知书送达时发生法律效力。"

《土地登记办法》第63条："国土资源行政主管部门应当根据人民法院提供的查封裁定书和协助执行通知书，报经人民政府批准后将查封或者预查封的情况在土地登记簿上加以记载。"

【查封登记对登记机构的约束力】

在查封登记未被注销之前，不动产登记机构不得办理与该被查封不动产相关权利的登记，但有下列情形需要登记的除外：

（一）人民政府依法征收；

（二）轮候查封登记；

（三）继承；

（四）法律、行政法规规定的其他情形。

法例参照：

《最高人民法院、国土资源部、建设部关于依法规范人民法院执行和国土资源房地产管理部门协助执行若干问题的通知》第22条："国土资源、房地产管理部门对被人民法院依法查封、预查封的土地使用权、房屋，在查封、预查封期间不得办理抵押、转让等权属变更、转移登记手续。

国土资源、房地产管理部门明知土地使用权、房屋已被人民法院查封、预查封，仍然办理抵押、转让等权属变更、转移登记手续的，对有关的国土资源、房地产管理部门和直接责任人可以依照民事诉讼法第一百零二条的规定处理。"

《土地登记办法》第69条："对被人民法院依法查封、预查封的土地使用权，在查封、预查封期间，不得办理土地权利的变更登记或者土地抵押权、地役权登记。"

《房屋登记办法》第22条第6项："有下列情形之一的，房屋登记机构应当不予登记：

……

（六）房屋被依法查封期间，权利人申请登记的；

……"

"台湾地区土地登记规则"第141条："土地经法院或行政执行处嘱托办理查封、假扣押、假处分或破产登记后，未为涂销前，登记机关应停止与其权利有关之新登记。但有下列情形之一为登记者，不在此限：

一、征收、区段征收或照价收买。

二、依法院确定判决申请移转、设定或涂销登记之权利人为原假处分登记之债权人。

三、继承。

四、其他无碍禁止处分之登记。

有前项第二款情形者，应检具法院民事执行处或行政执行处核发查无其他债权人并案查封或调卷拍卖之证明书件。"

【查封登记效力的相对性】

针对查封登记的不动产的处分行为有碍查封目的实现的，该行为不得对抗查封登记所保护的债权人。

法例参照：

《最高人民法院、国土资源部、建设部关于依法规范人民法院执行和国土资源房地产管理部门协助执行若干问题的通知》第21条："已被人民法院查封、预查封并在国土资源、房地产管理部门办理了查封、预查封登记手续的土地使用权、房屋，被执行人隐瞒真实情况，到国土资源、房地产管理部门办理抵押、转让等手续的，人民法院应当依法确认其行为无效，并可视情节轻重，依法追究有关人员的法律责任。国土资源、房地产管理部门应当按照人民法院的生效法律文书撤销不合法的抵押、转让等登记，并注销所颁发的证照。"

《最高人民法院关于人民法院民事执行中查封、扣押、冻结财产的规定》第26条第1款："被执行人就已经查封、扣押、冻结的财产所作的移转、设定权利负担或者其他有碍执行的行为，不得对抗申请执行人。"

【轮候查封登记】

两个以上人民法院查封同一不动产并嘱托不动产登记机构办理查

封登记的，登记机构应当为先嘱托的人民法院办理查封登记后，对后嘱托的人民法院办理轮候查封登记，并书面告知该不动产已被其他人民法院查封的事实及查封的有关情况。

轮候查封登记的顺序按照人民法院嘱托的时间先后进行排列。查封法院依法解除查封的，排列在先的轮候查封登记自动转为查封登记；查封法院对查封登记的不动产全部处理的，排列在后的轮候查封登记自动失效；查封法院对查封登记的不动产部分处理的，对剩余部分，排列在后的轮候查封登记自动转为查封登记。

法例参照：

《最高人民法院、国土资源部、建设部关于依法规范人民法院执行和国土资源房地产管理部门协助执行若干问题的通知》第19条："两个以上人民法院对同一宗土地使用权、房屋进行查封的，国土资源、房地产管理部门为首先送达协助执行通知书的人民法院办理查封登记手续后，对后来办理查封登记的人民法院作轮候查封登记，并书面告知该土地使用权、房屋已被其他人民法院查封的事实及查封的有关情况。"

《最高人民法院、国土资源部、建设部关于依法规范人民法院执行和国土资源房地产管理部门协助执行若干问题的通知》第20条第1款："轮候查封登记的顺序按照人民法院送达协助执行通知书的时间先后进行排列。查封法院依法解除查封的，排列在先的轮候查封自动转为查封；查封法院对查封的土地使用权、房屋全部处理的，排列在后的轮候查封自动失效；查封法院对查封的土地使用权、房屋部分处理的，对剩余部分，排列在后的轮候查封自动转为查封。"

《土地登记办法》第67条第1~2款："两个以上人民法院对同一宗土地进行查封的，国土资源行政主管部门应当为先送达协助执行通知书的人民法院办理查封登记手续，对后送达协助执行通知书的人民法院办理轮候查封登记，并书面告知其该土地使用权已被其他人民法院查封的事实及查封的有关情况。

轮候查封登记的顺序按照人民法院送达协助执行通知书的时间先后进行排列。查封法院依法解除查封的，排列在先的轮候查封自动转为查封；查封法院对查封的土地使用权全部处理的，排列在后的轮候查封自动失效；查封法院对查封的土地使用权部分处理的，对剩余部分，排列在后的轮候查封自动转为查封。"

【查封登记的注销】

人民法院解除查封的，应当及时作出裁定解除查封，并将解除查封裁定书和协助执行通知书送达不动产登记机构，注销查封登记。

法例参照：

《最高人民法院、国土资源部、建设部关于依法规范人民法院执行和国土资源房地产管理部门协助执行若干问题的通知》第12条："人民法院在案件执行完毕后，对未处理的土地使用权、房屋需要解除查封的，应当及时作出裁定解除查封，并将解除查封裁定书和协助执行通知书送达国土资源、房地产管理部门。"

【对基于其他国家机关嘱托所为查封登记的适用】

其他国家机关依法嘱托不动产登记机构办理查封登记的，参照适用本章以上规定。

【嘱托登记规范的适用】

除适用本章规定外，查封登记程序适用本法第……章有关嘱托登记的规定。

第十三章

信托登记程序

在不动产登记法中规范的信托登记，当然是不动产信托登记，即以不动产信托为对象的登记，而不动产信托是信托的一种，故而，要明晰信托登记的意义，还要从信托的意义讲起。

从制度发展上看，信托往往被视为英美法的产物，但更深入的研究以及各个法域的实践表明，其基本法理和制度雏形源自罗马法，并因迎合实践需求而广为流传。[①] 无论如何，信托的基本框架是：财产权利人（委托人）将其财产权（信托财产）移转或者设定于有管理能力且足以信赖的人（受托人），使其为一定的人（受益人）的利益或者为特定目的，管理或者处分该财产，故而，它是委托人、受托人与受益人之间存在的一种以财产权为中心的法律关系。[②] 我国同样存在这种财产制度，并有专门的《信托法》，据该法第 2 条，信托是指委托人基于对受托人的信任，将其财产权委托给受托人，由受托人按委托人的意愿以自己的名义，为受益人的利益或者特定目的，进行管理或者处分的行为。

至于不动产信托，因为涉及权利的范围不同，有最广义、广义和

---

① 参见〔德〕赖因哈德·齐默尔曼《罗马法、当代法与欧洲法：现今的民法传统》，常鹏翱译，北京大学出版社，2009，第 155~161 页。

② 参见谢哲胜《信托法总论》，作者自版，2003，第 3 页。

狭义之分，前者是以不动产上的权利为信托财产的信托，包括不动产物权信托、不动产债权信托和不动产抵押担保债权信托；中者限于独立的不动产权利，包括不动产物权信托和不动产债权信托；后者则因不动产租赁权属于债权且不认为是财产，仅包括不动产所有权信托和不动产用益物权信托。① 对照《信托法》第 2 条的规定，如果将"信托财产"理解为最大限度的财产权，则取不动产信托的最广义意义并无不当。

在此基础上，信托登记即是以不动产上负载的各种财产权为对象的登记。《信托法》第 10 条对此有所规范，即"设立信托，对于信托财产，有关法律、行政法规规定应当办理登记手续的，应当依法办理信托登记。未依照前款规定办理信托登记的，应当补办登记手续；不补办的，该信托不产生效力"。不过，该条只引向信托登记，对信托登记的机构、内容、程序等均无详细规范，致使该法条成为具文。

因为缺乏信托登记的支撑，信托实务界不得不绕道前进，通常是信托公司采用转让不动产的方式，将信托财产直接登记在受托人名下，在权属登记时根本不能体现信托的内容或者概念，只能通过信托文件和受托人在信托存续期间的主动信息披露制度来区分信托。这种变通操作似乎与信托有同等功效，但因为它完全按照权属移转登记操作，问题不少也不小，如增加了各种税费负担、不利于信托财产的独立性和安全性等。② 显然，在缺失信托登记的现实前提下，这种实务操作是不得已而为之的下策，从制度长远发展来看，不足为取，解决问题的根本之道还是尽快提供信托登记的平台，这应是不动产登记法的使命。

建设信托登记制度的首要问题，是信托登记的归位，即其应单独设置还是归于已有的其他登记。这对不动产物权信托特别有意义，因为信托构建的基础要素之一是委托人将其财产权移转在受托人的名义

---

① 参见李福隆《不动产权利信托登记法制之研究》，《两岸四地 2008 "不动产登记" 高层论坛论文集》，中国人民大学法学院 2008 年印制，第 6 页。
② 参见夏欲钦《从信托登记的视角看不动产登记的完善》，《不动产登记法律制度中的新问题》，北京大学房地产法中心春季论坛组委会 2009 年印制，第 18 ~ 19 页。

下，而这可为不动产物权变动登记所涵括，信托登记应否独立存在即成问题。不过，这个问题仅着眼于权利移转，如果再考虑信托财产因为独立性而有拟人化的倾向，[①] 信托财产尽管有从委托人变更登记到受托人名下的过程，但它要区隔于受托人的其他财产（《信托法》第16条），而区隔的手段不仅要注明其为信托财产，还应将信托关系的相应信息彰显出来，为世人提供了解的渠道。

换言之，对于信托登记，除了物权变动的登记之外，还要有足以表明其信托属性的特别登记，也即学理上所谓的加重信托的公示表征，但从实践操作简便出发，它们在程序上应合二为一。[②] 落实这一思路的措施即除了在不动产登记簿相应部分记载信托财产的移转信息、相应地在权利证书中记明信托财产之外，还要设置记载信托当事人、产生、内容等信托关系的专项部分，它或称为信托存根簿（《日本不动产登记法》第110条之六第1款）或称为信托专簿（"台湾地区土地登记规则"第132条第1项），是不动产登记簿的组成部分（《日本不动产登记法》第110条之六第2款）。这当然意味着，信托登记有必要独立于不动产物权变动登记，且还要有信托专簿之类的登记簿空间提供制度支持。

明确了信托登记归位以及登记簿设置问题后，法律对它的规范重点即其程序问题，这当然应依据《信托法》的相关规定以及不动产登记的一般程序而展开，不动产登记法对此应予特别关注的是其特质事项，主要是登记申请问题。信托涉及财产权移转，其申请主体为该法律关系的主体，以共同申请为原则，申请材料包括当事人的身份证明以及信托设立、变更或者终止的文件等。从信托关系的形态入手，信托登记程序包括设立登记、变更登记和终止登记。

从逻辑发展来看，信托的设立登记是信托设立的最后一道关卡，其基础是其他的法定要件，即委托人和受托人有完全行为能力、信托

---

① 参见方嘉麟《信托法之理论与实务》，中国政法大学出版社，2004，第30～31页。

② 参见赖源河、王志诚《现代信托法论》，中国政法大学出版社，2002，增订3版，第71页。

目的合法、信托财产确定且由委托人享有处分权、书面的设立信托的文件（《信托法》第 6～9 条、第 19 条、第 24 条）。当信托财产的处分权人和受托人共同申请时，必须递交相关材料来证明当事人身份、信托关系等事项（"台湾地区土地登记规则"第 125～126 条）。至于信托财产的处分权人，应因设立信托的方式不同（《信托法》第 8 条第 2 款）而异，主要为：以合同方式设立信托的，为委托人；以遗嘱方式设立信托的，为继承人或者遗产管理人；以法律、行政法规规定的其他方式设立信托的，为法律、行政法规规定的处分权人。

信托财产变动涉及不动产物权变动的，由受托人提供相应证明文件申请登记（"台湾地区土地登记规则"第 127 条）；信托内容有变更，但不涉及不动产物权变动登记的，由委托人和受托人基于信托内容变更的相关证明共同申请（"台湾地区土地登记规则"第 133 条）。

受托人变更时（《信托法》第 38～39 条），信托财产应移交至新受托人，并继受原受托人处理信托事务的权利和义务（《信托法》第 40 条第 2 款）。这种变更事关信托财产的名义归属，理应在登记中有所表现，即受托人变更登记，原则上由新受托人与委托人共同申请，也可由新受托人提供相关证明单独申请（"台湾地区土地登记规则"第 129 条）。

信托关系因法定或者约定事由终止的（《信托法》第 53 条），其结果使信托关系向将来归于消灭，没有溯及既往的效力，且信托利益随之消灭，信托财产应移转于权利人，① 即信托权利归属人，其应为信托文件规定的人；信托文件未规定的，则为受益人或者其继承人；没有受益人或者继承人的，为委托人或者其继承人（《信托法》第 54 条）。信托关系终止事关多方利益，也应在登记中予以显示，原则上由权利归属人和受托人共同申请，也可由权利归属人提供信托关系终止的证明材料单独申请（"台湾地区土地登记规则"第 128 条）。

---

① 参见赖源河、王志诚《现代信托法论》，中国政法大学出版社，2002，增订 3 版，第 191 页。

概括而言，《信托法》是规范信托制度的基础法律平台，信托登记的制度建设应以之为基础，如信托设立的方式、要件、信托登记的效力（《信托法》第 2 章）等均为信托登记制度的组成部分，只要该法的这些规范没有依法修改，不动产登记法中的信托登记规范就不能背离它们，当然也没有必要重复，只要结合比较法上成熟的信托登记程序规范予以明确规定即可。

附录　信托登记程序规范

【信托登记的对象】

归属于委托人的合法不动产权利在设立信托时，应当依照法律、行政法规的规定办理信托登记。

　　法例参照：

　　《信托法》第 7 条："设立信托，必须有确定的信托财产，并且该信托财产必须是委托人合法所有的财产。

　　本法所称财产包括合法的财产权利。"

　　《信托法》第 10 条："设立信托，对于信托财产，有关法律、行政法规规定应当办理登记手续的，应当依法办理信托登记。

　　未依照前款规定办理信托登记的，应当补办登记手续；不补办的，该信托不产生效力。"

【信托登记的记载】

信托财产的归属记载于登记簿中对应的不动产权利部分。

信托合同或者遗嘱等相关材料组成信托专簿，适用本法有关不动产登记簿的规范。

信托登记完成后，不动产权利证书应标明信托财产信息。

法例参照：

《日本不动产登记法》第110条之五："申请信托登记时，申请书应附具记载下列事项的书面：

1. 委托人、受托人、受益人及信托管理人的姓名、住所。如系法人时，其名称及事务所；

2. 信托标的；

3. 信托财产的管理方法；

4. 信托终止事由；

5. 其他信托条款。

申请人应予前款书面签名盖章。"

《日本不动产登记法》第110条之六："依前条规定附具于申请书的书面，以之为信托存根簿。

信托存根簿视为登记簿的一部，其记载视为登记。"

"台湾地区土地登记规则"第130条："信托登记，除应于登记簿所有权部或他项权利部登载外，并于其他登记事项栏记明信托财产、委托人姓名或名称，信托内容详信托专簿。

前项其他登记事项栏记载事项，于办理受托人变更登记时，登记机关应予转载。"

"台湾地区土地登记规则"第131条："信托登记完毕，发给土地或建物所有权状或他项权利证明书时，应于书状记明信托财产，信托内容详信托专簿。"

"台湾地区土地登记规则"第132条："土地权利经登记机关办理信托登记后，应就其信托契约或遗嘱复印装订成信托专簿，提供阅览或申请复印，并准用土地法规定计收阅览费或复印工本费。

信托专簿，应自涂销信托登记或信托归属登记之日起保存十五年。"

【信托设立登记的申请】

以合同形式设立信托的，由委托人和受托人共同申请信托登记。

以遗嘱形式设立信托的，由继承人或者遗产管理人和受托人共同申请信托登记。

以法律、行政法规规定的形式设立信托的，由法律、行政法规规定的主体和受托人共同申请信托登记。

申请信托登记的，应当依法提交设立信托的依据、信托财产证明等相关材料。

法例参照：

《信托法》第 6 条："设立信托，必须有合法的信托目的。"

《信托法》第 7 条："设立信托，必须有确定的信托财产，并且该信托财产必须是委托人合法所有的财产。

本法所称财产包括合法的财产权利。"

《信托法》第 8 条："设立信托，应当采取书面形式。

书面形式包括信托合同、遗嘱或者法律、行政法规规定的其他书面文件等。

采取信托合同形式设立信托的，信托合同签订时，信托成立。采取其他书面形式设立信托的，受托人承诺信托时，信托成立。"

《信托法》第 9 条："设立信托，其书面文件应当载明下列事项：

（一）信托目的；

（二）委托人、受托人的姓名或者名称、住所；

（三）受益人或者受益人范围；

（四）信托财产的范围、种类及状况；

（五）受益人取得信托利益的形式、方法。

除前款所列事项外，可以载明信托期限、信托财产的管理方法、受托人的报酬、新受托人的选任方式、信托终止事由等事项。"

《信托法》第 19 条："委托人应当是具有完全民事行为能力的自然人、法人或者依法成立的其他组织。"

《信托法》第 24 条："受托人应当是具有完全民事行为能力

的自然人、法人。

法律、行政法规对受托人的条件另有规定的，从其规定。"

"台湾地区土地登记规则"第125条："信托以契约为之者，信托登记应由委托人与受托人会同申请之。"

"台湾地区土地登记规则"第126条："信托以遗嘱为之者，信托登记应由继承人办理继承登记后，会同受托人申请之；如遗嘱另指定遗嘱执行人时，应于办毕遗嘱执行人及继承登记后，由遗嘱执行人会同受托人申请之。

前项情形，于继承人因故不能管理遗产亦无遗嘱执行人时，应于办毕遗产清理人及继承登记后，由遗产管理人会同受托人申请之。

第一项情形，于无继承人或继承人有无不明时，仍应于办毕遗产管理人登记后，由遗产管理人会同受托人申请之。"

【归入信托财产的登记申请】

受托人对因信托财产的管理运用、处分或者其他情形而取得的财产，申请信托财产登记的，应当依法提交信托关系的证明材料。

法例参照：

《信托法》第14条："受托人因承诺信托而取得的财产是信托财产。

受托人因信托财产的管理运用、处分或者其他情形而取得的财产，也归入信托财产。

法律、行政法规禁止流通的财产，不得作为信托财产。

法律、行政法规限制流通的财产，依法经有关主管部门批准后，可以作为信托财产。"

"台湾地区土地登记规则"第127条："受托人依信托法第九条第二项取得土地权利，申请登记时，应检附信托关系证明文件，并于登记申请书适当栏内载明该取得财产为信托财产及委托人身分资料。登记机关办理登记时，应依第一百三十条至第一百三十二条规定办理。"

【不涉及权利变动的信托变更登记申请】

信托内容有变更，但不涉及不动产物权变动登记的，委托人和受托人申请变更登记时，应当依法提交信托内容变更的证明材料。

法例参照：

"台湾地区土地登记规则"第 133 条："信托内容有变更，而不涉及土地权利变更登记者，委托人应会同受托人检附变更后之信托内容变更文件，以登记申请书向登记机关提出申请。

登记机关于受理前项申请后，应依信托内容变更文件，将收件号、异动内容及异动年月日于土地登记簿其他登记事项栏注明，并将登记申请书件复印并入信托专簿。"

【受托人变更的登记申请】

受托人变更的，委托人和新受托人在申请变更登记时，应当依法提交变更的证明材料；无须委托人共同申请的，新受托人在单方申请变更登记时，应当依法提交变更的证明材料。

法例参照：

"台湾地区土地登记规则"第 129 条："信托财产因受托人变更，应由新受托人会同委托人申请受托人变更登记。

前项登记，委托人未能或无须会同申请时，得由新受托人提出足资证明文件单独申请之。未能提出权利书状时，准用前条第二项规定。"

【信托消灭登记的申请】

信托终止的,《中华人民共和国信托法》第五十四条规定的信托财产归属人和受托人在申请注销登记时,应当依法提交信托终止的证明材料;无须受托人共同申请的,信托财产归属人在单方申请变更登记时,应当依法提交信托终止的证明材料。

信托登记注销后,信托财产归属需要办理登记的,适用本法有关不动产物权变动登记的规定。

法例参照:

《信托法》第53条:"有下列情形之一的,信托终止:

(一)信托文件规定的终止事由发生;

(二)信托的存续违反信托目的;

(三)信托目的已经实现或者不能实现;

(四)信托当事人协商同意;

(五)信托被撤销;

(六)信托被解除。"

《信托法》第54条:"信托终止的,信托财产归属于信托文件规定的人;信托文件未规定的,按下列顺序确定归属:

(一)受益人或者其继承人;

(二)委托人或者其继承人。"

"台湾地区土地登记规则"第128条:"信托财产依第一百二十五条办理信托登记后,于信托关系消灭时,应由信托法第六十五条规定之权利人会同受托人申请涂销信托或信托归属登记。

前项登记,受托人未能会同申请时,得由权利人提出足资证明信托关系消灭之文件单独申请之。未能提出权利书状时,得检附切结书或于土地登记申请书叙明未能提出之事由,原权利书状于登记完毕后公告注销。"

第十四章

其他登记程序

　　除了上述的登记程序，不动产登记法还应规范主体信息变更、标示变更、证书换发、补发等事项，它们属于在此所谓的其他登记。

第一节　主体信息变更登记程序

　　主体信息变更是指不动产登记簿记载的主体姓名或名称、地址发生变化，对此，当事人可申请变更登记，并提交原不动产物权证明、登记证明、不动产信息证明、主体信息变更证明等材料（《土地登记办法》第 47 条；《房屋登记办法》第 36～37 条；《水域滩涂养殖发证登记办法》第 15 条）。

　　不动产登记簿记载的主体信息变更，不是权利在不动产主体之间的移转，而是在保持主体同一性的前提下，主体更改姓名或者名称、户籍或者住所地变化等。针对不同情形，申请主体信息变更登记所需材料也不同：境内自然人更名的，应有公安部门出具的相关文件，如身份证、户口簿或者其他证明文件；境内法人或者非法人组织更名的，应有相关部门出具的相关文件，如工商管理部门颁发的营业执照；境外主体信息变更的，应有公安部门、外事部门的证明文件，或者有申请人所在国相关机构公证并通过中驻该国使、领馆认证的证明文件，或者有申请人所在国驻中国使、领馆出具的证明文件。

第二节　标示变更登记程序

标示变更是指不动产的面积、位置、用途、属性等发生变更，但又不涉及权利事项变化，故有独立存在的价值。对此，当事人可申请标示变更登记，并提交原不动产物权证明、登记证明、不动产信息证明、标示变更证明等材料（《房屋登记办法》第36~37条）。

一　不动产坐落变更

不动产坐落变更主要包括：①土地地块号变更；②房屋地址变更，即坐落的街道或者门牌号变更；③房屋名称变更。因地块号变更申请登记时，应提交土地管理部门出具的地块号变更证明；因房屋地址变更申请登记时，应提交公安部门出具的地址变更证明。

二　不动产面积变更

不动产面积变更即面积增加或者减少，导致这种变更的事由可以是自然力，如洪水冲刷导致土地面积减少，也可以是行为，如房屋的扩建、改建增加房屋面积。因房屋扩建、改建等行为申请房屋面积变更登记的，应提交建筑工程施工许可证、建设工程竣工验收合格证明等材料。

三　不动产用途或者属性变更

不动产用途或者属性是法律管制不动产的基本要素，如土地分为农用地、建设用地和未利用地，分别有不同的管制手段，相互间不能随意转化，如国家严格限制农用地转为建设用地（《土地管理法》第4条）。房屋依据用途或者属性也有诸如公有住房、经济适用房、商品房之分，它们分别有不同的法律地位，也不能随意转化。故而，因不动产用途或者属性发生变化而申请变更登记时，申请人必须提交有关批准文件、已补交土地出让价款或者土地收益的缴纳凭证（《土地登记办法》第48条）；涉及相关利益人权益的，还应有相关利益人的同意证明等材料（《物权法》第77条）。

四　不动产合并或者分割

在不涉及权利主体和内容变更的前提下，不动产合并或者分割属于标示变更；而在物的编制体例下，这将导致基本编制单位的变化，涉及不动产登记法的根基，值得特别关注。我国目前的不动产登记规范文件对此涉及较少，下文根据德国法经验进行总结。

根据德国法的经验，合并分为两种：①单纯的合并，即数宗土地合并成一宗土地，需要所有权人对土地登记机构作出法律行为上的意思表示，且须将合并登入土地登记簿，合并前各土地上原所负担的权利，继续存在于合并后土地的各相应部分，而新权利只能就合并后的整宗土地设立。②增记，即依据所有权人的意思表示，将原来独立的一宗土地作为"成分"增记到另一属于所有权人的土地中，此时，原存在于各土地上的负担，将继续独立存在；例外在于，主土地上原负担的担保物权，现扩及从土地上，但其顺位要后于从土地上已负担的权利。[①] 当然，无论何种合并，均以不造成混乱为前提（《德国土地登记法》第 5 条第 1 款、第 6 条第 1 款）。

据此经验，当同一权利人拥有两宗毗邻的土地时，如 A 拥有建设用地使用权地块 I，于 2006 年 10 月 1 日为 B 登记了一项抵押权，2008 年 A 又取得了毗邻的土地的建设用地使用权 II，而该土地上已经负担了以 C 为权利人的地役权，这样，就可能出现如下可能的登记操作：①这两宗土地没有合并，各自拥有相互独立的登记簿页；②登记机构依据职权，将这两宗土地共同登记于一共同登记簿页中，I 和 II 仍保持各自的独立，所改变的只是编制标准，即从物的编制改变为人的编制；③根据 A 的申请，登记机构将 I 和 II 合并为土地 III，这两宗土地因此失去法律上的独立性，但抵押权负担仍存在于原土地 I 的面积之上，地役权仍存在于原土地 II 的面积之上；④根据 A 的申请，登记机

---

① 参见〔德〕鲍尔/施蒂尔纳《德国物权法》上册，张双根译，法律出版社，2004，第 286 ~ 287 页。

构将 I 增记在 II 之中，抵押权扩及于 II，但在顺位上后于地役权，而地役权的效力不及于 I。①

在德国法，土地的分割可适用于以下情形：A 的一宗大面积土地上负担有 B 的抵押权，A 将其中一块转让给 C，B 免除该小块土地上负担的共同担保责任，即 B 废止该小块土地上的抵押权，由此，就该小块土地设置新的土地登记簿页，并将原簿页内容转记入新簿页，抵押权不同时转记，即该小块土地上的抵押权视同被注销。②

附录　主体信息变更和标示变更登记程序规范

【主体信息变更和标示变更登记的一般规范】

有下列情形之一，当事人申请变更登记的，应当依法提交不动产物权证明或者登记证明、变更事实证明等材料：

（一）不动产登记簿记载的主体姓名或者名称、地址变更的；

（二）土地的地块号变更的；

（三）房屋坐落的街道、门牌号或者房屋名称变更的；

（四）不动产面积增加或者减少的；

（五）不动产用途或者属性变更的；

（六）同一权利人合并或者分割不动产的；

（七）法律、法规规定的其他情形。

法例参照：

《土地登记办法》第 47 条："土地权利人姓名或名称、地址发生变化的，当事人应当持原土地权利证书等相关证明材料，申请姓名或者名称、地址变更登记。"

---

① 参见〔德〕鲍尔/施蒂尔纳《德国物权法》上册，张双根译，法律出版社，2004，第 287 页。
② 参见〔德〕鲍尔/施蒂尔纳《德国物权法》上册，张双根译，法律出版社，2004，第 325 页

《房屋登记办法》第36条："发生下列情形之一的，权利人应当在有关法律文件生效或者事实发生后申请房屋所有权变更登记：

（一）房屋所有权人的姓名或者名称变更的；

（二）房屋坐落的街道、门牌号或者房屋名称变更的；

（三）房屋面积增加或者减少的；

（四）同一所有权人分割、合并房屋的；

（五）法律、法规规定的其他情形。"

【不动产用途变更登记的特别规范】

不动产用途或者属性变更，当事人申请变更登记的，应当依法提交有关批准文件、原不动产权利证明等材料；不动产用途或者属性变更依法需要补交土地出让价款、土地收益或者房屋价款的，当事人还应当依法提交已补交相应价款的缴纳凭证。

法例参照：

《土地管理法》第4条："国家实行土地用途管制制度。

国家编制土地利用总体规划，规定土地用途，将土地分为农用地、建设用地和未利用地。严格限制农用地转为建设用地，控制建设用地总量，对耕地实行特殊保护。

前款所称农用地是指直接用于农业生产的土地，包括耕地、林地、草地、农田水利用地、养殖水面等；建设用地是指建造建筑物、构筑物的土地，包括城乡住宅和公共设施用地、工矿用地、交通水利设施用地、旅游用地、军事设施用地等；未利用地是指农用地和建设用地以外的土地。

使用土地的单位和个人必须严格按照土地利用总体规划确定的用途使用土地。"

《土地管理法》第26条："经批准的土地利用总体规划的修改，须经原批准机关批准；未经批准，不得改变土地利用总体规划确定的土地用途。

经国务院批准的大型能源、交通、水利等基础设施建设用地，需要改变土地利用总体规划的，根据国务院的批准文件修改土地利用总体规划。

经省、自治区、直辖市人民政府批准的能源、交通、水利等基础设施建设用地，需要改变土地利用总体规划的，属于省级人民政府土地利用总体规划批准权限内的，根据省级人民政府的批准文件修改土地利用总体规划。"

《土地登记办法》第48条："土地的用途发生变更的，当事人应当持有关批准文件和原土地权利证书，申请土地用途变更登记。

土地用途变更依法需要补交土地出让价款的，当事人还应当提交已补交土地出让价款的缴纳凭证。"

【建筑区划内房屋用途变更的特别规范】

建筑区划内的住宅改变为经营性用房，当事人申请房屋用途变更登记的，应当依法提交有利害关系的业主同意证明等材料。

法例参照：

《物权法》第77条："业主不得违反法律、法规以及管理规约，将住宅改变为经营性用房。业主将住宅改变为经营性用房的，除遵守法律、法规以及管理规约外，应当经有利害关系的业主同意。"

【不动产合并的特别规范】

属于同一人的数个不动产处于同一不动产登记机构辖区的，根据权利人的申请，登记机构可将它们合并为一个新的不动产，并应据此编制新的不动产登记簿页，原各簿页内容应继续适用于新不动产的相应部分。

数个不动产中的一个不动产的范围涵盖其他不动产的，不动产登记机构应在该不动产簿页中增记其他不动产，原存在于各不动产上的权利继续独立存在。

法例参照：

《德国土地登记法》第 5 条第 1 款："无须担心造成混乱的，一宗土地才可以与另外一宗土地合并。土地登记簿由不同的土地登记局编制的，依据《德国关于任意管辖事务法》第 5 条确定享有管辖的土地登记局。"

《德国土地登记法》第 6 条第 1 款："无须担心造成混乱的，一宗土地才可以作为组成部分被增添到另外一宗土地中。其土地登记簿由不同土地登记局编制的，编制主土地登记簿的土地登记局负责是否同意关于增添的申请，同意此种申请的，该部门负责编制该整个土地的登记簿。"

《德国土地登记法》第 46 条第 2 款："一宗土地或一宗土地的部分被转移到一个土地登记簿页时，所登记的权利不同时转移的，就该宗土地或该宗土地的部分，该权利视为被涂消。"

【不动产分割的特别规范】

一个不动产处于同一不动产登记机构辖区的，在不违背特定性且不影响独立利用价值的情况下，根据权利人的申请，登记机构可将它们分割为数个不动产，并据此分别编制新的不动产登记簿页，原簿页的内容应转记到新簿页中，但相关权利人放弃权利的除外。

第三节 补证、换证登记程序

一 补证登记程序

在不动产物权证书或者登记证明遗失或者灭失时，权利人可向不动产登记机构申请补发证书或者证明，此即补证；将补证信息予以登记即补证登记。补证的前提是权利人在有关媒体上刊登证书或者证明遗失或者灭失的声明（《土地登记办法》第 77 条；《房屋登记办法》第 27 条第 2 款），由此，该声明是补证登记申请的必备资料。此外，在补发集体土地范围内村民住房的权利证书或者登记证明前，登记机构还应当就补发事项在房屋所在地农民集体经济组织内公告（《房屋登记办法》第 27 条第 3 款）。登记机构在向权利人补发证书或者证明时，除了在证书或者证明上注明"补发"字样外，还应在不动产登记簿上记载相应信息（《房屋登记办法》第 27 条第 2 款）。

二　换证登记程序

在不动产物权证书或者登记证明破损时，权利人可向不动产登记机构申请换发证书或者证明，此即换证；将换证信息予以登记即换证登记。换证表明用新证换旧证，破损旧证即申请换证登记的必备资料。登记机构在向权利人换发新证前，应收回旧证，并除了在新的证书或者证明上注明"换发"字样外，同时在不动产登记簿上记载相应信息（《房屋登记办法》第 27 条第 1 款）。

附录　补证、换证登记程序规范

【补证登记】

不动产物权证书或者登记证明遗失、灭失的，权利人在指定媒体上刊登灭失、遗失声明后，可以申请补发。不动产登记机构予以补发的，将有关事项在不动产登记簿上予以记载。补发的不动产物权证书或者登记证明上应当注明"补发"字样。

在补发集体土地范围内村民住房的房屋权属证书或者登记证明前，不动产登记机构应当就补发事项在房屋所在地农民集体经济组织内公告。

法例参照：

《土地登记办法》第 77 条："土地权利证书灭失、遗失的，土地权利人应当在指定媒体上刊登灭失、遗失声明后，方可申请补发。补发的土地权利证书应当注明'补发'字样。"

《房屋登记办法》第 27 条第 2~3 款："房屋权属证书、登记证明遗失、灭失的，权利人在当地公开发行的报刊上刊登遗失声明后，可以申请补发。房屋登记机构予以补发的，应当将有关事项在房屋登记簿上予以记载。补发的房屋权属证书、登记证明上应当注明'补发'字样。

在补发集体土地范围内村民住房的房屋权属证书、登记证明前，房屋登记机构应当就补发事项在房屋所在地农村集体经济组织内公告。"

【换证登记】

不动产物权证书或者登记证明破损的，权利人可以向不动产登记机构申请换发。登记机构换发前，应当收回原物权证书或者登记证明，并将有关事项记载于不动产登记簿。换发的不动产物权证书或者登记证明上应当注明"换发"字样。

法例参照：

《房屋登记办法》第 27 条第 1 款："房屋权属证书、登记证明破损的，权利人可以向房屋登记机构申请换发。房屋登记机构换发前，应当收回原房屋权属证书、登记证明，并将有关事项记载于房屋登记簿。"

第十五章

与其他法律程序的衔接

不动产登记法虽然专事不动产登记，但这不表明它在自成体系的同时，不与其他法律部门发生关联，恰恰相反，正如我们所见，它与物权法、民事诉讼法、信托法等法律相互衔接，构成制度统一体。不仅如此，为了确保不动产登记的正确度，对登记进行必要的监督，并要求登记机构为登记错误的损害承担赔偿责任，也是不动产登记法的必要部分，[①] 这意味着，登记程序还必须与其他法律程序衔接。

从我国的经验来看，不动产登记法所规范的登记机构的行为主要为具体行政行为，它们与《行政复议法》、《行政诉讼法》存在当然的衔接；此外，登记程序还与其他法律程序有衔接，主要体现为与行政处分程序、损害赔偿程序、刑事责任追究程序的衔接，具体表现为法律责任承担上，即登记工作人员的法律责任（《物权法》第21条第2款第2句；《土地登记办法》第74条；《房屋登记办法》第92条第2款第2句、第93条）、登记机构的法律责任（《物权法》第21条第2款第1句；《房屋登记办法》第92条第2款第1句）和当事人的法律责任（《物权法》第21条第1款、第21条第2款第2句；《土地登记办法》第73条；《房屋登记办法》第91条、第92条第1款）。具体而言：

---

① Vgl. Zobl, Grundbuchrecht, 2. Aufl., Zuerich 2004, S. 207 ff.

第一，不动产登记程序与行政复议程序的衔接。不动产登记机构在审查登记申请后的决定、对查阅和复制登记簿申请的决定、主动登记的行为等均为具体行政行为，当事人认为这些行为侵害其合法权益时，可依法申请行政复议（《行政复议法》第2条和第6条第4、8、11项）。当然，由于《行政复议法》针对的是包括登记机构的具体行政行为在内的所有具体行政行为，并设置了相当详尽的程序规范，不动产登记法只要为登记机构的行为设定正当性判断标准即可，没有必要为针对登记机构的具体行政行为的行政复议再设衔接条款。

第二，不动产登记程序与行政诉讼程序的衔接（《行政诉讼法》第2条、第11条；《最高人民法院关于审理房屋登记案件若干问题的规定》第1~6条），这种衔接的道理与上述第一点相同，在此不赘。

第三，不动产登记程序与行政处罚程序的衔接，即相对人的行为有违登记机构正常登记工作秩序时，登记机构可以依法予以处罚，主要表现为没收非法印制、伪造、变造的不动产权利证书或者登记证明（《土地登记办法》第73条前半句；《房屋登记办法》第91条前半句）。此外，还应包括以下情形：①申请登记时提供虚假材料或者使用其他欺诈手段；②对登记人员的询问使用欺诈手段；③妨碍登记人员对不动产的实地调查；④申请查阅登记资料时使用欺诈手段；⑤用虚报灭失手段骗取补发不动产权利证书或者登记证明等。[①] 由于登记机构进行行政处罚必须有规范性依据（《行政处罚法》第3条），不动产登记法应对处罚所针对的违法行为类型以及处罚措施加以明确规定。

第四，不动产登记程序与行政处分程序的衔接，即登记机构的工作人员——行政机关公务员以及参照公务员法管理的事业单位工作人员——在登记工作中因违法行为要承担纪律责任的，登记机构可依法给予行政处分。适用的违法行为主要表现为：①玩忽职守、滥用职权、徇私舞弊；②擅自涂改、毁损、伪造房屋登记簿；③对不符合登记条件的登记申请予以登记，或者对符合登记条件的登记申请不予登记

---

① 参见许明月等《财产权登记法律制度研究》，中国社会科学出版社，2002，第316页。

（《土地登记办法》第74条；《房屋登记办法》第93条）。此外，还应包括以下情形：①对应当暂缓登记的登记申请即时予以登记或者不予登记；②非法进行主动登记；③登记错误；④无正当理由拒绝权利人或者利害关系人查阅、复制登记资料；⑤非法进行行政处罚等。① 与行政处罚一样，登记机构所为的行政处分也应当有规范性依据（《行政机关公务员处分条例》第2条），不动产登记法应对行政处分所针对的违法行为类型加以明确规定。

第五，不动产登记程序与损害赔偿程序的衔接。即登记错误给他人造成损害时，加害行为人应当根据损害赔偿程序承担赔偿责任，以保证受损的利益得到有效的救济。由于登记错误往往是登记机构违背必要审查义务所产生的直接后果，其行为具有不法性，该行为与登记错误所产生的损失之间有因果关系，故错误登记行为构成侵权行为，登记机构要负担赔偿责任（《物权法》第21条第2款第1句；《房屋登记办法》第92条第2款第1句；《最高人民法院关于审理房屋登记案件若干问题的规定》第12～13条）。问题在于，登记机构究竟负担什么样的审查义务，并无定论，而审查义务是登记机构避免侵害他人权利的合理注意义务，是衡量登记错误行为是否构成侵权行为的重要标准，需要认真对待。一旦认定登记机构违背审查义务，它的赔偿责任应当指向受害人的实际损害还是直接损害，该责任与造成登记错误的其他行为人的责任之间是什么关系，也需要仔细探讨。

首先，登记审查向来有形式审查和实质审查之分，学理上基本认为仅审查程序事项的为形式审查，还要审查实体事项的则为实质审查，② 两相对比，实质审查义务对登记机构的要求更高。据此标准，学说上常认为以德国为代表的权利登记制采用实质审查义务，因其不仅要审查登记申请的形式条件，还要审查不动产权利变动的原因等。

---

① 参见许明月等《财产权登记法律制度研究》，中国社会科学出版社，2002，第310～311页。
② 参见张龙文《民法物权实务研究》，汉林出版社，1977，第42页；陈华彬：《物权法研究》，金桥文化出版（香港）有限公司，2001，第300页；王利明主编《中国物权法草案建议稿及说明》，中国法制出版社，2002，第191页。

这似乎是一种误读。正如前文所言，德国法实行物权行为无因性规则，债权行为的效力不影响物权变动，作为物权变动原因行为的债权行为自然不属于登记审查的对象；而且，出于交易便捷的考虑，只要交易当事人双方同意请求登记，且一方是登记簿中记载的权利人，登记机构甚至不审查物权行为是否有效存在，权利人是否享受真实物权。①这种方式属于形式审查，但它并不绝对，比如，对于涉及不动产所有权和地上权变动的事项，对于瑕疵明显的错误，登记官应当审查物权行为甚至债权行为，则为实质审查。前文已言，我国的登记审查即实质审查，登记机构要从引致不动产物权变动的实体基础法律关系入手来解决权利的真实性问题，这能保障真实的不动产物权通过客观公正的登记形式表现出来，给有序的不动产交易提供正当基础，这是其存在的根基。

登记机构违背审查义务即属违法行为，由此产生的登记错误会给权利人造成损害，而赔偿范围因法律根据不同分为实际损害（《民法通则》第121条）和直接损害（《国家赔偿法》第36条第8项）。国家赔偿法属于民法的特别法，国家赔偿责任是侵权行为法的专门领域，②如果适用特别法优于一般法的原则，登记机构负担的就是直接损害赔偿责任，但这并非僵硬教条，为了充分保护受害人，也为了给受害人更大的选择空间，在民法和特别法上的侵权行为损害赔偿请求权发生竞合时，受害人可以自由选择，③故将《民法通则》第121条作为受害人赔偿请求权基础，自无不可。

在此前提下，当然可用民事诉讼来处理登记机构的赔偿责任问题，其原因并不在于登记行为是民事行为，而是因为侵权行为法保护的对象是人民的财产利益，④侵权行为的本质在于不法侵害他人权益，至于行为人是私人还是国家机关，行为发生在交易过程还是在执行职务

---

① 参见〔德〕鲍尔/施蒂尔纳《德国物权法》，张双根译，法律出版社，2004，第305页。
② 参见于敏《日本侵权法》，法律出版社，1998，第304页。
③ 参见王泽鉴《侵权行为法》第1册，中国政法大学出版社，2001，第64页。
④ 参见苏永钦《再论一般侵权行为的类型——从体系功能的角度看修正后的违法侵权规定》，苏永钦：《走入新世纪的私法自治》，中国政法大学出版社，2002，第302~303页。

过程，均非所问。换言之，无论是私人行为、行政行为还是司法行为，只要其符合侵权行为的法律构成，就会引发侵权损害赔偿责任。通过民事诉讼来处理登记机构的赔偿责任，也不表明登记机构承担的是民事责任，而非国家赔偿责任，因为国家赔偿责任的本质仍然是民事责任，只不过其行为主体和行为目的具有国家公权力属性而已，① 而且，在民事审判庭处理国家赔偿责任问题，也有先例，如台湾地区即如此。②

　　基于以上判断，根据不同的侵权行为类型，可以得出以下的责任承担形态。①如果登记错误的原因可完全归责于登记机构之行为，如登记机构工作人员错误注销 A 房屋上为 B 设定的抵押权，后 A 死亡，其继承人 C 不知该房屋负载抵押权的事实，将该房屋出卖给 D，由于 C 和 D 对 B 不能实现抵押权利益的损失均无可归责的事由，登记机构就要负担全部责任。当然，登记机构在承担责任后，可以向有关工作人员追偿，自无疑问（《物权法》第 21 条第 2 款第 2 句；《房屋登记办法》第 92 条第 2 款第 2 句）。②如果登记错误的原因源于登记机构和申请人的故意，如登记机构工作人员和申请人恶意串通，故意造成登记错误来侵害他人权利，就构成主观上有意思联络的共同侵权行为，要由登记机构和申请人承担连带赔偿责任（《最高人民法院关于审理房屋登记案件若干问题的规定》第 13 条）。③如果登记错误的原因不仅在于登记机构，还在于申请人，如 A 提供虚假身份证、产权证明，申请将属于 B 的房屋抵押给善意之 C，登记机构未尽合理审查义务就为 C 设定了抵押权，C 在债务没有得到履行的情况下将该房屋变卖转让给 D，此时，登记机构和 A 无疑均应承担责任，但其二者在责任承担上有什么关系，并无明确法律规定。对此，我国司法实务通常采用先由申请人负担赔偿责任，在不能赔偿的范围内，由登记机构承担责

---

① 参见梁慧星主编《中国民法典草案建议稿附理由·侵权行为编·继承编》，法律出版社，2004，第 78~79 页。
② 王泽鉴：《土地登记错误遗漏、善意第三人之保护与"国家"赔偿责任》，王泽鉴：《民法学说与判例研究》第 6 册，中国政法大学出版社，1998，第 50~62 页。

任，即登记机构负担的是补充责任。^①这种做法似乎不妥，因为从侵权行为的构成来看，尽管申请人和登记机构没有主观上的意思联络，但他们的行为具有关联性，而且是造成同一损害的共同原因，属于客观行为关连共同加害行为，^②仍然是共同侵权行为，申请人和登记机构应当承担连带责任，这样可以在同一诉讼中一次性弥补受害人的损害，较补充责任方式更便于受害人寻求法律救济。当然，在申请人和登记机构内部，应根据过错程度及在损害发生中的作用确定各自应承担的责任（《最高人民法院关于审理房屋登记案件若干问题的规定》第12条）。④如果登记错误的原因归责于嘱托人，如法院作出将A的房屋确认为B所有的错误判决，而登记机构据此登记错误，对此，有学者认为，尽管过错不在登记机构，但仍应理解为登记机构的过错，以便于救济受害人的损害。^③这种立场不妥，因为在嘱托登记，登记机构不负担任何审查义务，对嘱托人的嘱托行为也无监督义务，而侵权行为是以一定义务的违反而为特定人负责的原因，^④没有义务当然也就不会因为主观懈怠、失察而违背义务，其行为自然无从构成侵权行为，也就不应当负担责任，故由登记机构替代嘱托人受过而承担责任，实在于法无据，有失公允。^⑤

不过，由于登记错误赔偿适用民法损害赔偿的规范，再加上《物权法》第21条专文予以规定，不动产登记法没有必要再叠床架屋。

第六，不动产登记程序与刑事责任追究程序的衔接，即登记机构工作人员以及当事人的违法行为构成犯罪的，依法追究刑事责任（《土地登记办法》第73条后半句、第74条后半句；《房屋登记办法》

① 例见广东省高级人民法院（2001）粤高法行终字第20号行政赔偿判决书；最高人民法院（2002）行终字第6号行政赔偿判决书。
② 参见王泽鉴《特殊侵权行为——共同侵权行为》，最高人民法院民事审判第一庭编《民事审判指导与参考》总第19集，法律出版社，2004，第74~75页。
③ 参见梁慧星主编《中国民法典草案建议稿附理由·物权编》，法律出版社，2004，第45页。
④ 参见苏永钦《再论一般侵权行为的类型——从体系功能的角度看修正后的违法侵权规定》，苏永钦：《走入新世纪的私法自治》，中国政法大学出版社，2002，第317页。
⑤ 参见常鹏翱《也论不动产登记错误的法律救济》，《法律科学》2006年第5期。

第91条后半句、第93条后半句)。应注意的是,这些责任针对的违法行为与行政处罚针对的违法行为完全一致。

附录 与其他法律程序的衔接规范

【与行政处罚及刑事责任的衔接】

当事人有下列行为之一的,不动产登记机构依法给予行政处罚;构成犯罪的,依法追究刑事责任:

（一）采用提供虚假材料等欺诈手段申请登记的;

（二）采用欺诈手段应对登记机构询问的;

（三）妨碍登记机构实地查看不动产的;

（四）采用欺诈手段申请查询、复制登记资料的;

（五）非法印制、伪造、变造不动产权利证书或者登记证明的;

（六）使用非法印制、伪造、变造不动产权利证书或者登记证明的;

（七）法律、法规、规章规定的其他情形。

法例参照:

《行政处罚法》第3条:"公民、法人或者其他组织违反行政管理秩序的行为,应当给予行政处罚的,依照本法由法律、法规或者规章规定,并由行政机关依照本法规定的程序实施。

没有法定依据或者不遵守法定程序的,行政处罚无效。"

《行政处罚法》第8条:"行政处罚的种类:

（一）警告;

（二）罚款;

（三）没收违法所得、没收非法财物;

（四）责令停产停业;

（五）暂扣或者吊销许可证、暂扣或者吊销执照;

（六）行政拘留;

（七）法律、行政法规规定的其他行政处罚。"

《土地登记办法》第73条："当事人伪造土地权利证书的，由县级以上人民政府国土资源行政主管部门依法没收伪造的土地权利证书；情节严重构成犯罪的，依法追究刑事责任。"

《房屋登记办法》第91条："非法印制、伪造、变造房屋权属证书或者登记证明，或者使用非法印制、伪造、变造的房屋权属证书或者登记证明的，由房屋登记机构予以收缴；构成犯罪的，依法追究刑事责任。"

【与行政处分及刑事责任的衔接】

不动产登记机构工作人员有下列行为之一的，依法给予行政处分；构成犯罪的，依法追究刑事责任：

（一）玩忽职守、滥用职权、徇私舞弊；

（二）擅自涂改、毁损、伪造不动产登记簿的；

（三）对符合登记条件的登记申请不予登记的；

（四）对不符合登记条件的登记申请予以登记的；

（五）对应当暂缓登记的登记申请即时予以登记或者不予登记的；

（六）非法进行主动登记的；

（七）非法登记致使登记错误的；

（八）无正当理由拒绝权利人或者利害关系人查询、复制登记资料；

（九）非法对当事人进行行政处罚的；

（十）法律、法规、规章、行政机构的决定、命令规定的其他情形。

法例参照：

《行政机关公务员处分条例》第2条："行政机关公务员违反法律、法规、规章以及行政机关的决定和命令，应当承担纪律责任的，依照本条例给予处分。

法律、其他行政法规、国务院决定对行政机关公务员处分有规定的，依照该法律、行政法规、国务院决定的规定执行；法律、其他行政法规、国务院决定对行政机关公务员应当受到处分的违法违纪行为做了规定，但是未对处分幅度做规定的，适用本条例第三章与其最相类似的条款有关处分幅度的规定。

地方性法规、部门规章、地方政府规章可以补充规定本条例第三章未作规定的应当给予处分的违法违纪行为以及相应的处分幅度。除国务院监察机关、国务院人事部门外，国务院其他部门制定处分规章，应当与国务院监察机关、国务院人事部门联合制定。

除法律、法规、规章以及国务院决定外，行政机关不得以其他形式设定行政机关公务员处分事项。"

《土地登记办法》第 74 条："国土资源行政主管部门工作人员在土地登记工作中玩忽职守、滥用职权、徇私舞弊的，依法给予行政处分；构成犯罪的，依法追究刑事责任。"

《房屋登记办法》第 93 条："房屋登记机构工作人员有下列行为之一的，依法给予处分；构成犯罪的，依法追究刑事责任：

（一）擅自涂改、毁损、伪造房屋登记簿；

（二）对不符合登记条件的登记申请予以登记，或者对符合登记条件的登记申请不予登记；

（三）玩忽职守、滥用职权、徇私舞弊。"

第四部分
实体规范

第十六章

实体公示原则

公示原则是物权法的基本原则，其基本含义是：以能从外部察知的特定形式展示物权及其变动，让可能与物权人发生交易关系者能据此了解物权归属状态。对此，《物权法》第 6 条概括规定："不动产物权的设立、变更、转让和消灭，应当依法律规定登记。动产物权的设立和转让，应当依照法律规定交付。"相对于不动产登记簿可被查阅等公开的形式公示原则，《物权法》第 6 条体现的公示原则又可称为实体公示原则。具体而言，不动产物权要具备不动产登记的形式，动产物权在静态时要具备占有的形式，在变动时要发生占有的移转，也就是交付标的物。不动产登记和动产占有就是物权的外观，也即公示形式。

在近现代物权法，除非法律另有明文，不动产物权变动与动产物权变动的差异大得不可弥合，主要表现为不动产物权变动中的国家干预相当突出，即便有占有的移转，但如果缺乏表征国家公权力的登记，不动产物权变动的结果肯定不能完全体现物权的绝对性，从而表现了登记在不动产物权变动中的重要地位。我国同样如此，没有登记，要么不能完成不动产物权变动（《物权法》第 14 条），要么完成变动的不动产物权不能对抗第三人（如《物权法》第 129 条），要么权利人不能处分该物权（《物权法》第 31 条）。登记对不动产物权变动的上述影响力，直接波及当事人实体权利义务关系的分配，体现了登记在实体法中的公示价值，它们是物权法之公示原则在不动产物权领域的具体表达，当然也是不动产登记法的基本指导方针。在我国，不动产登记法应据此来补足《物权法》中的相关规定。

再进一步看，登记尽管是公示不动产物权的手段，但在不同情形有着不同的效力：当它决定不动产物权变动能否完成时，效力最强，可谓绝对登记，也即设权登记、强制登记；当它无前一效力，只是表现已经完成的不动产物权时，可谓相对登记，也即宣示登记、自愿登记。这样，因有绝对登记和相对登记之分，实体公示规范也可相应地分为绝对公示和相对公示，以彰显登记在其中的效力差异以及可能引发的程序变项。

第一节　绝对登记原则

在依法律行为的不动产物权变动，登记起到决定性的作用，除非法律另有规定，仅有法律行为而无登记，只表明导致物权变动的债权已然存在，但物权无从变动。从理论上讲，只有法律行为与登记完全结合，才能勾勒出理想的物权变动图画。据此，无登记，即无物权变动可言，这样的登记被称为绝对登记，由此延伸出的法律规范即绝对公示规则。

在我国，该规则的一般性表达主要是《物权法》第 9 条第 1 款和第 14 条，前者为："不动产物权的设立、变更、转让和消灭，经依法登记，发生效力；未经登记，不发生效力，但法律另有规定的除外。"后者为："不动产物权的设立、变更、转让和消灭，依照法律规定应当登记的，自记载于不动产登记簿时发生效力。"两相对比，除了后者将登记具体化为"记载于不动产登记簿"，并无其他意义上的差别，出于精确性考虑，后者完全能替代前者。从《物权法》的表述来看，建设用地使用权的设立（第 139 条）、不动产抵押权的设立（第 187 条）明确了绝对登记，其他则似乎含糊不定。

显然，它们是相当简略的规范表达，看不出更多的规范意蕴，相对于依法律行为的不动产物权变动在物权法中的重要地位，如此的规范布局着实不太令人满意，要弥补这样的欠缺，应主要从绝对登记的效力入手，勾连其他可能存有关联的规范要素，以揭示绝对登记规则的更丰满、更完全的意义。

一　设权效力规范

只有通过登记才能完成不动产物权变动，即为设权效力的表现，这是绝对登记最基础的法律效力，其规范表达正如《物权法》的前述规定。

设权效力仍源自物权的特性。与债权相比，物权具有绝对性和排他性，是支配权，当然地发生排斥第三人的效力。在此所谓的第三人，是指以模糊面目出现的社会公众，是社会公众的代表。为了使第三人免于遭受不可知的风险，就必须将物权以法律规定的形式表现出来，从而填补第三人在信息占有上的弱势地位。这个理由是一种法律价值上的考量，它指出物权公示的设权效力对于交易安全的照料以及对社会公众的保护。

还要看到，作为物权法的基本原则，物权公示原则必须镶嵌于物权法的基础理论之中，才能理顺脉络，这就要求我们必须深入考察物权公示与物权变动的关系。我们知道，在私法自治的大前提下，法律行为所起的作用是物权变动的引子，它决定了物权变动的具体内容，并在根源上决定物权的归属、形态和变动轨迹，从而为物权归属的准确性提供最为根本的正当性基础，因为没有什么理由比由民事主体根据自己的意思决定自己权利更具有道理，这也是物权变动为何在当事人之间能够发生法律效力的理由，即当事人必须遵守和尊重自己的意思。然而，如果这种意思表示不借助特定的形式表现出来，就将引起物权支配权属性与当事人意思表示之间的错位，即当事人通过意思表示进行物权变动，而它却不能为外人所知悉。通过规定物权公示的设权效力，就能够将"物权的优先性与当事人物权意思表示相结合，然后又将他们与可以从客观上认定的法律事实相结合，从而实现意思自治的私法原则与物权特性的科学结合"。①

正是在设权效力的意义上，不动产登记簿中的权利记载才能表征出客观存在的不动产物权及其变动情况，才能说"不动产登记簿是物权归属和内容的根据"（《物权法》第 16 条第 1 句）。对此进行反面推论，就是无登记者，不动产物权不存在。就此而言，《物权法》第 14 条虽然表达了绝对登记积极创设物权之效力的信息，但隐含的意义则是未在登记簿中记载者不视为物权，对此，不动产登记法应予以明确。《瑞士民法典》第 971 条第 1 款正有如此的功用，其条文明确了绝对登记的设权效力，但标题是"未登记的意义"。应注意的是，对"未登记"应予以功能理解，没有记载的当然在其含义范围之内，此外，尽管权利部分信息已经记载，但影响权利存续的重要信息未被记载，也属"未登记"。②

绝对登记的设权效力覆盖面相当宽泛，不仅指向权利有无的判断，还决定了权利的顺位，即在同一物上负担多重权利时，只要法律无特殊规定、当事人也无除外约定，权利实现的先后顺序按照登记时间先后排列（《土地登记办法》第 36 条第 2 款）。此外，还影响到权利内容，这对于诸如共有、地役权之类经常夹杂当事人协议内容的物权特别有意义。由于登记簿中的记载要明确简洁，让人能一目了然地了解其中的信息，而这些协议的具体内容通常不能完全记载于内，只能以证明的形式在登记簿外存在，这样，有可能出现权利内容信息未体现在登记簿之中的情况。为了真正体现出登记簿是物权内容的根据，未在登记簿记载的权利内容，或者记载的字义所不能涵盖的权利内容，在解释上即视为不存在。比如，在登记设权效力的前提下，在判断地役权内容时，即可不考虑地役权的协议，而以登记明确界定的权利和义务为准（《瑞士民法典》第 738 条第 1 款）。③ 这意味着，只有登记

---

① 参见孙宪忠《再谈物权行为理论》，孙宪忠：《论物权法》，法律出版社，2001，第 167 页。
② Vgl. Schmid/Huerlimann-Kaup, Sachenrecht, 3. Aufl., Zuerich 2009, S. 132.
③ Vgl. Schmid/Huerlimann-Kaup, Sachenrecht, 3. Aufl., Zuerich 2009, S. 133.

簿的记载信息对外公示了权利，第三人在进行交易时，只要信赖该信息即可，无须检视它与证明是否吻合。①

需要注意的是，不动产登记的设权效力固然能保障交易安全，但它相应地也提高了交易费用。为了实现登记对不动产物权变动的决定力，国家必须设置专业登记机构，登记机构的正常运作必然有巨额成本；同时，当事人为了实现不动产物权变动的目的，必然要支出一定的费用，并随着登记程序的运行而耗费时间和精力，这些都属于当事人负担的成本。上述这两重成本是法律为谋求交易安全而产生的社会成本，它们降低了交易效率。为了防止登记机构借登记之名而乱收费，《物权法》第 22 条专门规定：不动产登记费按件收取，不得按照不动产的面积、体积或者价额的比例收取。

二 推定效力规范

不动产登记标志着不动产物权的存续状态，体现了登记即为权利的特色，此即登记的推定效力。《物权法》对此没有清晰表达，只是在第 16 条第 1 款规定："不动产登记簿是物权归属和内容的根据。"从中可以延伸出推定效力的大致含义，更明确的表述应由不动产登记法完成。综合德国、瑞士的经验，不难看出，登记的推定效力规范有以下内涵。

第一，登记记载的权利状态、内容、权利人均被推定为正确，登记名义人无须积极证明登记权利的真实性。显然，这种推定效力是对权利的推定，而不涉及异议登记等其他法律事实，因此，并非不动产登记簿中记载的信息都被推定为真实，登记名义人也不能援用登记的有关不动产物理状态或人的生理状态的记载来表明客观情况的正确，比如，土地在登记簿中被载明是"森林"，但实际上它早就被开垦了，此时该土地的取得人，不得以"自己支付的买价过多"为由，向国家主张请求权。② 不过，由于土地面积的界限标志不是纯粹的标志，它

---

① Vgl. Zobl, Grundbuchrecht, 2. Aufl. , Zuerich 2004, S. 63.

② 参见〔德〕鲍尔/施蒂尔纳《德国物权法》上册，张双根译，法律出版社，2004，第 300 页。

具有权利属性，已经超出了标示登记范围，能够产生推定力。① 再如，登记推定效力推定登记名义人自登记之时起即为不动产物权人，但不能保证该人从事的不动产物权变动行为必定受法律保护，因为登记名义人的行为能力和处分权不属于推定的范围。②

第二，登记对权利的推定结果，并不导致权利真实性是必然"确定"的，这种推定在他人相反的确证下，能被推翻。也就是说，基于推定效力，由对登记权利真实性持相反主张的人先负担举证责任，然后由登记名义人举证推翻这种相反见解，故该规范属于移转举证责任的证明负担规范。③

第三，既然登记推定是证明负担规则，它当然可适用于民事诉讼、行政诉讼、仲裁等解决纠纷的各种程序，还能适用于许可、复议等行政程序，当然也能适用于不动产登记程序。在登记程序中，对于登记工作人员而言，登记簿中的权利就是真实权利，无须为此再进行调查，这是在先已登记原则的含义。④ 不动产登记程序运行的最终目的，是固定不动产物权变动的结果，即新权利的生成或者既有权利的消灭，这标志着权利的存续和归属状态，登记推定效力和在先已登记原则的结合，将这种状态整合于整个不动产程序构造之中，从而创设出清晰可见的交易链条。

第四，在举证责任倒置的层面上，登记推定效力当然有利于登记名义人。不仅如此，在下述意义上，登记名义人均因此占据有利地位：①登记名义人可基于这种推定，来保护自己的登记权利不受他人侵犯，使其获得针对该登记不动产的占有推定以及占有保护（《瑞士民法典》第 937 条第 1 款）；②即便登记错误，登记名义人对登记权利也有形式

---

① Vgl. Muenchener Kommentar zum Buergerlichen Gesetzbuch, Band 6 Sachenrecht, 3. Aufl. , Muenchen 1997, S. 290 f.

② Vgl. Mueller, Sachenrecht, 4. Aufl. , Koeln u. a. 1997, S. 338.

③ Vgl. Schwab/Pruetting, Sachenrecht, 27. Aufl. , Muenchen 1997, S. 92. ; Weirich, Grundstuecksrecht, Muenchen 1985, S. 161.

④ 参见〔德〕鲍尔/施蒂尔纳《德国物权法》上册，张双根译，法律出版社，2004，第 320 ~ 321 页。

上的处分权，并可能因此引发不动产物权的善意取得；③在符合特定要求的前提下，即便登记错误，登记名义人还能根据取得时效最终从根本上取得登记的权利。①

第五，登记权利在登记簿上一旦被注销，即可推定该权利不存在，被注销的登记名义人不再是权利人。这与未在登记簿上记载的权利不一样，后者基于设权效力，根本就不存在，而前者曾经存在但又消灭。

第六，基于推定效力，登记在证明权利真实性的力度方面要远远大于其他的证明。主要表现为，在不能证明登记簿记载错误时：①当事人的约定与登记簿记载不一致的，以后者为准（《最高人民法院关于适用〈中华人民共和国担保法〉若干问题的解释》第61条）；②权利证书或者登记证明的记载与登记簿记载不一致的，以后者为准（《物权法》第17条）。

三 公信效力规范

从实质内容上看，登记的公信效力就是所谓的不动产物权善意取得，② 用以解决登记错误时的登记权利变动及其归属确定问题，《物权法》第106条是它的规范基础。据此，在以下条件下——无处分权人将不动产物权转让给受让人、受让人在受让时为善意、以合理的价格转让、转让的不动产依照法律规定应当登记的已经登记，受让人即可取得不动产的所有权。如何把握这些构成要件是理解该规范的重点问题，对此，德国和瑞士民法学理有相当成熟的把握，我们不妨予以借鉴，将构成要件分为客观和主观两类，分别予以检讨。

（一） 客观构成要件

客观构成要件大致包括：

第一，登记在形式上有效或者负担没有被记载。这分为两种情形：

---

① Vgl. Rey, Die Grundlagen des Sachenrechts und das Eigentum, Grundriss des schweizerischen Sachenrecht, Band I, 2. Aufl., Bern 2000, S. 361.

② 参见常鹏翱《物权法的展开与反思》，法律出版社，2007，第215～283页。有关登记公信力与善意取得关系的讨论，参见程啸《论不动产登记簿公信力与动产善意取得的区分》，《中外法学》2010年第4期。

①登记在形式上正确，但实际不正当，即为登记错误，这为善意取得提供了可能性。在此所谓的形式正确，要求登记确实出于登记机构之手，而非虚假登记，而且，登记的权利必须具有登记能力。②应登记的负担没有被记载，这可能存在于宣示登记或不当涂销的情形，善意第三人将因此取得无负担的登记权利。需要注意的是，如果登记机构懈怠职守而未完成设权登记，则该权利负担根据设权效力规范，实际并未产生，此时对第三人不得追用善意取得规则。①

第二，登记名义人处分了登记权利，即有无权处分的发生，且未得到真实权利人的授权。

第三，受让人和登记名义人之间引致不动产物权变动的基础行为有法律效力。在认可物权行为独立性而不认可无因性的前提下，基础行为是买卖合同等债权行为，它有效是物权变动的前提条件。在判断该基础行为时，应注意：①必须是法律行为，而非其他法律事实，正是在此基础上的物权行为为物权变动提供了意思自治的基础，这决定了善意取得的适用范围是依法律行为的不动产物权变动，非依法律行为的不动产物权变动在善意取得的适用范围之外。②该基础行为还必须具有合理的价格，至于合理的标准，在具体个案中根据具体情况进行具体分析和判断。③行为的主体双方无论在人格上还是在经济利益归属上，均应是相异的或者是没有关联的，即这个行为中的物权受益人和受损人在法律上和经济上应当是独立的主体。在具体判断上，德国的经验可供我们借鉴。首先，在人格上具有一致性的交易主体的行为被排除在外。比如，登记簿中的土地所有权人在自己这块土地上为自己设定担保物权。其次，在经济上具有一致性的交易主体也被排除在外。比如，A 是一个有限责任公司的单独股东，B 是该公司的经理。B 为该公司购得一块土地，该交易因为土地出让人 C 的恶意欺诈而被撤销，因此该公司也不能取得该土地的所有权。但是，该公司作为该土地所有权人的登记却没有涂销，B 遂以公司的名义将土地所有权移

---

① Vgl. Zobl, Grundbuchrecht, 2. Aufl., Zuerich 2004, S. 77 ff.

转于 A，A 发誓其不知此前的来龙去脉，而且也完全相信登记的正确性，但由于这种行为不是交易行为，A 就不能依据善意取得取得该土地的所有权。之所以如此，是因为尽管该公司在形式上是一个独立法人，但由于 A 是该公司的唯一股东，其实际上能够知悉公司的这种情况，其二者在经济上有密切的关联，此时的交易主体就不再具有相异性。[①]

第四，受让人取得不动产物权，即受让人通过登记成为登记权利人，处分人和受让人在登记簿上形成了无间断的交易链。换言之，登记名义人和受让人已经按照法律规定完成了登记程序，实际取得登记权利。[②]

（二）主观构成要件

主观构成要件即善意，德国法对此采用是否知悉登记权利瑕疵的标准，明知者为恶意，不知者为善意。在实践中，受让人只要信赖不动产登记，或者甚至受让人不查看登记而为交易，只要交易对象符合其在登记簿中的表现，即可认定受让人善意。比如，A 被错误登记为土地所有人，并以此土地为标的为 B 设定担保物权，B 没有查阅不动产登记簿就认为 A 是真实所有权人，此时 B 为善意，可取得该担保物权。[③] 由此可知，善意在此有如下特性：

第一，推定性，即受让人被推定为善意，无须为善意负担举证责任；只有否定善意推定者，负担举证证明受让人主观恶意的义务。其基础在于：经过严格法律程序产生的登记为物权的真实性和第三人的善意提供了坚实基础，最终才会出现以登记作为衡量不动产物权善意取得的基础，而无须其他标准的结论。[④]

第二，客观性，即判断善意的物质基础是登记事实，而后者是一种客观存在，由此所推定的受让人善意很容易为外界以及司法所认知，

---

① Vgl. Haegele/Schoener/Stoeber, Grundbuchrecht, 10. Aufl., Muenchen 1993, S. 158.
② Vgl. Schmid/Huerlimann-Kaup, Sachenrecht, 3. Aufl., Zuerich 2009, S. 134 ff.
③ Vgl. Mueller, Sachenrecht, 2. Aufl., Koeln u. a. 1990, S. 352 f.
④ Vgl. Schwab/Pruetting, Sachenrecht, 27. Aufl., Muenchen 1997, S. 93.

从而异于通过认定当事人主观心态来判断善意的标准。①

第三，消极性，即受让人不知登记权利瑕疵即足以构成善意，如积极信赖登记权利为真实权利者为善意，消极不知登记权利不是真实权利者也为善意，至于不知的原因是否出于过失，在所不问。何以如此，是因为普通人应无条件地信赖登记，无须调查其他有关登记权利的事宜，而考虑登记之外的因素，并不构成不动产物权变动交易所必需的审慎。②

第四，隐然性，即善意是为了衬托恶意而存在，它对于善意取得构成的作用是隐性的，或者说，善意作为善意取得的构成要件意义不大，但恶意在很大程度上是排除善意取得的要件。③ 登记足以产生公信力，之所以还要善意这个要件，主要为登记公信力的排除奠定一个理论上的解说基础，即恶意之人不能享有登记公信力带来的利益。也可以说，正因为受让人恶意排除登记公信力，与之相反的善意自应在登记公信力的构成要件之列。在此应注意，恶意者通常是与登记名义人亲为法律行为的受让人本人；在受让人为多人时，任一受让人的恶意波及全体；受让人有代理人的，恶意者为代理人，但代理人完全受被代理人指示的，恶意者为被代理人。④

瑞士法基于可衡量的、客观的审慎义务来判断善意，也不要求受让人必须查阅登记簿，而是根据具体情况加以判断。一般说来，由国家登记机构主导的登记簿处于高度可信状态，它并非审慎义务的出发点，无可疑动机的受让人无须检查登记记载与证据是否相符。只要没有明显的能推翻登记正确的迹象，登记即为可信，只有在它明显背离常规时，受让人才有检查的义务。另外，第三人的善意只要存于申请之时即可，如在之后知悉登记错误，不受影响。⑤

---

① 参见孙宪忠《物权法的基本范畴及主要制度反思》，孙宪忠：《论物权法》，法律出版社，2001，第30页。

② Vgl. Schwab/Prutting, Sachenrecht, 27. Aufl., Muenchen 1997, S. 93.

③ Vgl. Wieling, Sachenrecht, 3. Aufl., Berlin u. a. 1997, S. 272.

④ Vgl. Mueller, Sachenrecht, 2. Aufl., Koeln u. a. 1990, S. 350.

⑤ Vgl. Pfister, Der Schutz des oeffentlichen Glaubens im schweizerischen Sachenrecht, Zuerich 1969, S. 311 ff.

在以上要件全部具备时，受让人即可取得其所欲的利益，即登记簿上记载的实体权利，其限定因素包括类型、内容、期限、顺位等，真实权利人也因此丧失物权人的法律地位，这就是该制度的基本法律后果。当然，真实权利人可根据自己受损害的事由，基于合同请求权、不当得利请求权或者侵权行为请求权请求登记名义人承担责任，如登记错误的原因在于不动产登记机关的，还可以请求登记机关承担责任。总之，登记公信力或者不动产物权善意取得在受让人和登记名义人之间产生物权变动关系，在真实权利人和登记名义人或者登记机关之间产生债的关系。

四　小结

瑞士的常规教科书设定下述事例来分析绝对登记规范的适用：A是某土地所有权人，他将该土地让与B，并办理登记，后土地买卖合同被认定无效，此时，如果只有A、B两方，则A可依据《瑞士民法典》第975条请求更正；如果B死亡，由于其继承人并非善意取得中的第三人，A同样可请求更正；如果善意之B在登记簿中被记载了10年，B根据《瑞士民法典》第661条取得土地所有权，此所谓时效弥补权利瑕疵；如果善意之B及其继承人在登记簿中被记载了10年，其继承人根据《瑞士民法典》第661条、第941条取得土地所有权；如果B将土地卖给C，C能否取得该土地所有权，要视其善意与否而定。如果C为恶意并死亡，其继承人并非善意取得的第三人，其地位与C等同，A可依据《瑞士民法典》第975条请求更正；如果C的善意继承人在登记簿被记载10年，可取得土地所有权；如果从善意之C处取得者为恶意之D，恶意对D的权利取得不产生影响。[①]

通过上述简要论述，不难看出，只有在登记簿的记载与权利的客观真实状况可靠地相符时，登记的推定效力才有正当化的基础，也才能为登记的公信效力提供可信的基础。而登记结果要获得高概率的正

---

① Vgl. Schmid/Huerlimann-Kaup, Sachenrecht, 3. Aufl. , Zuerich 2009, S. 137 f.

确性，就必须由国家的专属机关依法进行登记程序操作，只有这样，才能为不动产物权法提供实体基础，在此意义上，才能说绝对登记原则是不动产物权法的主导原则。①

第二节　相对登记原则

至少在瑞士民法，相对登记原则适用于非依法律行为的不动产物权变动，并不占主导地位。但在我国，它有较宽泛的适用范围，不仅在非依法律行为的不动产物权变动有存在空间，表现为宣示效力规范，还能适用于依法律行为的不动产物权变动，表现为对抗效力规范。

一　宣示效力规范

登记在非依法律行为的物权变动中只有宣示效力，已经产生的物权不因没有登记而受影响（《瑞士民法典》第 625 条第 2 款第 1 句；"台湾地区民法典"第 759 条），宣示登记后，物权当然受推定效力规范和公信效力规范的保护，自不待言。

非依法律行为的物权变动与依法律行为的物权变动相对，后者是物权法的主要调整对象，前者在后者的范围之外，故而，只有将后者界定清楚，才能说明前者。在德国、瑞士、奥地利等德国法系国家，法律行为有负担行为和处分行为之分，前者是指使一个人相对于另一个人（或另若干人）承担为或不为一定行为义务的法律行为，其首要义务是确立某种给付义务，即产生某种债务关系，故是债权行为；后者是指直接作用于某项现存权利的法律行为，当其对象是物权时，即为物权行为。② 基于这种两分法，所谓的依法律行为的物权变动，是

---

① Vgl. Pfister, Der Schutz des oeffentlichen Glaubens im schweizerischen Sachenrecht, Zuerich 1969, S. 276.
② 参见〔德〕卡尔·拉伦茨《德国民法通论》，王晓晔等译，法律出版社，2003，第 426～436 页。

指基于物权行为的物权变动,而非基于债权行为的物权变动。^① 但我国大陆的法律并未明文规定物权行为,物权变动的原因行为被视为合同等由债法调整的法律行为,^② 故而,该法律行为是债权行为。不过,在因抛弃而消灭物权的情形,抛弃不是债权法调整的行为,而是典型的处分物权的行为。

在此前提下,非依法律行为的物权变动的原因,当然是合同等法律行为之外的法律事实。所谓非依法律行为的物权变动,也就是物权变动无须当事人意思表示的介入,只要具有特定要件,法律即给予认定的物权变动,它主要有以下情形:①依法直接发生的物权变动,结果即所谓的法定物权,如农村集体土地所有权(《土地管理法》第8条第2款)、建筑工程法定抵押权(《合同法》第286条);②依据法律文书发生的物权变动,如法院的确权判决或者裁定、行政机关依法征收或者没收私人财产的决定等,在法律文书依法发生法律效力并依照法律程序送达给当事人时,物权变动生效(《物权法》第28条);③基于继承的物权变动,自继承开始时物权变动生效(《继承法》第2条;《物权法》第29条);④依据劳动等事实行为的物权变动,在事实行为发生或者完成时物权变动(《物权法》第30条);⑤因自然事件的物权变动,在自然事件发生或者完成时物权变动(《国家土地管理局对陕西省土地管理局关于河滩地确权问题的请示的批复》;《国家土地管理局对山东省土地管理局有关黄河滩地权属问题的复函》)。

尽管非依法律行为的不动产物权变动在原因事实完成或者发生效力时完成,但为了让由此产生的不动产物权能被世人公知,权利人可以通过不动产登记的形式来表彰权利的存在,这就是登记的宣示效力,这种登记也被称为宣示登记,即把不动产物权已经实际变动的结果向外界予以展示的登记。与依法律行为的物权变动相比,非依法律行为

---

① 参见王泽鉴《民法物权》第1册,中国政法大学出版社,2001,第71~75页。
② 参见梁慧星主编《中国民法典草案建议稿附理由·物权编》,法律出版社,2004,第15~16页。

的不动产物权变动的事项要么与他人无关，要么无须他人介入，故而，正如前文所言，宣示登记由权利人单方向登记机构申请即可。

在宣示登记之前，不动产物权变动已经完成，在不涉及第三人时，未登记的物权与其他登记的物权一样，在第三人侵害时，物权人可以根据《物权法》第 3 章"物权的保护"，来主张相应的权利。如果不涉及第三人，未经过宣示登记的物权能否对抗第三人，应视不同情况而定。①法律有明文规定的，遵循该规定，如建筑工程负担了法定抵押权和其他登记的抵押权，无须登记即可产生的法定抵押权优先于意定的需要登记的抵押权以及债权，即未登记的法定抵押权能对抗第三人；但针对该建筑工程，消费者已经交付了购买商品房的全部或者大部分款项后，法定抵押权不得对抗买受人的债权请求权（《最高人民法院关于建设工程价款优先受偿权问题的批复》第 1 ~ 2 条）。②法律无明文规定的，只有依法律文书的物权变动需要变更既有的登记，如果权利人未及时申请变更，在登记的权利人将标的物处分给第三人的情况下，只要第三人信赖登记状况，则根据登记的公信效力，第三人能确定取得该物权，未变更登记的权利人将因此丧失物权，其权利不再存在，当然也无对抗力。

此外，在宣示登记之前，非依法律行为的物权变动所产生的物权没有权利外观，对社会公众也没有足够的公信性，通常在客观上也不易被处分，法律通常采用"不公示者，不得处分"的模式（《物权法》第 31 条）。不过，这种模式旨在限制登记机构的行为，即在未完成处分行为时，强制登记机构把住关卡，不使此类物权人未经登记，即得处分其物权。① 如果登记机构未守住关卡，使得处分之相对人直接被登记为物权人，只要当事人的交易合法正当，只要登记机构的登记正确体现了标的物上的权利状态，难言登记行为违法不当。②

---

① 参见谢在全《"民法"第 759 条争议问题之研究》，苏永钦主编《民法物权争议问题研究》，清华大学出版社，2004，第 8 ~ 14 页。

② 参见常鹏翱《物权法典型判例研究》，人民法院出版社，2007，第 101 ~ 113 页。

二　对抗效力规范

对抗效力表明"不公示，物权变动不得对抗第三人"，土地承包经营权的登记（《农村土地承包法》第 22 条、第 38 条；《物权法》第 127 条第 1 款、第 129 条）和地役权的登记（《物权法》第 158 条）均有如此效力。

与登记的设权效力相比，对抗效力显然可节省交易成本，当事人既无须支出登记等费用，也不用因此而耗费时日。而且，它给当事人留下了意思自治的空间，法律只是给出登记和不登记的法律后果，至于当事人怎么取舍，完全由当事人选择。而且，通过登记的对抗效力，不动产物权被分化为对人性的相对权利和对世性的绝对权利，前者适用于意思表示一致导致物权变动且登记未介入的情形，这种物权没有公示形式，在表现上与债权无异，但它基于当事人意思表示的确权作用，已经实际发生，而且，在与第三人无关的前提下，它在当事人内部产生界定权属的法律效力，并不会危及交易安全，应得到法律的认可。这与通过设权效力表现出的物权与债权截然二分区别明显。①

附录　实体公示原则规范

【实体公示原则】

不动产物权的设立、变更、转让和消灭，依照法律规定登记的，产生《中华人民共和国物权法》规定的效力。

未在不动产登记簿中记载的权利，不是物权，但法律另有规定的除外。

法律推定不动产登记簿中有关权利事项的记载内容具有真实性。

依照《中华人民共和国物权法》第二十八条至第三十条规定享有

---

① 参见常鹏翱《物权法典型判例研究》，人民法院出版社，2007，第 86~96 页。

不动产物权的，未经登记，不得对抗善意第三人，但法律另有规定的除外。

法例参照：

《物权法》第9条第1款："不动产物权的设立、变更、转让和消灭，经依法登记，发生效力；未经登记，不发生效力，但法律另有规定的除外。"

《物权法》第14条："不动产物权的设立、变更、转让和消灭，依照法律规定应当登记的，自记载于不动产登记簿时发生效力。"

《物权法》第31条："依照本法第二十八条至第三十条规定享有不动产物权的，处分该物权时，依照法律规定需要办理登记的，未经登记，不发生物权效力。"

《物权法》第106条："无处分权人将不动产或者动产转让给受让人的，所有权人有权追回；除法律另有规定外，符合下列情形的，受让人取得该不动产或者动产的所有权：

（一）受让人受让该不动产或者动产时是善意的；

（二）以合理的价格转让；

（三）转让的不动产或者动产依照法律规定应当登记的已经登记，不需要登记的已经交付给受让人。

受让人依照前款规定取得不动产或者动产的所有权的，原所有权人有权向无处分权人请求赔偿损失。

当事人善意取得其他物权的，参照前两款规定。"

《瑞士民法典》第971条第1款："法律规定物权创设须在不动产登记簿上登记的，只有在不动产登记簿上查知者，方视为该权利作为物权已经存在。"

《德国民法典》第891条："在土地登记簿中为某人登记一项权利时，应推定此人享有此项权利。

在土地登记簿中涂销一项被登记的权利时，应推定此项权利不存在。"

第十七章

优先原则

在实践中，针对同一不动产往往会出现两种以上的登记结果，即同一标的物上负载两种以上的权利，这些权利在实现上如何排列先后顺序，也是物权法应当解决的问题。在德国法系，这一问题属于优先原则的解决对象。所谓优先原则，是指同一不动产上负担的数个限制物权之间存在权利竞争，根据登记的先后次序来排列它们的权利实现顺序，即先登记的权利优先实现。① 这一界定表明，优先原则以登记为基础，没有登记公示即无该原则，目的在于解决多重不动产限制物权之间的竞合和竞争关系，得以实现的技术支撑点是登记时间的先后，后果是先登记的权利排斥后登记的权利。《物权法》对此虽然在个别条文有所涉及，但没有明确的统一表达，是为不足，不动产登记法应加以补充。需要注意的是，优先原则是一种抽象说法，其具体的制度表达即登记顺位，以下即围绕登记顺位展开讨论。

在讨论之前，必须明了优先原则的适用范围，以便能更准确地认识和运用该原则。

第一，优先原则不调整所有权和限制物权的关系。当不动产所有

---

① Vgl. Wieling, Sachenrecht, 3. Aufl. , Berlin u. a. 1997, S. 8；Schmid/Huerlimann-Kaup, Sachenrecht, 3. Aufl. , Zuerich 2009, S. 19.

权与限制物权并存时，所有权的实现要受限制物权的限制，只有在限制物权实现或者消灭后，所有权才能实现，换言之，受权利性质的制约，不动产所有权的实现总在限制物权之后。由此，优先原则的适用范围仅仅在限制物权之间。

第二，并非所有的竞合的不动产限制物权均有优先原则的适用。依据法律直接生成的不动产物权，即所谓的法定物权，通常优先于当事人约定的意定物权，权利生成的时间先后于此没有意义，显然，法定物权与意定物权之间的关系也不在优先原则调整的范围。比如，《合同法》第 286 条规定了法定抵押权，即建设工程发包人违背支付价款合同义务，并在承包人催告的合理期限内仍不支付价款的，承包人对该工程折价或者拍卖的价款享有优先受偿权，该抵押权无须登记即可产生，即使其成立的时间在后，也能优先于登记抵押权而得以实现（《最高人民法院关于建设工程价款优先受偿权问题的批复》第 1 条）。

第三，并非所有的竞合的意定的不动产限制物权均有优先原则的适用，它只适用于以登记作为权利外观的限制物权之间，故而，登记物权与未登记物权的竞合以及未登记物权之间的竞合，均不考虑权利生成时间的先后，故不在优先原则的适用范围。在登记物权与未登记物权竞合的情形，前者优先于后者（《物权法》第 199 条第 2 项）；未登记物权之间的竞合则地位平等（《物权法》第 199 条第 3 项）。

第四，优先原则是在权利人无约定时方适用的法定规范，只要有权利实现顺序的约定（《物权法》第 194 条），只要该约定符合法律行为的生效要件，且能记载于登记簿，即可排除优先原则。

第一节　基本知识要点

登记顺位的基本知识要点包括顺位的意义、原则、形态和变动，以下分别予以简述。

一　基本意义内涵

所谓顺位，即以登记簿为基本依托，以不动产物权在登记簿中表现出来的确定位置为基准，按照登记前后次序来排列物权实现的先后顺序。据此，登记在前的权利具有优势地位，其实现的机会比后登记者更有保障，登记顺位在后的权利只有在之前的权利完全实现后，才具有实现的机会。

在通常意义上，顺位适用于以登记作为权利外观的不动产物权，未登记的不动产物权不加入顺位行列；同时，它还体现了相互有牵连的数个不动产物权之间的关系。就此而言，顺位是根据不动产物权的登记状态，来确定某一不动产物权在同一不动产之上负担的所有不动产物权中的位置，进而决定其权利实现机会的法律制度。

如果从宏观上把握，顺位实质是一种调控资源分配的法律制度，用以解决同一不动产上的数个物权之间的竞争；而且，它是一种分配权利资源的事实规则，登记的先后顺序是确立顺位的基本依据。就此而言，顺位是解决不动产物权竞争的法律制度，具有合理分配权利资源的功能，具有依据登记事实确定权利实现技术的法律属性。

二　基本规范原则

（一）登记决定原则

该原则的意义在于：①登记确定顺位，即在法律另有规定或当事人另有约定的情况之外，按照登记前后顺序决定不动产物权实现顺序。②顺位决定权利实现，即顺位决定了某具体物权能否实现以及实现的范围和几率。

（二）顺位移动原则

该原则的意义在于：顺位在前的权利消灭，不仅意味着物权之间的顺序排列出现了割裂，也意味着后序顺位权利的实现机会得以增加，为了维系顺位关系的连续性，也为了保证后序顺位权利人的利益，后序顺位物权应依次升进各自的顺位。顺位移动原则的提出，给登记决定原则带来的新的意义，即按照登记先后决定的权利实现次序，仅仅具有相对的稳定性，后序顺位的权利存在潜在的顺位升进机会。

顺位移动原则在实践中运用最多的场合当属不动产抵押权，对此，也有反对的声音和相反的立场，即顺位固定主义。综合顺位移动和顺位固定的利弊，不妨以顺位固定为原则，以顺位移动为例外，即前顺位抵押权的消灭不直接导致后顺位抵押权升进，但法律另有规定或者当事人有相反约定并经过登记的除外；或以顺位移动为原则，以顺位固定为例外，即前顺位抵押权的消灭导致后顺位抵押权升进，但当事人有相反约定并经过登记的除外。

三 基本表现形态

（一）法定意定之分

法定顺位是指依据法律规定的标准和规则确立的顺位，这是顺位的典型形态，要严格按照登记时间先后来排列。具体而言，①在登记簿的同一栏目中，由于登记空间上下排列顺位等同于登记时间先后顺位，故登记空间位置在前者，就具有优先顺位，反之，顺位在后。②在登记簿的不同栏目中登记的不动产物权，应依登记时间顺序为标准来确定顺位。

意定顺位是不适用法定顺位规则的、体现当事人意志的顺位，与法定顺位相比，这属于例外状况，应按照当事人的意思进行顺位排列，以最终排列的顺位符合当事人的意思表示为标准。意定顺位的生效要从意思表示和登记两个方面进行把握，对前者要求当事人确定顺位的意思表示合法有效，对后者则要求意定顺位必须在登记簿中显示出来。符合上述要求的意定顺位能排斥法定顺位。

（二）单向循环之分

基于登记而确定的顺位是单向顺位，它按照登记时间顺序而确立，优先顺位权利绝对优先实现。循环顺位与单向顺位相对，是不能按照登记时间顺序来确定权利实现先后次序的顺位，这属于应被纠正的反常现象。

（三） 绝对相对之分

绝对顺位是按照登记时间顺序来分配权利实现保障机会的顺位，相对顺位则是指权利实现的机会不为顺位所决定，呈现出一种不规则的形态。

四 顺位变动规则

（一） 顺位交换规则

顺位交换是指前序顺位的权利与后序顺位的权利交换各自的顺位，从而改变原有的顺位序列，其结果是原来顺位在前的权利人自愿放弃其顺位利益进行顺位后移，而原来顺位在后的权利得以顺位前移并取得该前序顺位，顺位前移的权利能够排斥顺位后移的权利而优先得以实现。

（二） 顺位变更规则

顺位变更是指经过各个抵押权人的同意，同一抵押人的数个抵押权人将其抵押权的顺位进行互换。粗略地讲，顺位交换和顺位变更的区别在于，前者产生相对效力，其效力范围在顺位交换的当事人之间；后者产生绝对效力，对相关人皆可产生影响。

（三） 顺位抛弃规则

顺位抛弃是权利人通过单方意思表示放弃顺位利益的行为，产生顺位消灭的法律效果。它可分为以下类型：①权利人抛弃不动产物权，在涂销该物权登记的同时，该物权顺位自然消灭。②权利人不放弃不动产物权，只是为了全体后序顺位权利人的利益，抛弃自己权利的顺位并在登记簿中予以登记。③权利人不放弃不动产物权，只是为了特定后序顺位权利人的利益，抛弃自己权利的顺位并在登记簿中予以登记。[①]

第二节 再论顺位制度

以上知识要点涵盖了顺位制度的基本面，但也有若干值得仔细琢

[①] 参见常鹏翱《物权程序的建构与效应》，中国人民大学出版社，2005，第212～245页。

磨之处，特别是顺位适用范围、法定顺位制度和意定顺位制度，下文分别予以论述。

一 顺位适用范围

从权利形态上看，顺位无疑主要适用于应登记的不动产限制物权之间，但这是否足够、有无漏失，还应认真分辨。

第一，现实中不乏可登记的债权，最典型的是租赁权（《城市房地产管理法》第 54 条；《最高人民法院关于审理城镇房屋租赁合同纠纷案件具体应用法律若干问题的解释》第 6 条第 1 款）和预告登记的债权（《物权法》第 20 条第 1 款；《土地登记办法》第 52 条；《房屋登记办法》第 67~73 条），它们借助登记，向社会公众公开了本来隐蔽的债权关系，进而具有物权的对世性和排他性，呈现出所谓的"物权化"特点。它们一旦和其他限制物权并存于一物，当然也会产生竞争关系，理顺之道无疑应通过顺位制度。

第二，在不动产物权，依据登记与否，可分为有登记外观的物权和无登记外观的物权，后者又可细分为两类：一是具有优先性的物权，如法定抵押权；另一是不具有对抗性的物权，如土地承包经营权、地役权，当有登记外观的物权与它们之一并存时，不能适用顺位规范，但它们之间的关系规范应属于顺位规范的关联性规范，应在法律中明确表达出来。

在权利形态之外，还应注意登记启动机制对顺位的影响，即顺位规范适用于数个登记申请之间或数个登记嘱托之间，而不适用于登记申请和登记嘱托之间，具体而言：

第一，针对同一不动产，存在数个登记申请的，只要不存在法定事由，申请在先者应先完成登记，享有优先顺位。

第二，针对同一不动产，存在数个内容相同或者冲突的嘱托的，只要不存在法定事由，嘱托时间在先者优先于时间在后者（《最高人民法院、国土资源部、建设部关于依法规范人民法院执行和国土资源房地产管理部门协助执行若干问题的通知》第 19~20 条；《最高人民法院关于人民法院民事执行中查封、扣押、冻结财产的规定》第 25 条第 2 款、第 28 条）。比如，两个以上人民法院查封同一不动产时，要根据先后顺序来定它们的关系：登记机构为先送达协助执行通知书的人民法院办理登记，对后送达协助执行通知书的人民法院办理轮候查封登记，并书面告知相关情况；轮候查封登记的顺序按照人民法院送达协助执行通知书的时间先后进行排列；查封法院依法解除查封的，排列在先的轮候查封自动转为查封；查封法院对查封的不动产全部处理的，排列在后的轮候查封自动失效；查封法院对查封的不动产部分处理的，对剩余部分，排列在后的轮候查封自动转为查封（《土地登记办法》第 67 条）。而且，在查封尚未解除之前，轮候查封的法院要求协助处置查封标的物的，登记机构应当及时告知查封法院，以便人民法院之间及时协调；在协调期间，登记机构暂停协助执行事项；如果轮候查封法院强制违法要求协助义务机关处置查封标的物造成申请执行人损失的，应当进行执行回转，无法回转的，由该法院承担赔偿责任，协助执行的登记机构不承担赔偿责任（《最高人民法院关于房地产管理部门协助人民法院执行造成移转登记错误，人民法院对当事人提起的行政诉讼的受理及赔偿责任问题的复函》）。

第三，针对同一不动产，既有登记申请，又有内容相同的登记嘱托的，应遵循以下规范：①嘱托在前申请在后，或者嘱托和申请同时的，由于嘱托不受登记机构的审查，效率较高，嘱托能排斥申请。②申请在前嘱托在后，申请被受理且登记完成的，申请排斥嘱托；申请被受理但登记未完成的，嘱托排斥申请（《最高人民法院关于人民法院民事执行中查封、扣押、冻结财产的规定》第 25 条第 1 款）。①

二 法定顺位规范

（一）顺位先后依据

登记决定顺位，实际上是登记申请或登记嘱托决定顺位，更明确

---

① 参见常鹏翱《物权法的展开与反思》，法律出版社，2007，第 345～346 页。

地讲，是登记申请或登记嘱托到达登记机构的时间先后决定顺位，先申请登记者优先于后申请登记者（《土地登记办法》第 36 条第 2 款）。要落实这一点，就应在登记簿中预留恰当的空间来记载登记申请到达登记机构的时间，使之具有公示的机会，既便于公众监督登记机构的登记行为，也便于了解权利的顺位先后。

而且，鉴于顺位的目的是根据登记申请或登记嘱托到达先后来决定权利实现机会大小，且申请或嘱托在客观上存在先来后到的顺序，即使针对同一物的多重申请或嘱托于同一天提出，只要先后到达登记机构，先后顺位仍自然呈现，故应采用小的计时单位，并在登记簿中标注登记申请或嘱托到达登记机构的具体分钟，据此先后编号。这样，除非有惊人的时间重合，法定顺位通常是先后顺位，很难表现为同位现象。

（二）先位优于后位

经法定顺位排列后的多重权利，实行先来先得，先位权利优于后位权利。根据先后权利的内容和功用，可再分以下两种情形：①先位权利的权能涵盖后位权利，如先后权利均为抵押权，则先位权利优先实现，后位权利是先位权利的候补，在先位权利实现之前只能存而不发。②先位权利的权能不能涵盖或不能完全涵盖后位权利，则在不妨害先位权利的范围内，后位权利得以实现，这种情形通常表现为诸如用益物权、租赁权等用益性权利与担保物权并存。

（三）后位权利设定

对于后位权利的设定，我国法律要求后位权利不得损害先位权利（《物权法》第 136 条），或有先位权利人的同意（《物权法》第 163 条），或标的物有足够的价值实现权利（《担保法》第 35 条）。不过，沿着顺位规范推进，只要法律机制足以确保后位权利容让先位权利，那么，后位权利的设定，有当事人双方设定权利的意思表示和登记的客观形式即可，法条额外强调后者不损害先者无异于同语重复，其他的要求也似乎多余。

首先，顺位先后表明的是权利实现机会的大小，与先位权利不同，虽然后位权利是法律权利实体，但实现的机会较小甚至全无。正是在此意义上，物权法中的顺位赋予物权不同地位，使所有权人既有处分自由，又不能以同一方式处分数次，避免发生无权处分。① 可以说，后位权利的设定，意味着在处分先位权利之外的实现机会，并非无权处分，自然无须先位权利人的同意。

其次，要求后位权利在标的物价值的限度内设定的思路，追求的是设定时的权利实现，尽管稳定而安全，但却会扼杀权利将来实现的机会，更忽视了权利人对自己利益的自我调节：后位权利对其权利人而言客观利益不大或者没有，但这是其自愿承受的不利，无害他人；当先位权利因期限届满等原因消灭时，后位权利完全可能实现；为保障自我利益，后位权利人通常会要求母权利人承担更大的代价，如所担保的债权有较高的利率、较短的期限等。考虑到这些因素，用标的物来限制后位权利的设定，无疑是用牺牲产生更多效用的交易机会来换取效用相对较小的交易安全。

（四） 顺位固定规范

顺位旨在排列多个竞合的限制物权的顺序，而限制物权要么依托于所有权，如用益物权，要么依托于其他财产权，如建设用地使用权抵押权，如此一来，所有权与用益物权之间、建设用地使用权抵押权与建设用地使用权之间即为母子权利关系。在此构制下，先位权利的消灭导致后位权利依次升进，还是保持不变，对母权利人和后位权利人影响深远，颇有争议。② 如果基于权利先后乃当事人意思自治产物的立场，顺位宜固定不变，因为顺位经由作为基础权利之不动产权利人和顺位权利人协议而定，未经前者同意，因先位权利消灭而升进后位权利，与既有协议不合，难获法理支持；更现实的是，后位权利的生成，通常要基础权利付出更大的代价，以减弱后位权利的实现风险，在此情况下，它替代先位权利的顺位，对基础权利人实在不公允。

---

① Vgl. Schmid/Huerlimann-Kaup, Sachenrecht, 3. Aufl. , Zuerich 2009, S. 282.
② 参见常鹏翱《物权程序的建构与效应》，中国人民大学出版社，2005，第 225 ~ 229 页。

一旦顺位固定，先位权利消灭可能会由基础权利人取得该权利，进而对抗后位权利，最典型者是所有人抵押权（《最高人民法院关于适用〈中华人民共和国担保法〉若干问题的解释》第 77 条）。这样的制度设计固然保障了基础权利人，但与顺位的本质相悖，不利于后位权利人。与此不同，通过分离权利和顺位，先位权利虽消灭，但顺位仍存在，只不过其上没有任何权利，是空白顺位，基础权利人可在该顺位上设定权能或效用均不超出原权利的新权利。① 这样，新权利占据了在先的顺位，没有打乱原有顺位下的权利秩序，仍是先来后到、先来先得。而且，空白顺位还是基础权利上的不利益，基础权利既不能因此而恢复权能，基础权利人也不能对它享有实体权利，相反，基础权利人有义务通过创设新权利来填补该缺口。根据《瑞士民法典》第 815 条，如果空白顺位未被新权利填补，为实现其他顺位权利而对标的物变价时，无须考虑归宿未定的空白顺位，视其没有意义，变价金额按照顺位先后在权利人中分配。显然，在顺位固定的基础上，灵活对待空白顺位，既将顺位本质一以贯之，又保证了基础权利人和顺位权利人的利益平衡。

三　意定顺位规范

（一）　意定顺位形态

意定顺位旨在借重新安排顺位之力，增进后位权利实现的可能性，故而，放弃或变更既有的权利顺位是其常态。然而，有顺位未必有权利，空白顺位即如此，构成母权利之不利益的顺位能与权利分离，母权利人基于处分自由，完全能像《德国民法典》第 881 条和《瑞士民法典》第 813 条第 2 款那样，为将来的类型、权能、期限均很确定的子权利预设空壳顺位，待该权利成就时直接进入该顺位，这也是意定顺位。此外，后位权利的设定本来与先位权利人无关，但若其同意该设定，正如《瑞士民法典》第 812 条第 2 款所言，本应为后位的权利

---

① Vgl. Schmid/Huerlimann-Kaup, Sachenrecht, 3. Aufl. , Zuerich 2009, S. 400.

将与先位权利同位并存，在此情形，获得优待的权利无须先登记为后位，再更正为同位，而是可径直与先位权利登记为同位，故可称为直接同位。

另外还要注意顺位放弃和顺位变更。先看顺位放弃，它通常指权利人在保留权利的前提下放弃顺位，结果是权利置于放弃前已登记的后位权利之后，当然在放弃后才登记的后位权利之前，放弃的顺位和因此获益的顺位仍先后有别。它与权利放弃不同，后者消灭权利实体，其顺位因顺位固定而沦为空白。顺位放弃的另一层意思是先位权利人放弃自己的顺位利益，使特定后位权利与自己权利同位，此即学说上所谓的相对放弃。究其实际，无非是先位权利人对特定后位权利放弃自己权利的优先效力，如先抵押权人放弃部分优先受偿利益，其中并无顺位的变化，之所以归于顺位名下，主要在于其后果等同于权利同位。① 相对放弃可发生在权利设定之时（如先后抵押权人事先约定），也可在权利实现之中（如先后抵押权人约定清偿数额的分配），无论发生还是后果，均与前谓的顺位放弃不同。

顺位变更也形态不一。首先是顺位交换，即先位权利与后位权利交换各自顺位，顺位前移者优于顺位后移者，它既可发生在先后两权利之间，还可经由三个以上权利人的合意波及更多的权利。其次是顺位让与，即先位权利人将其先位让与特定后位权利人，在实现权利时，在先位权利本应实现的限度内，先供后位权利实现，其余由先位权利实现。与相对放弃一样，顺位让与也不涉及顺位变化，但受益的权利较相对放弃更有实现上的保障。② 再者，后位权利人为保全自己权利，还可如《瑞士民法典》第 814 条第 3 款所规定的那样，与母权利人约定先位权利消灭导致后位权利升进，从而突破顺位固定，产生顺位升进。这种改变顺位格局的结果基于当事人的合意，也可归入意定顺位

---

① 参见〔日〕近江幸治《担保物权法》，祝娅等译，法律出版社，2000，第 184 页；谢在全：《民法物权论》中册，作者自版，2010，修订 5 版，第 417～418 页。

② 参见〔日〕近江幸治《担保物权法》，祝娅等译，法律出版社，2000，第 183～184 页；谢在全：《民法物权论》中册，作者自版，2010，修订 5 版，第 413～417 页。

的范畴。

综上可知，从严格意义上讲，意定顺位的形态包括顺位保留、直接同位、顺位放弃、顺位交换和顺位升进，相对放弃和顺位让与并不在意定顺位的范围内。不过，在担保物权序列中，相对放弃和顺位让与均是对担保利益的处分，能补充顺位放弃和交换，[①] 一并讨论并在法律中一并规定，意义明显。

（二）意定顺位设定

既然是意定的顺位，当然应有登记外观，故无论顺位放弃、交换抑或顺位保留、直接同位、顺位升进，均要记载在登记簿中，才有意义。不过，相对放弃和顺位让与改变了顺位权利的权能，属于权利变动，它们是否必须登记，应视所涉及权利的变动采用何种模式而定，只有登记生效模式才要求它们强制登记，自不待言。

同时，顺位因意定而生，基础自然是确定权利顺位的意思表示。意定顺位是权利人处分自己利益的表现，该意思表示除了在品质上适格，在权源上还应出自有权处分顺位之人，只有这样的意思表示与登记一致，方能产生权利人预期的效果。在这些限制要素里，意思表示品质及其与登记的契合程度均不难判断，问题出在究竟何人所为才符合有权处分的要求。由于意定顺位是一框架概念，具体形态构造不同，涉及的权利人范围不同，应分别加以甄别。

先位权利人放弃其顺位，使后位权利均得益，且没有增加基础权利已负担的不利益，无疑是有权处分。直接同位与顺位放弃有异曲同工之处，是先位权利人对其后特定的无顺位的权利，放弃顺位利益的表现，与其他权利无关，也没有增加基础权利的负担，只要先位权利人的同意即可。相对放弃、顺位让与与上述两者相似，除了直接相关的子权利人合意外，无须他人意思表示的介入。

顺位保留是基础权利人自愿在基础权利上设定不利益的表现，但

---

① 参见苏永钦《物权堆叠的规范问题——建议修法明订以次序为轴心的堆叠原则》，《中德私法研究》第 3 卷，北京大学出版社，2007，第 141 页。

同时也对先生成的后位权利产生了不利益，除了基础权利人设定顺位保留的意思表示，后位权利人对此表示认同的意思表示是否必要？德国法持肯定立场，顺位保留的基础是基础权利人和负担该保留的后位权利人的合意，这的确因应了通常首位权利人不确定而次位权利基本确定的现实，但顺位保留也因此依附于负担它的后位权利，最终产生了不太令人欢迎的相对顺位，即顺位保留优于负担它的后位权利，但不优于该后位权利之后的权利，而后位权利又优于其后的权利。[①] 其实，鉴于顺位与权利的分离，无权利的先顺位和先位权利一样，均是对基础权利和后位权利的不利益，既然先位权利的设定无须可能的后位权利人的同意，基础权利人也应有权以单独行为来设定顺位保留，进而也可避免相对顺位的发生。

要确保顺位交换为有权处分，除了所涉及的直接权利人的合意外，是否还要有其他制约要素，还要视权利的位置来定。如果交换的权利在顺位上相互连接，之间无其他顺位的权利，与其他顺位权利无关，只要有先后交换的权利人合意即可；反之，交换不能损害其间顺位的权利，这就要求交换的权利应当权能相同，且顺位前置的权利价值不得大于顺位后置的权利，否则，即属无权处分。

顺位升进对后位权利有利，但可能加大基础权利的负担，故它必须有基础权利人和后位权利人的合意。显然，除了顺位保留和顺位升进外，其余形态的意定顺位均与基础权利人的意思表示无关，而顺位保留又与其他顺位权利人的意思表示无关；除了顺位交换和顺位升进外，其余形态的意定顺位均与其他顺位权利人的意思表示无关。如此看来，《物权法》第 194 条规定由抵押权人和抵押人协议变更抵押权顺位，并加入其他抵押权人同意的因素，只宜解释为是以抵押权升进为基础的顺位交换。

（三）意定顺位后果

意定顺位改变了法定顺位，其最主要的后果是后来者先得，要么

---

① 参见〔德〕鲍尔/施蒂尔纳《德国物权法》上册，张双根译，法律出版社，2004，第 354～356 页；常鹏翱：《物权程序的建构与效应》，中国人民大学出版社，2005，第 238～240 页。

是本应为后位的权利优于本应为先位的权利（如顺位保留、顺位交换），要么是后位权利升格为先位权利（如顺位放弃、顺位升进），要么是后位权利与先位权利同位（如直接同位）。在前两种情形，还有先后顺位差别，仍适用先位优于后位的一般规范；后一情形产生的同位在法定顺位中罕有适用空间，应着重讨论。

权利顺位相同，表明其中不存在优先或排斥的关系，它们要相互容忍对方的存在，这种结果因先位权利人自愿放弃顺位利益而有正当性，即便先位权利因此不能实现或不能完全实现，也不能更改同位平等，但这样一来，势必会给权利行使和实现增添外在成本，还需要另设规则予以应对。此时，应视权利价值可否量化分别予以规制。

担保物权是可量化的典型，同位权利依据担保债权额的比例来分派利益，是最佳途径和公认之理，且担保物的实际变价为此提供了基础。但如果担保物不能变价，只能用担保物实物的拍卖保留价作价来清偿债务时，面临的就是如何分配该实物利益的问题，量化的比例在此不起作用。这个问题与用益性权利同位或用益性权利和担保物权同位中的问题一样，源于权能或功用的重叠或互斥。

对此，我国司法解决方案相当简单，用担保物实物抵债的，债权人受偿顺位相同，以抽签方式决定承受人（《最高人民法院关于人民法院民事执行中拍卖、变卖财产的规定》第19条第2款）。从运气托辞看，无论何种抽签结果，均最公平。但究其根本，这种看似公平且变通的方法其实否定了同位权利同等对待的道理，使本应且很现实的利益均沾，因抽签手气而变成一权独存，其结果要么是权利人从根本上避免同位，要么是用各种方法规避抽签，从而导致本为融通交易而设的同位，反而产生了不少外部成本，似不足采。

也许，交由权利人以同一物上利益共同体的名义来自治决定，有可能从利益磨合和实际需要中走出一条既发挥物的效用、又兼顾权利人乃至相关人利益的道路。一旦实现权利的自治方案能被记载于登记簿，就应产生物权效力，不仅参与自治的同位权利人要按此方案行事，基础权利人以及从某一或某些同位权利人处受让权利之人也要受此约束。此时，如果某一或某些同位权利消灭，受限于顺位固定，这些位置空白，不经其他同位权利人的同意，基础权利人还可设定内容或效用不大于原权利的权利，[①] 新权利人也应遵守既有的方案。[②]

附录　优先原则及顺位规范

【优先原则】

同一不动产上负担两个以上物权的，按照不动产登记的先后次序确定权利实现的顺序，但法律另有规定或者当事人另有约定的除外。

【顺位的一般规范】

同一不动产上负担两个以上用益物权或者担保物权的，按照不动产登记的先后排列顺位，顺位在先的物权优先于顺位在后的物权，但法律另有规定或者当事人另有约定的除外。

不动产登记的先后顺序，根据不动产登记机构受理当事人申请或者有关机关嘱托的时间先后确定，不动产登记机构应当为受理时间在先且符合法定条件的申请或嘱托优先办理登记。

法例参照：

《物权法》第 199 条第 1 项前半句："同一财产向两个以上债权人抵押的，拍卖、变卖抵押财产所得的价款依照下列规定清偿：

（一）抵押权已登记的，按照登记的先后顺序清偿；……
……"

《德国土地登记法》第 17 条："多个申请涉及同一个权利的，在为先前提出的申请完成登记之前，不应为后来的申请办理登记。"

---

① Vgl. Schmid/Huerlimann-Kaup, Sachenrecht, 3. Aufl., Zuerich 2009, S. 400.
② 参见常鹏翱《民法中的财产权竞合规范——以优先规范为中心》，《法学研究》2010 年第 5 期。

《土地登记办法》第 67 条："两个以上人民法院对同一宗土地进行查封的，国土资源行政主管部门应当为先送达协助执行通知书的人民法院办理查封登记手续，对后送达协助执行通知书的人民法院办理轮候查封登记，并书面告知其该土地使用权已被其他人民法院查封的事实及查封的有关情况。

轮候查封登记的顺序按照人民法院送达协助执行通知书的时间先后进行排列。查封法院依法解除查封的，排列在先的轮候查封自动转为查封；查封法院对查封的土地使用权全部处理的，排列在后的轮候查封自动失效；查封法院对查封的土地使用权部分处理的，对剩余部分，排列在后的轮候查封自动转为查封。

预查封的轮候登记参照本条第一款和第二款的规定办理。"

【法定顺位】

在同一不动产登记簿页的同一栏目内，位置在前的登记顺位优先；位置前后次序与登记时间先后次序不符的，按照登记时间先后确定顺位。

在同一不动产登记簿页的不同栏目内，按照登记时间的先后次序确定顺位；登记时间相同的，顺位平等。

法例参照：

《德国民法典》第 879 条第 1 款第 1 句："一宗土地上设定数个物权时，如这些权利登记在土地登记簿的同一栏目内，则它们之间的顺位关系以权利登记先后次序确定。如这些权利登记在不同的栏目，以登记日期在先者为优先顺位；登记日期相同的，顺位平等。"

《物权法》第 199 条第 1 项后半句："同一财产向两个以上债权人抵押的，拍卖、变卖抵押财产所得的价款依照下列规定清偿：

（一）……顺序相同的，按照债权比例清偿；

……"

【意定顺位】

物权人基于真实意思表示排列顺位，并在不动产登记簿中予以记载，应当受法律保护。

【顺位固定】

顺位在先的物权消灭的，该顺位保留，在后的物权顺位不变，但当事人另有约定的除外。

其他顺位的物权在实现时，上述保留的顺位没有重新设置物权的，该保留的顺位视为消灭。

法例参照：

《瑞士民法典》第 814 条："一宗土地上设定数个顺位的不动产担保物权的，某一顺位担保物权消灭的，后位的担保权利人无请求升进的权利。

先位的不动产担保物权受清偿后，可设定另一不动产担保物权。

不动产担保债权人就顺位升进所为的合意，以在不动产登记簿记载为限，发生物权效力。"

《瑞士民法典》第 815 条："不动产担保物权，在无优先不动产担保物权存在的情况下，在设定后位权利时，或债务人未处分优先的担保债权时，或优先债权的实际额少于登记额时，担保物变价后的价金，无须考虑空位担保的顺位，按照实际的顺位在担保债权人中分配。"

【顺位保留】

权利人设定不动产用益物权或者担保物权时，可为该物权在登记簿上保留顺位。

在该保留的顺位上设置的物权，优于顺位在后的物权。

法例参照：

《瑞士民法典》第 813 条第 2 款："不动产担保物权在登记时，以保留一定优先金为条件，可设定第二位或以下任意的顺位。"

【顺位变更】

在不影响他人合法利益的范围内，当事人可协议变更物权的顺位，并经过登记产生法律效力。

【顺位放弃】

在不影响他人合法利益的范围内，权利人可放弃物权的顺位，并经过登记产生法律效力。

上述放弃的物权的顺位后于已在登记簿中记载的其他物权的顺位。

法例参照：

《物权法》第 194 条："抵押权人可以放弃抵押权或者抵押权的顺位。抵押权人与抵押人可以协议变更抵押权顺位以及被担保的债权数额等内容，但抵押权的变更，未经其他抵押权人书面同意，不得对其他抵押权人产生不利影响。

债务人以自己的财产设定抵押，抵押权人放弃该抵押权、抵押权顺位或者变更抵押权的，其他担保人在抵押权人丧失优先受偿权益的范围内免除担保责任，但其他担保人承诺仍然提供担保的除外。"

【同等顺位】

登记机构受理数个当事人申请或有关机关嘱托的时间完全等同的，物权的顺位同等。

在先的权利人同意设定其他物权的，该物权与顺位在先的物权顺位同等。

在同一不动产登记簿页的不同栏目中，数个物权均未记载登记时间的，顺位同等。

顺位同等的物权的行使、管理、处分和分配，准用共有的规定。

法例参照：

《瑞士民法典》第 812 条第 2 款："不动产担保物权设定后，未经担保权人同意而使土地承担地役权或土地负担时，担保物权优先于后设定的负担；如担保标的物变价损害优先担保物权人的利益时，可涂销后设定的负担。"

《德国民法典》第 1024 条："同一不动产上有地役权与其他地役权或用益物权并存，且顺位同一，致使其权能无法行使或无法完整行使的，任一权利人均可请求依公正裁量建立符合全体权利人利益的规则。"

《德国民法典》第 1060 条："同一物上有收益权与其他收益权或用益物权并存，且顺位同一，致使其权能无法行使或无法完整行使的，准用第 1024 条的规定。"

【顺位的关联规范】

登记的物权优先于未登记的物权。

未登记的物权之间地位平等。

法例参照：

《物权法》第 199 条第 2 ~ 3 项："同一财产向两个以上债权人抵押的，拍卖、变卖抵押财产所得的价款依照下列规定清偿：

……

（二）抵押权已登记的先于未登记的受偿；

（三）抵押权未登记的，按照债权比例清偿。"

【顺位的准用规范】

不动产用益物权、担保物权、登记备案的租赁权、预告登记的债权以及法律规定的可在登记簿上记载的债权相互间的关系，参照本节的上述规定。

法例参照：

《物权法》第 190 条："订立抵押合同前抵押财产已出租的，原租赁关系不受该抵押权的影响。抵押权设立后抵押财产出租的，该租赁关系不得对抗已登记的抵押权。"

结　语

不动产登记法草案建议稿

根据以上所述，本书在此整理和提炼出我国不动产登记法的草案建议稿，作为结语，并供修法和立法参酌。

不动产登记法草案建议稿

第一章　总则

第一条　【立法依据和目的】

为了规范不动产登记行为，保障不动产权利人的合法权益，根据《中华人民共和国物权法》、《中华人民共和国土地管理法》、《中华人民共和国城市房地产管理法》、《中华人民共和国农村土地承包法》、《中华人民共和国森林法》、《中华人民共和国草原法》、《中华人民共和国渔业法》、《中华人民共和国海域使用法》、《中华人民共和国矿产资源法》、《中华人民共和国水法》、《中华人民共和国信托法》、《中华人民共和国民事诉讼法》等法律，制定本法。

第二条　【适用对象】

因不动产登记而产生的法律关系，适用本法。

本法所称不动产登记，是指不动产登记机构依法将不动产、不动产权利和其他应当记载的事项在不动产登记簿上予以记载，并因此产生法律效力的法律事实。

第三条【正当程序原则】

不动产登记程序应依法进行。

第四条【实体公示原则】

不动产物权的设立、变更、转让和消灭，依照法律规定登记的，产生《中华人民共和国物权法》规定的效力。

未在不动产登记簿中记载的权利，不是物权，但法律另有规定的除外。

法律推定不动产登记簿中有关权利事项的记载内容具有真实性。

依照《中华人民共和国物权法》第二十八条至第三十条规定享有不动产物权的，未经登记，不得对抗善意第三人，但法律另有规定的除外。

第五条【优先原则】

同一不动产上负担两个以上物权的，按照不动产登记的先后次序确定权利实现的顺序，但法律另有规定或者当事人另有约定的除外。

第二章　不动产登记机构

第六条【不动产登记机构的设置】

不动产登记由国家设置的不动产登记机构统一办理。

不动产登记机构的具体设置方案，由国务院另行规定。

第七条【不动产登记工作人员的资格】

不动产登记人员应当具备与其岗位相适应的专业知识。

从事不动产登记审查的工作人员，应当取得国务院不动产登记主管部门颁发的不动产登记上岗证书。

第八条【属地管辖的一般规范】

不动产登记，由不动产所在地的基层不动产登记机构管辖。

第九条 【跨辖区不动产的登记管辖】

跨数个不动产登记机构管辖区域的不动产，由各不动产登记机构在各自管理的不动产登记簿中分别记载相应的部分，并注明其他部分不动产所在的区域。

针对上款的不动产申请登记的，由面积较大的不动产部分所在地的不动产登记机构管辖，该登记机构应将有关登记事项通知不动产所跨区域的其他登记机构。

第三章　不动产登记簿

第十条 【不动产登记簿的统一】

不动产登记簿应统一设置。

不动产登记簿由国务院不动产登记主管部门统一监制。

第十一条 【不动产登记簿的范围和记载】

不动产登记簿包括：

（一）记载不动产及其权利状况的簿页；

（二）地籍图、地籍调查表、房产测绘资料、不动产权属来源文件等登记资料。

登记资料及其他证据可证明不动产登记簿页的内容。

第十二条 【不动产登记簿的编制】

不动产登记簿以特定不动产为单位编制簿页，每一不动产设置一张簿页。

数个不动产归属于同一主体的，可在同一不动产登记簿页上记载。

第十三条 【不动产登记簿页单位的解释】

不动产登记簿页的单位是宗地以及房屋基本单元。

宗地是指土地权属界线封闭的地块、水域或者空间。

房屋基本单元是指有固定界限、可以独立使用并且有明确、唯一的编号（幢号、室号等）的房屋或者特定空间。

第十四条 【不动产权利的登记能力法定】

在不动产登记簿中记载的权利事项，应有明确的法律根据。

上款所谓的法律根据，包括法律、行政法规、经济特区法规、自治条例和单行条例。

虽然没有明确的法律根据，但由人民法院生效法律文书普遍确认的可予登记的不动产权利，可在不动产登记簿中记载。

第十五条 【不动产权利登记能力的延展】

当事人通过意思表示决定或改变不动产权利的内容或属性的，可在不动产登记簿中记载。

第十六条 【不动产登记簿页的内容】

不动产登记簿应载明下列内容：

（一）不动产的位置、界址、面积、地号、用途、结构等物理状况；

（二）不动产权利的主体、类型、内容、期限、顺位等权属状况；

（三）对引发不动产物权变动的债权请求权的预告登记事项；

（四）权利人或利害关系人提起的异议；

（五）人民法院嘱托的查封；

（六）登记申请或嘱托达到登记机构的时间；

（七）法律、行政法规规定的其他应登记事项。

不动产登记簿的内容必须采用法定文字、符号记载。

第十七条 【不动产登记簿页的电子化】

不动产登记簿页采用电子介质的，应当每天进行异地备份，并备有唯一、确定的纸介质。

第十八条 【不动产登记簿的管理】

不动产登记簿及相关的不动产登记资料由不动产登记机构管理。

具体管理办法由国务院不动产登记主管部门制定。

第十九条 【不动产登记簿的重建】

不动产登记簿灭失、毁损的，不动产登记机构应依有关资料予以重建，恢复原有内容。

第二十条【不动产登记簿的公开】

权利人、利害关系人申请查询、复制不动产登记簿的，不动产登记机构应当提供。

权利人包括不动产登记簿中记载的权利人或其代理人。

利害关系人包括：

（一）权利人的继承人或其代理人；

（二）权利人的债权人或其代理人；

（三）权利人的近亲属或其代理人；

（四）权利人同意其查阅、复制不动产登记簿者或其代理人；

（五）证明权属证明信息的人或其代理人；

（六）证明登记信息错误的异议人或其代理人；

（七）对不动产登记簿记载信息有科学研究利益的专业人员；

（八）有关国家机构或者专业机构中履行法定职责的人员；

（九）其他对查阅、复制不动产登记簿有合法利益的人。

查询、复制不动产登记簿应遵循国务院不动产登记主管部门的相关规定。

国务院不动产登记主管部门应加强不动产登记信息系统建设，实现全国不动产登记簿信息共享和异地查询。

任何人不得以不知不动产登记簿的记载提出抗辩。

第二十一条【不动产登记簿与权利证书、登记证明的关系】

不动产登记机构根据不动产登记簿的记载，缮写并向权利人或者申请人发放不动产权利证书或者登记证明。

不动产权利证书是权利人享有不动产权利的证明，包括《建设用地使用权证》、《土地承包经营权证》、《宅基地使用权证》、《地役权证》、《抵押权证》、《房屋所有权证》等。

登记事项是权利人主张不动产登记簿上记载的相应事项的证明，包括《预告登记证明》、《异议登记证明》等。

不动产权利证书、登记证明与不动产登记簿记载不一致的，除有证据证明登记簿确有错误外，不动产登记机构应当书面通知权利人换领与登记簿记载一致的不动产权利证书或者登记证明。

第二十二条【不动产权利证书或者登记证明的监制】

不动产权利证书或者登记证明由国务院不动产登记主管部门统一监制。

第四章　不动产登记的一般程序

第一节　不动产登记的申请和嘱托

第二十三条【申请原则】

不动产登记依据当事人的申请进行，但法律另有规定的除外。

当事人申请不动产登记的权利不受非法限制或剥夺。

第二十四条【有效申请的条件】

不动产登记的申请应当符合以下条件：

（一）申请人有完全行为能力；

（二）申请人对申请事项享有处分权或正当利益；

（三）申请的内容明确、确定；

（四）申请采用书面形式或法律规定的其他形式；

（五）法律规定的其他条件。

第二十五条【申请的一般材料】

除法律另有规定外，当事人申请不动产登记时应当提交以下材料：

（一）申请书；

（二）申请人的身份证明；

（三）权属来源证明；

（四）权利变动的原因事实证明；

（五）法律规定的其他材料。

第二十六条【申请人有关登记申请材料的义务】

申请登记材料应当提供原件。不能提供原件的，应当提交经有关机关确认与原件一致的复印件。

申请人提交的证明材料原件是外文的，应当提供中文译本。

申请人申请不动产登记，应当如实向不动产登记机构提交有关材料，并对申请材料实质内容的真实性、合法性、有效性负责。

第二十七条【登记机构有关登记申请材料的义务】

不动产登记机构应依法确定申请不动产登记需要提交的材料，并以合理方式公示申请登记材料的目录和要求。

第二十八条【共同申请】

不动产登记申请事项涉及两个以上当事人的，应由当事人共同申请不动产登记，但法律另有规定的除外。

第二十九条【单方申请】

有下列情形之一的，可由当事人单方申请不动产登记：

（一）土地总登记；

（二）农民集体土地所有权设立登记；

（三）建筑物所有权设立登记；

（四）因法律规定直接取得不动产物权的；

（五）因人民法院、仲裁委员会的生效法律文书而导致不动产物权变动的；

（六）因人民政府生效的征收决定等导致不动产物权变动的；

（七）因继承或者遗赠取得不动产物权的；

（八）因合法建造、拆除房屋等事实行为导致不动产物权变动的；

（九）因自然事件而取得或消灭不动产物权的；

（十）物权受让人完全履行了合同义务，而出让人死亡且无继承人的；

（十一）基于公证的买卖、赠与等合同导致不动产物权变动的；

（十二）不涉及他人利益的更正登记；

（十三）名称、地址或者用途变更登记；

（十四）不动产权利证书或者登记证明的补发或者换发；

（十五）法律规定的其他情形。

第三十条【监护人代理申请】

无行为能力或者限制行为能力人的不动产权利，应当由其监护人代为申请不动产登记。

监护人代为申请的，应当提交证明监护人身份以及为被监护人利益的材料。

第三十一条 【委托代理人申请】

委托代理人申请不动产登记的，代理人应当提交授权委托书和身份证明。境外申请人委托代理人申请不动产登记的，授权委托书和被代理人身份证明应当依法公证或者认证。

第三十二条 【基于代位权的代位申请】

债务人怠于申请不动产登记，对债权人造成损害的，债权人在依照《中华人民共和国合同法》第七十三条的规定获得人民法院的胜诉判决后，可以自己的名义代位债权人申请登记。

不动产登记机构办理登记后，应将登记结果书面通知债务人。

第三十三条 【基于共同共有关系的代位申请】

在不动产权利的共同共有，共有人中的一人或数人为全体共有人的利益，可申请为共同共有。

不动产登记机构办理登记后，应将登记结果书面通知其他共有人。

第三十四条 【到场申请原则】

申请人或者代理人应当亲自到场申请不动产登记，法律、行政法规另有规定的除外。

第三十五条 【缴纳登记费用】

申请不动产登记的，申请人应当按照国家规定的收费标准缴纳登记费。

第三十六条 【登记申请的撤回】

在不动产登记机构将申请登记事项记载于不动产登记簿之前，申请人可以部分或者全部撤回申请。

第三十七条 【嘱托的适用范围】

有下列情形之一的，人民政府或者人民法院可嘱托不动产登记机构办理登记：

（一）人民政府依法征收或者没收不动产的；

（二）人民法院依法查封不动产的；

（三）法律规定的其他情形。

第三十八条【嘱托的材料】

除法律另有规定外，人民政府或者人民法院嘱托不动产登记时应当提供以下材料：

（一）书面形式的嘱托，列明登记事项、相关生效文书或者文件、人民政府或人民法院的签章等内容；

（二）具体办理嘱托人员的工作证、执行公务证明等有关证明文件。

第三十九条【主动登记的适用范围】

不动产登记机构不得主动办理登记，但法律另有规定的除外。

第二节　不动产登记的审查

第四十条【登记申请的受理程序】

不动产登记申请材料齐全、符合法定形式，不动产登记机构应当当场受理，并出具书面凭证，载明受理日期、收取的申请资料等事项，由申请人签字认领。

第四十一条【登记申请受理的效力】

针对同一不动产或者不动产权利有数个不动产登记申请的，不动产登记机构应当为受理时间在先且符合法定条件的申请优先办理登记。

第四十二条【登记申请的不予受理】

不动产登记申请有下列情形之一的，不动产登记机构应当当场出具不予受理决定书，载明不予受理的原因、申请人的补正措施、申请复议或者起诉的机关及期限等内容：

（一）申请登记的不动产不在本登记辖区的；

（二）申请材料不齐全或者不符合法定形式的。

第四十三条【审查申请的一般规范】

不动产登记机构在受理不动产登记申请后，应当审查下列事项：

（一）申请人或其监护人、代理人的身份、行为能力、资格和处分权限；

（二）申请人意思表示的真实性和合法性；

（三）申请事项的合法性；

（四）申请材料的真实性；

（五）法律规定的其他事项。

第四十四条 【询问申请人的特别规范】

不动产登记机构认为必要的，可以就申请事项询问申请人，制作询问笔录。询问结果应当经申请人签字确认，并归档保留。

第四十五条 【补充材料的特别规范】

申请登记的有关事项需要进一步证明的，不动产登记机构可以要求申请人补充材料。

第四十六条 【实地查看的特别规范】

办理下列不动产登记，不动产登记机构应当实地查看，制作查看记录，并归档保留：

（一）农村集体土地所有权设立登记；

（二）房屋所有权设立登记；

（三）在建工程抵押权登记；

（四）因不动产灭失导致的注销登记；

（五）法律规定的其他不动产登记。

不动产登记机构实地查看时，申请人应当予以配合。

第四十七条 【公告的特别规范】

不动产登记机构在法律规定的情形或者认为有必要的情形，可以就申请事项进行公告，听取利害关系人或者社会公众的意见。

第四十八条 【审查嘱托的一般规范】

人民政府或者人民法院嘱托办理不动产登记的，不动产登记机构不对相关生效法律文书或者文件进行实体审查，应当按照人民政府或者人民法院的要求办理登记。

不动产登记机构认为人民政府或者人民法院的相关生效法律文书或者文件错误的，可以提出审查建议，但不得停止办理登记。

第三节　不动产登记的决定

第四十九条【作出决定的时限】

自受理不动产登记申请之日起，不动产登记机构应当于下列时限内，完成不动产登记审查，并作出办理登记、暂缓登记或者不予登记的决定：

（一）农村集体土地所有权登记，60 个工作日；

（二）房屋所有权登记，30 个工作日；

（三）建设用地使用权、土地承包经营权、宅基地使用权、地役权等用益物权的登记，30 个工作日；

（四）不动产抵押权登记、预告登记、更正登记、信托登记，10 个工作日；

（五）异议登记、涉及租赁权的登记，1 个工作日。

需要申请人补充申请材料或者公告的，补充材料时间以及公告时间不计入前款规定的时限。

因特殊原因需要延长时限的，经不动产登记机构负责人批准可以延长，但最长不得超过原时限的一倍。

第五十条【办理登记的程序】

不动产登记申请符合法律规定的要件的，不动产登记机构应当将申请事项记载于不动产登记簿中，并向权利人颁发权利证书或者向申请人颁发异议登记、预告登记等登记证明。

人民政府或者人民法院嘱托不动产登记的，不动产登记机构应当将嘱托事项记载于不动产登记簿中，并将结果书面通知嘱托的人民政府或者人民法院。

不动产登记机构依法主动办理不动产登记的，应当将结果书面通知不动产登记簿中记载的权利人或者其他利害关系人。

非经法定程序，任何人不得擅自改变不动产登记簿以及权利证书或者登记证明记载的事项。

第五十一条【暂缓登记的程序】

有下列情形之一的，不动产登记机构应当暂缓登记：

（一）不动产登记申请文书不符合法律规定的形式；

（二）未依法缴纳登记费用或者税收的；

（三）法律规定的其他情形。

暂缓登记的，不动产登记机构应当以书面形式通知申请人在 15 日内补正相关事项。

暂缓登记不影响登记申请受理时间的顺序，但申请人逾期不补正或者没有完全补正的除外。

第五十二条 【拒绝登记的程序】

有下列情形之一的，不动产登记机构应当拒绝登记：

（一）申请事项依法不能登记的；

（二）申请事项违背法律强行性规定或者社会公共利益的；

（三）申请事项涉及的不动产权属争议尚未解决的；

（四）申请人逾期没有补正或者没有完全补正暂缓登记决定要求事项的；

（五）法律规定的其他情形。

拒绝登记的，不动产登记机构应当以书面形式通知申请人，并写明理由、法律依据以及申请人的救济途径。

自拒绝登记决定作出之日起，不动产登记申请丧失法律效力，不动产登记机构应在不动产登记申请书上注明拒绝登记，连同其他申请材料全部发还申请人。

第五十三条 【程序维持原则】

不动产登记程序一经完成，就具有确定的法律效力。

同一不动产登记事项不得适用两次以上相同性质的不动产登记程序。

第五章　土地总登记

第五十四条 【土地总登记的界定】

土地总登记，是指不动产登记机构在一定时间内对辖区内全部土地或者特定区域内土地进行的全面登记。

第五十五条【土地总登记的通告】

不动产登记机构在进行土地总登记时，应当以合理方式在适当处所发布通告。通告的主要内容包括：

（一）土地登记区的划分；

（二）土地登记的期限；

（三）土地登记收件地点；

（四）土地登记申请人应当提交的相关文件材料；

（五）需要通告的其他事项。

第五十六条【土地总登记的公告】

对符合土地总登记要求的宗地，由不动产登记机构以合理方式在适当处所予以公告，公告期间不少于 15 日。公告的主要内容包括：

（一）土地权利人的姓名或者名称、地址；

（二）准予登记的土地坐落、面积、用途、权属性质、类型和期限；

（三）土地权利人及其他利害关系人提出异议的期限、方式、受理机构和处理该异议的程序；

（四）公告的起止日期；

（五）需要公告的其他事项。

第五十七条【土地总登记的办理】

公告期满，土地权利人及其他利害关系人对土地总登记审核结果无异议或者异议不成立的，由不动产登记机构办理土地总登记。

第六章　不动产物权变动的登记

第一节　设立登记

第五十八条【农民集体土地所有权的设立登记】

申请农民集体土地所有权设立登记的，《中华人民共和国物权法》第六十条规定的代表集体行使所有权的组织应当依法提交农民集体土地所有权证明、经村民会议同意或者由村民会议授权经村民代表会议同意的证明材料。

对符合要求的申请，参照适用本法第五十五条规定的公告程序。

第五十九条 【房屋所有权的设立登记】

因合法建造房屋申请房屋所有权设立登记，房屋所占土地为国有的，当事人应当依法提交建设用地使用权证明、建设工程符合规划的证明、房屋已竣工的证明、房屋测绘报告等材料。

因合法建造房屋申请房屋所有权设立登记，房屋所占土地为农民集体所有的，当事人应当依法提交宅基地使用权证明或者农民集体所有建设用地使用权证明、房屋符合城乡规划的证明、房屋测绘报告或者村民住房平面图等材料；申请人为村民的，还应当提交村民属于房屋所在地农民集体经济组织成员的证明；申请人为农民集体经济组织的，还应当提交经村民会议同意或者由村民会议授权经村民代表会议同意的证明材料。

不动产登记机构受理本条第二款的登记申请后，应当将申请登记事项在房屋所在地农民集体经济组织内进行公告。经公告无异议或者异议不成立的，方可予以登记。

第六十条 【业主共有部分所有权设立登记】

房地产开发企业在申请商品房所有权设立登记时，应当一并申请建筑区划内依法属于全体业主共有的公共场所、公用设施、物业服务用房等共有部分所有权的设立登记，该申请符合法律要求的，由不动产登记机构在不动产登记簿上记载。

第六十一条 【国有建设用地使用权的设立登记】

以划拨方式取得国有建设用地使用权的，当事人应当依法提交县级以上人民政府的批准用地文件和国有土地划拨决定书等相关证明材料，申请划拨国有建设用地使用权设立登记；新开工的大中型建设项目使用划拨国有土地的，还应当提供建设项目竣工验收报告。

以出让方式取得国有建设用地使用权的，当事人应当在付清全部国有土地出让价款后，依法提交国有建设用地使用权出让合同和土地出让价款缴纳凭证等相关证明材料，申请出让国有建设用地使用权设立登记。

划拨国有建设用地使用权已依法转为出让国有建设用地使用权的，当事人应当依法提交原国有土地使用证、出让合同及土地出让价款缴纳凭证等相关证明材料，申请出让国有建设用地使用权设立登记。

以国有土地租赁方式取得国有建设用地使用权的，当事人应当依法提交租赁合同和土地租金缴纳凭证等相关证明材料，申请租赁国有建设用地使用权设立登记。

以国有土地使用权作价出资或者入股方式取得国有建设用地使用权的，当事人应当依法提交原国有土地使用证、土地使用权出资或者入股批准文件和其他相关证明材料，申请作价出资或者入股国有建设用地使用权设立登记。

以国家授权经营方式取得国有建设用地使用权的，当事人应当依法提交原国有土地使用证、土地资产处置批准文件和其他相关证明材料，申请授权经营国有建设用地使用权设立登记。

第六十二条【集体建设用地使用权的设立登记】

使用农民集体所有土地进行建设的，当事人应当依法提交有批准权的人民政府的批准用地文件、相关合同等材料，申请农民集体建设用地使用权设立登记。

第六十三条【土地承包经营权的设立登记】

承包经营国有土地或本集体经济组织的土地，当事人申请土地承包经营权设立登记的，应当依法提交承包合同；农民集体所有的土地由本集体经济组织以外的单位或者个人承包经营的，还应当依法提交村民会议三分之二以上成员或者三分之二以上村民代表的同意证明和乡（镇）人民政府的批准文书等材料。

第六十四条【宅基地使用权的设立登记】

农民集体经济组织成员申请宅基地使用权设立登记的，应当依法提交经乡（镇）人民政府审核并经县级人民政府批准的文书等材料。

第六十五条 【地役权的设立登记】

申请地役权设立登记的，当事人应当依法提交需役地权属证明、供役地权属证明、地役权合同、地役权涉及的供役地具体位置图等材料。

在办理地役权设立登记时，不动产登记机构应当将地役权合同的主要事项记载于需役地和供役地的不动产登记簿，并将地役权合同分别附于供役地和需役地的不动产登记簿。

供役地、需役地分属不同的不动产登记机构管辖的，当事人可以向负责供役地登记的登记机构申请地役权登记，该登记机构完成登记后，应当通知负责需役地登记的登记机构，由其记载于需役地的不动产登记簿。

第六十六条 【抵押权的设立登记】

申请一般抵押权设立登记的，当事人应当依法提交抵押财产权属证明、主债权合同、抵押合同等材料。

申请最高额抵押权设立登记的，除了本条第一款规定的材料外，当事人还应当提交一定期间内将要连续发生的债权的合同或者其他登记原因证明材料。

申请在建工程抵押权设立登记的，除了本条第一款规定的材料外，当事人还应当提交建设工程规划许可证等材料。

不动产登记机构办理一般抵押权设立登记的，应当在不动产登记簿中记载主债权合同和抵押合同约定的主要事项；办理最高额抵押权设立登记的，还应当记载最高债权额、债权确定的期间等事项。

第二节　移转登记

第六十七条 【房屋所有权的移转登记】

国有土地范围内的房屋所有权发生移转，当事人申请移转登记时，应当依法提交房屋所有权证明、房屋所有权转移事由的证明等材料。

农民集体所有土地范围内的房屋所有权发生移转，当事人申请移转登记时，应当依法提交房屋所有权证明、宅基地使用权证明或者集体建设用地使用权证明、房屋所有权转移事由的证明等材料；申请人为村民的，还应当提交村民属于房屋所在地农村集体经济组织成员的证明；申请人为农村集体经济组织的，还应当提交经村民会议同意或者由村民会议授权经村民代表会议同意的证明材料。

第六十八条【建设用地使用权的移转登记】

以出让、国有土地租赁、作价出资或者入股方式取得的建设用地使用权移转，当事人申请移转登记时，应当依法提交原建设用地使用权证明、建设用地使用权转移事由证明相关等材料。

因买卖、交换、赠与地上建筑物、构筑物及其附属设施涉及建设用地使用权移转，当事人申请移转登记时，应当依法提交原建设用地使用权证明、变更后的房屋所有权证明、建设用地使用权转移事由证明等材料。涉及划拨建设用地使用权转移的，当事人还应当提交有批准权人民政府的批准文件。

因法人或者其他组织合并、分立、兼并、破产等原因致使建设用地使用权移转，当事人申请移转登记时，应当依法提交相关协议、有关部门的批准文件、原建设用地使用权证明等材料。

第六十九条【土地承包经营权的移转登记】

采用互换或者转让方式流转土地承包经营权，当事人申请移转登记的，应当依法提交原土地承包经营权证明、土地承包经营权流转事由证明等材料。

第七十条【地役权的移转登记】

当事人申请地役权移转登记的，应当依法提交原地役权证明、需役地权属证明、地役权移转事由证明等材料。

第七十一条【抵押财产的移转登记】

抵押期间，作为抵押财产的建筑物、建设用地使用权或者土地承包经营权移转，当事人申请转移登记时，除了依法提交本法第六十六条至第六十八条规定的材料外，还应当提交抵押权人的身份证明、抵押权人同意抵押财产权利转让的书面文件、抵押权证明等材料。

第七十二条 【抵押权的移转登记】

不动产抵押权因主债权移转而移转，当事人申请移转登记时，应当依法提交原抵押权证明、抵押权移转事由证明等材料。

在最高额抵押权担保的债权确定前，最高额抵押权发生转移，当事人申请移转登记时，应当依法提交最高额抵押权担保的债权尚未确定的证明、原最高额抵押权证明、最高额抵押权转移事由证明等材料。

第三节 变更登记

第七十三条 【变更登记的一般规范】

不动产用益物权以及抵押权的内容、标的、期限、顺位等变更，当事人申请变更登记的，应当依法提交原物权证明、物权变更事由证明等材料；变更涉及其他权利人利益的，还应当提交相关权利人的同意证明。

第七十四条 【抵押权转化登记的特别规范】

最高额抵押权担保的债权确定的，当事人申请最高额抵押权确定登记时，应当依法提交最高额抵押权担保的债权已确定的证明材料。

在建工程竣工并经房屋所有权设立登记后，当事人申请房屋抵押权登记的，应当依法提交房屋所有权证明、当事人协商将在建工程抵押权转为房屋抵押权的约定等材料。

第四节 注销登记

第七十五条 【注销登记的一般规范】

不动产物权消灭，当事人申请注销登记的，应当依法提交原不动产物权证明、不动产物权消灭事由证明等材料。

当事人未按照上款规定申请注销登记的，不动产登记机构应当通知当事人在合理期限内申请；逾期不申请的，登记机构进行注销公告，公告期满当事人仍不申请的，登记机构可直接办理注销登记。

第七十六条 【因地役权合同解除的地役权注销登记】

供役地权利人依据《中华人民共和国物权法》第一百六十八条的

规定主张地役权消灭，申请地役权注销登记的，应当依法提交地役权人违反法律规定或者合同约定，滥用地役权的证明材料，或者地役权人有偿利用供役地，约定的付款期限届满后在合理期限内经两次催告未支付费用的证明材料。

第七章　更正登记

第七十七条【更正请求权】

利害关系人认为不动产登记簿的记载有错误的，可请求不动产登记簿上记载的权利人协助申请更正登记，该请求权不受诉讼时效的限制。

有下列情形之一的，本条第一款规定的请求权不受保护：

（一）不动产登记簿的错误记载被依法注销的；

（二）权利人或者利害关系人承担维持现有登记状态义务的；

（三）实现该请求权违背诚实信用原则的。

第七十八条【申请更正登记】

当事人双方共同申请更正登记的，应当依法提交原不动产权利证明、不动产登记簿记载错误的证明等材料；涉及他人权利的，还应提交该权利人书面同意更正的材料。

不动产登记簿记载的权利人书面同意更正或者有证据证明不动产登记簿记载确有错误，利害关系人可单方申请更正登记，除提交本条第一款的材料外，还应当提交该书面同意更正证明或者登记簿记载错误证明的材料。

不动产登记机构经审查，确认不动产登记簿的记载确有错误的，应当予以更正，需要更正不动产物权证书或登记证明内容的，应当书面通知权利人换领；不动产登记簿记载无误的，应当不予更正，并书面通知申请人。

第七十九条【主动更正登记】

不动产登记机构发现不动产登记簿记载的事项错误的，应当书面通知权利人或者利害关系人在合理期限内申请更正登记。

权利人或者利害关系人在该期限内对登记机构的通知提出异议的，登记机构应在收到异议之日起七日内作出是否要求权利人或者利害关系人继续申请更正登记的决定。

权利人在该期限内因处分不动产物权申请登记的，不动产登记机构应当暂缓办理。

权利人或者利害关系人无正当理由逾期不申请更正登记的，不动产登记机构可依据证明不动产记载事项确有错误的材料更正登记，并书面通知权利人或者利害关系人。

第八章　异议登记

第八十条 【利害关系人单方申请的异议登记】

利害关系人认为不动产登记簿记载的权利事项错误，申请异议登记的，应当依法提交登记簿记载错误证明等材料。

符合异议登记条件的，不动产登记机构应当将相关事项记载于不动产登记簿，并向申请人颁发异议登记证明，同时书面通知登记簿记载的权利人。

在异议登记期间，不动产登记簿记载的权利人因处分权利申请登记的，不动产登记机构应当暂缓办理登记。

不动产登记簿记载的权利人因处分权利申请登记，不动产登记机构受理申请但尚未将申请事项记载于登记簿之前，利害关系人针对该权利申请异议登记并被登记机构受理的，登记机构应当中止办理原登记申请，并书面通知申请人。

异议登记不当，造成权利人损害的，权利人可以向申请人请求损害赔偿。

第八十一条 【双方申请的异议登记】

利害关系人和不动产登记簿记载的权利人认为登记簿记载的权利事项错误，共同申请异议登记的，不动产登记机构应当予以办理，并向申请人颁发异议登记证明。

在异议登记期间，不动产登记簿记载的权利人有权处分权利，但更正登记后的权利人未追认的，该处分不发生效力。

第八十二条【主动的异议登记】

不动产登记机构有证据证明不动产登记簿记载的权利事项错误，可依法办理异议登记，并书面通知登记簿记载的权利人。

因异议登记错误给权利人造成损害的，不动产登记机构应当承担赔偿责任。

第八十三条【异议登记的注销】

有下列情形之一，申请人或者不动产登记簿记载的权利人申请注销异议登记的，应当依法提交异议登记消灭事由证明等材料：

（一）不动产登记簿的错误记载依法被更正的；

（二）被异议登记的权利消灭的；

（三）申请人同意注销异议登记的；

（四）申请人在异议登记之日起十五日内没有起诉的；

（五）人民法院对申请人的起诉不予受理的；

（六）人民法院对申请人的诉讼请求不予支持的；

（七）法律规定的其他事由。

异议登记注销后，原申请人就同一事项再次申请异议登记的，不动产登记机构不予受理。

第九章　预告登记

第八十四条【预告登记保全的对象】

为了保全以发生不动产物权变动为内容的债权，可在不动产登记簿中进行预告登记。

第八十五条【申请预告登记】

申请预告登记的，当事人应当依法提交不动产物权证明、债权有效存续证明、设立预告登记的协议等材料。

符合预告登记条件的，不动产登记机构应当将相关事项记载于不动产登记簿，并向申请人颁发预告登记证明。

第八十六条 【预告登记效力】

未经预告登记权利人的同意，预告登记义务人处分该不动产的行为对预告登记权利人不产生法律效力。

预告登记的义务人破产的，该不动产不属于债务人财产，法律另有规定的除外。

预告登记保全的债权请求权实现时，由此产生的不动产物权依据预告登记的时间确立其顺位。

第八十七条 【预告登记义务人的抗辩】

预告登记义务人可依法对预告登记保全的请求权主张抗辩，该抗辩不因预告登记而受到限制或者消灭。

第八十八条 【预告登记的移转】

预告登记因保全的债权请求权移转而移转。

预告登记权利人和受让人共同申请预告登记移转登记的，应当依法提交原预告登记证明、债权移转证明等材料。

第八十九条 【预告登记的变更】

预告登记权利人和受让人共同申请预告登记变更登记的，应当依法提交原预告登记证明、变更事项证明等材料。

第九十条 【预告登记的注销】

当事人申请注销预告登记的，应当依法提交原预告登记证明、预告登记消灭事由证明等材料。

预告登记自注销之日起丧失法律效力。

第十章 查封登记

第九十一条 【查封登记的对象】

查封已登记的不动产的，人民法院可依法嘱托不动产登记机构办理查封登记。

查封依据《中华人民共和国物权法》第二十八条、第二十九条或者第三十条的规定取得，但未登记的不动产的，人民法院应当向不动产登记机构提交相应的依据及协助执行通知书，由登记机构办理相应的权属登记后，再办理查封登记。

查封其他的未登记的不动产的，在当事人依法向登记机构申请办理相应权属登记后，人民法院可依法嘱托不动产登记机构办理查封登记。

第九十二条【查封登记的办理】

人民法院嘱托办理查封登记时，应当依法向不动产登记机构送达查封裁定书、协助执行通知书以及法律规定的其他材料。

第九十三条【查封登记对登记机构的约束力】

在查封登记未被注销之前，不动产登记机构不得办理与该被查封不动产相关权利的登记，但有下列情形需要登记的除外：

（一）人民政府依法征收；

（二）轮候查封登记；

（三）继承；

（四）法律、行政法规规定的其他情形。

第九十四条【查封登记效力的相对性】

针对查封登记的不动产的处分行为有碍查封目的实现的，该行为不得对抗查封登记所保护的债权人。

第九十五条【轮候查封登记】

两个以上人民法院查封同一不动产并嘱托不动产登记机构办理查封登记的，登记机构应当为先嘱托的人民法院办理查封登记后，对后嘱托的人民法院办理轮候查封登记，并书面告知该不动产已被其他人民法院查封的事实及查封的有关情况。

轮候查封登记的顺序按照人民法院嘱托的时间先后进行排列。查封法院依法解除查封的，排列在先的轮候查封登记自动转为查封登记；查封法院对查封登记的不动产全部处理的，排列在后的轮候查封登记自动失效；查封法院对查封登记的不动产部分处理的，对剩余部分，排列在后的轮候查封登记自动转为查封登记。

第九十六条 【查封登记的注销】

人民法院解除查封的，应当及时作出裁定解除查封，并将解除查封裁定书和协助执行通知书送达不动产登记机构，注销查封登记。

第九十七条 【对基于其他国家机关嘱托所为查封登记的适用】

其他国家机关依法嘱托不动产登记机构办理查封登记的，参照适用本章以上规定。

第九十八条 【嘱托登记规范的适用】

除适用本章规定外，查封登记程序适用本法第四章有关嘱托登记的规定。

第十一章 信托登记

第九十九条 【信托登记的对象】

归属于委托人的合法不动产权利在设立信托时，应当依照法律、行政法规的规定办理信托登记。

第一百条 【信托登记的记载】

信托财产的归属记载于登记簿中对应的不动产权利部分。

信托合同或者遗嘱等相关材料组成信托专簿，适用本法有关不动产登记簿的规范。

信托登记完成后，不动产权利证书应标明信托财产信息。

第一百零一条 【信托设立登记的申请】

以合同形式设立信托的，由委托人和受托人共同申请信托登记。

以遗嘱形式设立信托的，由继承人或者遗产管理人和受托人共同申请信托登记。

以法律、行政法规规定的形式设立信托的，由法律、行政法规规定的主体和受托人共同申请信托登记。

申请信托登记的，应当依法提交设立信托的依据、信托财产证明等相关材料。

第一百零二条【归入信托财产的登记申请】

受托人对因信托财产的管理运用、处分或者其他情形而取得的财产，申请信托财产登记的，应当依法提交信托关系的证明材料。

第一百零三条【不涉及权利变动的信托变更登记申请】

信托内容有变更，但不涉及不动产物权变动登记的，委托人和受托人申请变更登记时，应当依法提交信托内容变更的证明材料。

第一百零四条【受托人变更的登记申请】

受托人变更的，委托人和新受托人在申请变更登记时，应当依法提交变更的证明材料；无须委托人共同申请的，新受托人在单方申请变更登记时，应当依法提交变更的证明材料。

第一百零五条【信托消灭登记的申请】

信托终止的，《中华人民共和国信托法》第五十四条规定的信托财产归属人和受托人在申请注销登记时，应当依法提交信托终止的证明材料；无须受托人共同申请的，信托财产归属人在单方申请变更登记时，应当依法提交信托终止的证明材料。

信托登记注销后，信托财产归属需要办理登记的，适用本法有关不动产物权变动登记的规定。

第十二章　其他登记

第一百零六条【主体信息变更和标示变更登记的一般规范】

有下列情形之一，当事人申请变更登记的，应当依法提交不动产物权证明或者登记证明、变更事实证明等材料：

（一）不动产登记簿记载的主体姓名或者名称、地址变更的；

（二）土地的地块号变更的；

（三）房屋坐落的街道、门牌号或者房屋名称变更的；

（四）不动产面积增加或者减少的；

（五）不动产用途或者属性变更的；

（六）同一权利人合并或者分割不动产的；

（七）法律、法规规定的其他情形。

第一百零七条【不动产用途变更登记的特别规范】

不动产用途或者属性变更，当事人申请变更登记的，应当依法提交有关批准文件、原不动产权利证明等材料；不动产用途或者属性变更依法需要补交土地出让价款、土地收益或者房屋价款的，当事人还应当依法提交已补交相应价款的缴纳凭证。

第一百零八条【建筑区划内房屋用途变更的特别规范】

建筑区划内的住宅改变为经营性用房，当事人申请房屋用途变更登记的，应当依法提交有利害关系的业主同意证明等材料。

第一百零九条【不动产合并的特别规范】

属于同一人的数个不动产处于同一不动产登记机构辖区的，根据权利人的申请，登记机构可将它们合并为一个新的不动产，并应据此编制新的不动产登记簿页，原各簿页内容应继续适用于新不动产的相应部分。

数个不动产中的一个不动产的范围涵盖其他不动产的，不动产登记机构应在该不动产簿页中增记其他不动产，原存在于各不动产上的权利继续独立存在。

第一百一十条【不动产分割的特别规范】

一个不动产处于同一不动产登记机构辖区的，在不违背特定性且不影响独立利用价值的情况下，根据权利人的申请，登记机构可将它们分割为数个不动产，并据此分别编制新的不动产登记簿页，原簿页的内容应转记到新簿页中，但相关权利人放弃权利的除外。

第一百一十一条【补证登记】

不动产物权证书或者登记证明遗失、灭失的，权利人在指定媒体上刊登灭失、遗失声明后，可以申请补发。不动产登记机构予以补发的，将有关事项在不动产登记簿上予以记载。补发的不动产物权证书或者登记证明上应当注明"补发"字样。

在补发集体土地范围内村民住房的房屋权属证书或者登记证明前，不动产登记机构应当就补发事项在房屋所在地农民集体经济组织内公告。

第一百一十二条 【换证登记】

不动产物权证书或者登记证明破损的，权利人可以向不动产登记机构申请换发。登记机构换发前，应当收回原物权证书或者登记证明，并将有关事项记载于不动产登记簿。换发的不动产物权证书或者登记证明上应当注明"换发"字样。

第十三章　顺位

第一百一十三条 【顺位的一般规范】

同一不动产上负担两个以上不动产用益物权或者担保物权的，按照不动产登记的先后排列顺位，顺位在先的物权优先于顺位在后的物权，但法律另有规定或者当事人另有约定的除外。

不动产登记的先后顺序，根据不动产登记机构受理当事人申请或者有关机关嘱托的时间先后确定，不动产登记机构应当为受理时间在先且符合法定条件的申请或嘱托优先办理登记。

第一百一十四条 【法定顺位】

在同一不动产登记簿页的同一栏目内，位置在前的登记顺位优先；位置前后次序与登记时间先后次序不符的，按照登记时间先后确定顺位。

在同一不动产登记簿页的不同栏目内，按照登记时间的先后次序确定顺位；登记时间相同的，顺位平等。

第一百一十五条 【意定顺位】

物权人基于真实意思表示排列顺位，并在不动产登记簿中予以记载，应当受法律保护。

第一百一十六条 【顺位固定】

顺位在先的物权消灭的，该顺位保留，在后的物权顺位不变，但当事人另有约定的除外。

其他顺位的物权在实现时，上述保留的顺位没有重新设置物权的，该保留的顺位视为消灭。

第一百一十七条 【顺位保留】

权利人在设定不动产用益物权或者担保物权时，可为该物权在登记簿上保留顺位。

在该保留的顺位上设置的物权，优于顺位在后的物权。

第一百一十八条 【顺位变更】

在不影响他人合法利益的范围内，当事人可协议变更物权的顺位，并经过登记产生法律效力。

第一百一十九条 【顺位放弃】

在不影响他人合法利益的范围内，权利人可放弃物权的顺位，并经过登记产生法律效力。

上述放弃的物权的顺位后于已在登记簿中记载的其他物权的顺位。

第一百二十条 【同等顺位】

登记机构受理数个当事人申请或有关机关嘱托的时间完全等同的，物权的顺位同等。

在先的权利人同意设定其他物权的，该物权与顺位在先的物权顺位同等。

在同一不动产登记簿页的不同栏目中，数个物权均未记载登记时间的，顺位同等。

顺位同等的物权的行使、管理、处分和分配，准用共有的规定。

第一百二十一条 【顺位的关联规范】

登记的物权优先于未登记的物权。

未登记的物权之间地位平等。

第一百二十二条 【顺位的准用规范】

不动产用益物权、担保物权、登记备案的租赁权、预告登记的债权以及法律规定的可在登记簿上记载的债权相互间的关系，参照本节的上述规定。

第十四章 附则

第一百二十三条 【与行政处罚及刑事责任的衔接】

当事人有下列行为之一的,不动产登记机构依法给予行政处罚;构成犯罪的,依法追究刑事责任:

（一）采用提供虚假材料等欺诈手段申请登记的;

（二）采用欺诈手段应对登记机构询问的;

（三）妨碍登记机构实地查看不动产的;

（四）采用欺诈手段申请查询、复制登记资料的;

（五）非法印制、伪造、变造不动产权利证书或者登记证明的;

（六）使用非法印制、伪造、变造不动产权利证书或者登记证明的;

（七）法律、法规、规章规定的其他情形。

第一百二十四条 【与行政处分及刑事责任的衔接】

不动产登记机构工作人员有下列行为之一的,依法给予行政处分;构成犯罪的,依法追究刑事责任:

（一）玩忽职守、滥用职权、徇私舞弊;

（二）擅自涂改、毁损、伪造不动产登记簿的;

（三）对符合登记条件的登记申请不予登记的;

（四）对不符合登记条件的登记申请予以登记的;

（五）对应当暂缓登记的登记申请即时予以登记或者不予登记的;

（六）非法进行主动登记的;

（七）非法登记致使登记错误的;

（八）无正当理由拒绝权利人或者利害关系人查询、复制登记资料;

（九）非法对当事人进行行政处罚的;

（十）法律、法规、规章、行政机构的决定、命令规定的其他情形。

第一百二十五条 【本法的施行】

本法自……年……月……日起施行。

主要参考文献

1. Alpmann, Sachenrecht Band 2-Grundstueckrecht, 9. Aufl., Muenster 1994.

2. Demharter, Grundbuchordnung, 21. Aufl., Muenchen 1994.

3. Gauch/Stoeckli (Hrsg.), Schweizerisches Zivilgesetzbuch mit Obligationenrecht, 48. Aufl., Zuerich 2010.

4. Haegele/Schoener/Stoeber, Grundbuchrecht, 10. Aufl., Muenchen 1993.

5. Holzer/Kramer, Grundbuchrecht, Muenchen 1994.

6. Mueller, Sachenrecht, 4. Aufl., Koeln u. a. 1997.

7. Muenchener Kommentar zum Buergerlichen Gesetzbuch, Band 6 Sachenrecht, 3. Aufl., Muenchen 1997.

8. Pfaeffli, Zur Pfuefungsflicht des Grundbuchverwalters, AJP 1992.

9. Pfister, Der Schutz des oeffentlichen Glaubens im schweizerischen Sachenrecht, Zuerich 1969.

10. Rey, Die Grundlagen des Sachenrechts und das Eigentum, Grundriss des schweizerischen Sachenrecht, Band I, 2. Aufl., Bern 2000.

11. Schmid/Huerlimann-Kaup, Sachenrecht, 3. Aufl., Zuerich 2009.

12. Schwab/Pruetting, Sachenrecht, 27. Aufl., Muenchen 1997.

13. Walz, Sachenrechtliches Systemdenken im Wandel-Die oekonomischen Determinanten des Verfuegungstatbestandes, KritV 1990.

14. Westermann, BGB-Sachenrecht, 9. Aufl. , Heidelberg 1994.

15. Weirich, Grundstuecksrecht, Muenchen 1985.

16. Wieling, Sachenrecht, 3. Aufl. , Berlin u. a. 1997.

17. Zobl, Grundbuchrecht, 2. Aufl. , Zuerich 2004.

18. 〔德〕鲍尔/施蒂尔纳:《德国物权法》上册,张双根译,法律出版社,2004。

19. 〔德〕罗伯特·霍恩、海因·科茨、汉斯·G. 莱塞:《德国民商法导论》,楚建译,中国大百科全书出版社,1996。

20. 〔德〕卡尔·拉伦茨:《德国民法通论》,王晓晔等译,法律出版社,2003。

21. 〔德〕曼弗雷德·沃尔夫:《物权法》,吴越、李大雪译,法律出版社,2002。

22. 〔德〕赖因哈德·齐默尔曼:《罗马法、当代法与欧洲法:现今的民法传统》,常鹏翱译,北京大学出版社,2009。

23. 〔葡〕马光华:《物权法》,唐晓晴译,澳门大学法学院教材。

24. 〔葡〕Vicente João Monteiro:《澳门物业登记概论》,张逢春译,澳门司法事务局,1998。

25. 〔日〕近江幸治:《担保物权法》,祝娅等译,法律出版社,2000,第184页。

26. 〔日〕近江幸治:《民法讲义 II 物权法》,王茵译,北京大学出版社,2006。

27. 〔日〕田山辉明:《物权法》(增订本),陆庆胜译,法律出版社,2001。

28. 〔日〕我妻荣:《日本物权法》,有泉亨修订、李宜芬校订,五南图书出版公司,1999。

29. 〔澳大利亚〕澳大利亚昆士兰州自然资源与矿产部编《土地登记手册(澳大利亚昆士兰州)》,中国土地勘测规划院译,法律出版社,2006。

30. 北京大学法学院房地产法研究中心:《土地登记条例起草项目结题

报告》，北京大学法学院房地产法研究中心 2010 年印制。

31. 蔡卫华：《土地登记实务精解》，中国法制出版社，2010。

32. 常鹏翱：《物权程序的建构与效应》，中国人民大学出版社，2005。

33. 常鹏翱：《物权法的展开与反思》，法律出版社，2007。

34. 常鹏翱：《物权法典型判例研究》，人民法院出版社，2007。

35. 陈华彬：《物权法研究》，金桥文化出版（香港）有限公司，2001。

36. 陈甦：《法意探微》，法律出版社，2007。

37. 陈永强：《英美法上的交易自治与交易安全——以房地产交易法为视角》，法律出版社，2009。

38. 崔建远：《准物权研究》，法律出版社，2003。

39. 崔建远：《物权法》，中国人民大学出版社，2009。

40. 崔文星：《中国农地物权制度论》，法律出版社，2009。

41. 樊志全主编《土地登记理论与方法》，中国农业出版社，2003。

42. 方嘉麟：《信托法之理论与实务》，中国政法大学出版社，2004。

43. 葛云松：《过渡时代的民法问题研究》，北京大学出版社，2008。

44. 胡康生主编《中华人民共和国物权法释义》，法律出版社，2007。

45. 焦祖涵：《土地登记之理论与实务》，三民书局，1983。

46. 赖源河、王志诚：《现代信托法论》，中国政法大学出版社 2002 年增订 3 版。

47. 李鸿毅：《土地法论》，作者自版，1993。

48. 梁慧星主编《中国民法典草案建议稿附理由·物权编》，法律出版社，2004。

49. 梁慧星主编《中国民法典草案建议稿附理由·侵权行为编·继承编》，法律出版社，2004。

50. 卢佳香：《预告登记之研究》，台湾辅仁大学 1995 年硕士学位论文。

51. 楼建波主编《域外不动产登记制度比较研究》，北京大学出版社，2009。

52. 渠涛：《民法理论与制度比较研究》，中国政法大学出版社，2004。

53. 史尚宽：《物权法论》，中国政法大学出版社，2000。

54. 苏永钦：《走入新世纪的私法自治》，中国政法大学出版社，2002。

55. 苏永钦：《民事立法与公私法的接轨》，北京大学出版社，2005。

56. 苏永钦主编《民法物权争议问题研究》，清华大学出版社，2004。

57. 苏永钦主编《民法物权实例问题分析》，清华大学出版社，2004。

58. 孙宪忠：《德国当代物权法》，法律出版社，1997。

59. 孙宪忠：《论物权法》，法律出版社，2001。

60. 孙宪忠编著《物权法》，社会科学文献出版社，2005。

61. 孙宪忠主编《中国渔业权研究》，法律出版社，2006。

62. 孙宪忠：《争议与思考——物权立法笔记》，中国人民大学出版社，2006。

63. 孙宪忠：《中国物权法总论》，法律出版社，2009年第2版。

64. 王利明主编《中国物权法草案建议稿及说明》，中国法制出版社，2002。

65. 王利明：《物权法研究》上、下卷，中国人民大学出版社2007年修订版。

66. 王轶：《物权变动论》，中国人民大学出版社，2001。

67. 王轶：《民法原理与民法学方法》，法律出版社，2009。

68. 王茵：《不动产物权变动和交易安全——日德法三国物权变动模式的比较研究》，商务印书馆，2004。

69. 王泽鉴：《民法学说与判例研究》，中国政法大学出版社，1998。

70. 王泽鉴：《民法总则》，中国政法大学出版社2001年增订版。

71. 王泽鉴：《民法物权》第1册，中国政法大学出版社，2001。

72. 王泽鉴：《侵权行为法》第1册，中国政法大学出版社，2001。

73. 温丰文：《土地法》，作者自版，1996。

74. 吴光陆：《强制执行法》，三民书局股份有限公司，2007。

75. 吴光明：《新物权法论》，三民书局股份有限公司，2009。

76. 香港法律教育信托基金编《中国内地、香港法律制度研究与比较》，北京大学出版社，2000。

77. 向洪宜主编《中国土地登记手册》，改革出版社，1994。

78. 谢在全：《民法物权论》上、中册，作者自版，2010，修订 5 版。

79. 谢哲胜：《信托法总论》，作者自版，2003。

80. 谢哲胜：《土地法》，台湾财产法暨经济法研究协会，2006。

81. 谢哲胜：《民法物权》，三民书局 2010 年增订 3 版。

82. 许明月等：《财产权登记法律制度研究》，中国社会科学出版社，2002。

83. 徐台玉编著《最新土地登记法规与实务》，作者自版，2001。

84. 杨松龄：《实用土地法精义》，五南图书出版公司，2000。

85. 杨与龄编著《强制执行法》，中国政法大学出版社，2002。

86. 杨与龄主编《民法总则争议问题研究》，清华大学出版社，2004。

87. 尹田：《物权法理论评析与思考》，中国人民大学出版社，2008 年第 2 版。

88. 于敏：《日本侵权法》，法律出版社，1998。

89. 张龙文：《民法物权实务研究》，汉林出版社，1977。

90. 中国土地矿产法律事务中心、国土资源部土地争议调处事务中心编《土地登记指南》，中国法制出版社，2009。

91. 住房和城乡建设部政策法规司、住宅与房地产业司、村镇建设办公室编《房屋登记办法释义》，人民出版社，2008。

92. 《民法七十年之回顾与展望纪念论文集》第 1 册，中国政法大学出版社，2002。

93. 《两岸四地 2008 "不动产登记" 高层论坛论文集》，中国人民大学法学院 2008 年印制。

94. 《不动产登记法律制度中的新问题》，北京大学房地产法中心春季论坛组委会 2009 年印制。

95. 《2010 两岸四地财产法学术研讨会论文集》，台湾中正大学法学院暨法律学系、台湾财产法暨经济法研究协会 2010 年印制。

社会科学文献出版社网站

www.ssap.com.cn

1. 查询最新图书　　2. 分类查询各学科图书
3. 查询新闻发布会、学术研讨会的相关消息
4. 注册会员，网上购书，分享交流

　　本社网站是一个分享、互动交流的平台，"读者服务"、"作者服务"、"经销商专区"、"图书馆服务"和"网上直播"等为广大读者、作者、经销商、馆配商和媒体提供了最充分的互动交流空间。

　　"读者俱乐部"实行会员制管理，不同级别会员享受不同的购书优惠（最低7.5折），会员购书同时还享受积分赠送、购书免邮费等待遇。"读者俱乐部"将不定期从注册的会员或者反馈信息的读者中抽出一部分幸运读者，免费赠送我社出版的新书或者数字出版物等产品。

　　"网上书城"拥有纸书、电子书、光盘和数据库等多种形式的产品，为受众提供最权威、最全面的产品出版信息。书城不定期推出部分特惠产品。

咨询 / 邮购 电话：010-59367028　　邮箱：duzhe@ssap.cn

网站支持（销售）联系电话：010-59367070　　QQ：1265056568　　邮箱：service@ssap.cn

邮购地址：北京市西城区北三环中路甲 29 号院 3 号楼华龙大厦　社科文献出版社　学术传播中心　邮编：100029

银行户名：社会科学文献出版社发行部　　开户银行：中国工商银行北京北太平庄支行　　账号：0200010009200367306

图书在版编目（CIP）数据

不动产登记法/常鹏翱著. —北京：社会科学文献出版社，
2011.10
　ISBN 978－7－5097－2413－2

　Ⅰ.①不…　Ⅱ.①常…　Ⅲ.①不动产－登记制度－研究－
中国　Ⅳ.①D923.24

　中国版本图书馆 CIP 数据核字（2011）第 099094 号

不动产登记法

著　　者／常鹏翱

出　版　人／谢寿光
出　版　者／社会科学文献出版社
地　　　址／北京市西城区北三环中路甲 29 号院 3 号楼华龙大厦
邮政编码／100029

责任部门／社会科学图书事业部（010）59367156　　责任编辑／赵建波　关晶焱
电子信箱／shekebu@ssap.cn　　　　　　　　　　　责任校对／韩海超
项目统筹／刘骁军　　　　　　　　　　　　　　　责任印制／岳　阳
总　经　销／社会科学文献出版社发行部（010）59367081　59367089
读者服务／读者服务中心（010）59367028

印　　　装／三河市文通印刷包装有限公司
开　　　本／787mm×1092mm　1/16　　印　张／21.25
版　　　次／2011 年 10 月第 1 版　　　字　数／297 千字
印　　　次／2011 年 10 月第 1 次印刷
书　　　号／ISBN 978－7－5097－2413－2
定　　　价／65.00 元